天津知识产权创新与发展研究

——源于战略的思考

李晓锋 著

内 容 提 要

在新科技革命前夜，天津知识产权工作面临着诸多机遇与挑战，怎样抓住机遇、迎接挑战，考验着天津知识产权发展的智慧和勇气。本书基于战略研究视角，从天津知识产权战略评价、知识产权改革创新、知识产权保护提升、滨海知识产权创新发展四个维度进行了系统研究和论述，提出天津在新的历史时期应更大力度推进知识产权战略、更深层次加快知识产权改革、更高标准强化知识产权保护、更高质量推进滨海知识产权创新，确保知识产权在支撑天津产业结构升级和促进经济高质量发展上再创佳绩，为率先将天津打造成全国严格知识产权保护最优城市和与国际接轨的知识产权保护高地、率先在全国建成知识产权强市提供有力支撑。本书可作为党政机关、高校、科研院所、科技智库等工作人员、学生及相关社会公众的参考读物。

图书在版编目(CIP)数据

天津知识产权创新与发展研究：源于战略的思考 / 李晓锋著. — 天津：天津大学出版社，2020.8

ISBN 978-7-5618-6748-8

Ⅰ.①天… Ⅱ.①李… Ⅲ.①知识产权－研究－天津 Ⅳ.①D927.210.340.4

中国版本图书馆CIP数据核字(2020)第156190号

出版发行　天津大学出版社
地　　址　天津市卫津路92号天津大学内（邮编:300072）
电　　话　发行部:022-27403647
网　　址　www.tjupress.com.cn
印　　刷　廊坊市海涛印刷有限公司
经　　销　全国各地新华书店
开　　本　169mm×239mm
印　　张　16.25
字　　数　289千
版　　次　2020年8月第1版
印　　次　2020年8月第1次
定　　价　56.00元

序　言

党的十八大以来，习近平总书记就“严格知识产权保护、深化知识产权综合管理改革、加强自主知识产权核心技术创造、发挥知识产权的引领作用、构建便捷化的知识产权公共服务体系、加强海外知识产权维权援助、加强涉及国家安全的知识产权转让管理”等做出了一系列重要论述。知识产权已经成为鼓励创新、激励创造、营造良好营商环境的重要保障，成为提升产业核心竞争力和促进经济高质量发展的核心要素，知识产权在我国经济和社会发展中扮演的角色和发挥的作用越来越重要。天津作为京津冀协同发展的重要一极、作为我国先进制造研发基地，始终坚持以知识产权促进经济高质量发展为主线，坚持以支撑经济体系建设为核心，坚持以深化知识产权领域改革为动力，全面推动知识产权工作与经济社会发展相融合，本书的写作充分体现出这一主旨思想。另外，作者作为国家知识产权智库专家，一直服务于天津市知识产权战略和保护研究工作，因此，本书的写作也体现出较强的实践性和应用性，展现出天津知识产权工作的新发展以及天津知识产权事业的新脉络。

一是，展现天津知识产权发展的“六大战略转变”。伴随着改革开放的历史进程，天津知识产权工作逐渐由“大而全”向“强而精”进行转变；知识产权事业逐渐由“本地化”向“国际化”进行转变；知识产权保护体系逐渐由“单一”向“多元”进行转变；知识产权创造逐渐由“重视数量”向“重视质量”进行转变；知识产权服务逐渐由“分散”向“集中”进行转变；知识产权文化逐渐由“理念”向“行动”进行转变。知识产权在创新引领工作中的地位和作用日益凸显。

二是，展现出天津知识产权工作的“六大战略思维”。强化协同思维，大力推进部市会商、跨区域合作、跨部门协作、区际互动，构建起京津冀知识产权协同保护机制；强化保护思维，全力推进中国（天津）和中国（滨海新区）知识产权保护中心建设，集中力量打造全国知识产权严格保护最优城市和与国际接轨的知识产权保护高地；强化运用思维，深入开展知识产权导航工程，构建起“1+*N*”特色知识产权运营体系；强化法治思维，实施全国首部省级知识产权保护综合性地方法规《天津市知识产权保护条例》；强化改革思维，抓住自由贸易试验区建设契机，深化天津自贸区知识产权综合改革，构建“三合一”知识产权服务机制；强化开放思维，大力开展“走出去”企业海外知识产权维权援助，助力企业走向国际、迈向全球。

总体来看，本书涉及面较广，内容较为丰富，主要围绕天津发展过程中的主要问题展开了探讨，应用性和实践性较强，对天津知识产权工作的开展具有重要参考价值，对其他省市知识产权事业的发展具有一定借鉴意义。最后，希望晓锋同志在知识产权道路上再接再厉，取得更加丰硕的成果，更好地为天津知识产权事业发展做出新的贡献！

天津市知识产权局副局长

2020 年 1 月

前　言

知识产权已经成为支撑一个国家或地区竞争与发展的核心要素，知识产权规则正成为当前世界主要大国之间展开竞争的焦点。党的十九大报告明确提出“倡导创新文化，强化知识产权创造、保护、运用”，未来，知识产权在创新、创造、创业中的作用将更加突出。天津是我国北方最大的沿海开放城市和工商业城市，在“十四五”规划和新一轮中长期发展规划中，天津面临着京津冀协同发展、深层次对外开发开放、国家中心城市建设、五个现代化天津建设等重大战略机遇，同时，也面临着国际经济秩序变革、新旧动能转换阵痛等诸多挑战，怎样抓住机遇、迎接挑战，有力推动知识产权创新发展，让知识产权成为促进天津经济高质量发展的有效动能，不禁让人深思。基于此，笔者系统梳理了过去几年天津知识产权研究的相关成果，希望能给读者以启发和思考。按照研究内容的不同，笔者将本书分成了 4 个篇目。

第一篇主要回顾与评价天津知识产权发展历程和发展战略。改革开放以来，天津知识产权工作整体走在了全国前列，知识产权逐步融入经济建设主战场，尤其是党的十九大的召开，更是把知识产权工作提升到了前所未有的高度。面对新形势、新变化、新要求，天津迫切需要系统开展知识产权战略评估，深入发现问题、正视问题、深化改革。基于此，本篇系统总结了改革开放四十年天津知识产权发展的历程和特点，对近十年天津知识产权战略纲要落实情况进行了分析和评估，系统总结相关成效、经验和启示，凝练相关问题，提出进一步深化改革、促进创新、强化保护和加强运用的战略举措，希望对天津知识产权深创新、快发展有所裨益。

第二篇主要论述自贸区如何推进知识产权综合改革。推进自贸区知识产权综合改革是我国一项重大战略，是深化知识产权领域改革、破解知识产权支撑创新驱动发展问题的有益尝试，对于构建稳定的自贸区知识产权保护秩序和贸易便利化环境，加快创新要素自由流动，实现更高层级的对外开放具有重要意义。本篇以国务院办公厅印发的《知识产权综合管理改革试点总体方案》为依据，深入分析了国内外相关区域知识产权综合改革案例，从自贸区知识产权综合改革的现实语境出发，提炼出自贸区知识产权综合改革的关键点、难点和重点，总结建设共性，提出我国自贸区知识产权综合改革的共性思路、共性目标和共性举措。同时，围绕天津自贸区知识产权综合改革，提出具体战略举措，部分举措在天津自贸区得以实践应用，相信天津自贸区知识产权综合改革的效应会很快显现。

第三篇主要论述天津知识产权保护建设。知识产权保护是保障经济制度有效运行、维护公平有序创新环境的基本需要，是塑造良好营商环境的重要方面，是依法切实维护广大创新主体、市场主体与消费者合法权益的重要手段。本篇主要从京津冀区域知识产权保护、天津本区域知识产权保护和天津涉外知识产权保护 3 个方面进行了研究和论述，提出了京津冀区域构建知识产权协同保护机制的模型与路径、天津构建全国知识产权保护高地的思路与设想、天津强化涉外知识产权保护的系统战略，希望为天津尽快构建起“严、大、快、同”的知识产权保护体系提供参考和借鉴。

第四篇主要论述滨海新区知识产权创新与实践。滨海新区是天津经济发展的“领头羊”，是国家知识产权示范城市城区、国家首批中小企业知识产权战略推进工程试点城区，知识产权工作较为深入，新时期，滨海新区面临着一系列重大战略机遇，也实施了一些重要举措。本篇主要对中国（滨海新区）知识产权保护中心建设举措、知识产权运营服务体系能效提升举措进行了研究和论证，并对滨海新区知识产权发展指数和创新动态进行了分析、评价，希望能够对滨海新区优化知识产权营商环境有所帮助，在此，也希望早日将滨海新区建成国内领先的知识产权强区。

以上是笔者对本书的梳理，书中内容难免有不妥和错漏之处，敬请各位专家、领导和读者朋友批评指正。

笔者
2020 年 5 月

目　录

第一篇

论津知识产权战略 / 001

第 1 章　改革开放 40 年天津知识产权发展与回顾 / 003

第 2 章　天津知识产权战略十年评估与思考 / 012

第二篇

论津知识产权改革 / 065

第 3 章　深化我国自贸区知识产权综合改革研究 / 067

第 4 章　深化天津自贸区知识产权综合改革的对策与建议 / 106

第三篇

论津知识产权保护 / 115

第 5 章　京津冀知识产权协同保护机制建设研究 / 117

第 6 章　天津打造知识产权保护高地的战略思考 / 141

第 7 章　天津加强涉外知识产权保护的重点对策研究 / 165

第四篇

论滨海知识产权改革创新 / 193

第 8 章　滨海新区知识产权保护中心建设思考 / 195

第 9 章　滨海新区知识产权运营服务体系能效提升战略研究 / 208

第 10 章　滨海新区知识产权发展指数与创新动态评价研究 / 225

参考文献 / 249

致　　谢 / 252

第一篇

论津知识产权战略

第 1 章

改革开放 40 年天津知识产权发展与回顾

1.1 引言

自 1978 年党的十一届三中全会以来，天津在改革开放的道路上已经稳步前进了 40 多年。随着 1985 年 1 月 5 日天津市专利管理局正式成立，天津知识产权管理步入正轨，天津知识产权事业开始了新征途，随着天津司法和行政对知识产权保护职能的逐步增强，天津知识产权工作取得了一次又一次突破，尤其是近 10 年来，天津知识产权强市战略深入实施，知识产权在更深层次、更广层面推动了天津经济发展和文化昌盛，天津知识产权事业实现了快速发展。

1.2 天津市知识产权发展阶段与特点

改革开放以来，纵观天津知识产权发展的重大事件，根据其不同历史时期的工作重点以及知识产权创造、保护、运用、管理、服务等方面的建设进度，整体上可将天津知识产权发展划分为三个阶段，每个阶段的主要事件及特点总结如下。

1.2.1 知识产权基础制度形成阶段（1978—1990 年）

1985 年 1 月 5 日，天津市专利管理局成立，它具有执法和管理的双重职能。据统计，截至 1985 年 12 月 31 日天津市 1985 年共申请专利 473 项，其中发明专利 209 项，实用新型专利 226 项，外观设计专利 38 项。1987 年 3 月 11 日，天津市人民政府颁发《天津市专利管理工作的若干规定》。1987 年 9 月 4 日，市人民政府颁发《天津市专利实施许可合同管理暂行办法》。1990 年 9 月 7 日，我国制定了《中华人民共和国著作权法》，该法于 1991 年 6 月 1 日实施。

这一阶段，天津知识产权工作实现从无到有，知识产权行政管理执法、司法审判及统筹协调机构初步建立，为天津知识产权事业的发展奠定了基础。这些机构建立后，天津以贯彻实施《中华人民共和国商标法》《中华人民共和国专利法》《中华人民共和国著作权法》为主线，同时制定了《天津市专利实施许可合同管理暂行办法》等一系列相关法规文件，以配合国家法律的实施；后续逐渐组织开展了相关宣传、培训、执法等活动，促进了全市企事业单位知识产权意识和保护能力的提高。

1.2.2 知识产权工作体系健全提升阶段（1991—2007 年）

1991 年 10 月 7 日，天津市专利技术服务中心正式成立。1992 年 2 月 20 日，时任国家专利局局长、党组书记的高卢麟就进一步发展知识产权事业来津进行工作调研。1994 年 5 月 30 日，天津市第七届发明展览会在天津市技术市场召开，展示天津一年来的发明和专利成果近 200 项。1994 年 8 月 25 日，市专利管理局制定的《天津市专利管理局关于中国专利产品认定办法》开始实行。1996 年 9 月 20 日，天津市专利管理局和南开区科技委员会在立达商场联合举办天津市专利技术展示交易会，天津部分高等院校、科研院所、企业以及专利事务所等共 35 家单位携 1 000 余项专利技术、40 余项专利产品参加了展示和展销；达成专利技术转让意向 7 项，意向交易额达 26 万元；达成专利产品交易额突破万元；接待咨询 5 000 余人次。1998 年 6 月 10—14 日，天津市人民政府和国家知识产权局联合主办的第七届中国专利新技术产品博览会在天津国际展览中心举行，全国 70 个展团参展，近 7 万人次参观，技术转让额达 3.2 亿元。2000 年 11 月 30 日，天津市专利管理局正式更名为天津市知识产权局，主管全市专利工作并统筹全市涉外知识产权事宜。2004 年 11 月 6 日，天津市技术产权交易公司在天津市产权交易中心正式挂牌运行。2005 年 3 月 28 日，天津新技术产业园区被列为“国家知识产权试点园区”，这是国家知识产权局 2004 年 11 月下发《关于知识产权试点示范工作的指导意见》后，批准建立的第一家国家试点园区。2006 年 9 月 11 日，由国家知识产权战略制定工作领导小组主办，天津市知识产权局承办的台湾地区知识产权战略研讨会在津召开。2007 年 7 月 24 日，国家专利技术（北京）展示交易中心与国家专利技术（天津）展示交易中心平台签约仪式在北京产权交易所举行。2007 年 6 月 17 日，天津市仲裁委员会知识产权工作站成立，同时为新聘任的仲裁员颁发证书及聘书。

这一时期，天津市知识产权创造水平显著提升，知识产权申请、授权数量整体位于全国前列；高校、科研院所和一些大型企业对专利保护更加重视；知识产权服务体系逐渐建立，机构服务能力逐渐提升；知识产权创造、运用、保护、管理、服务水平进入全面提升期，知识产权工作的地位得到全社会认可。

1.2.3　知识产权战略发展引领阶段（2008 年至今）

2008 年 3 月 31 日，天津市与国家知识产权局签订合作会商制度议定书，双方在滨海新区共同探索建立知识产权管理、实施和保护的新体制、新机制，联合开展知识产权战略研究。2009 年 2 月 11 日，天津市知识产权战略制定工作正式启动，全市 30 多个部门和所有区县及创新主体共同参与制定、实施天津市知识产权战略。2009 年 6 月 8 日，中国知识产权指数课题组首次发布《中国知识产权指数报告》，天津市知识产权综合实力和水平位列全国第六。2011 年 1 月 6 日，天津市人民代表大会常务委员会发布《天津市专利促进与保护条例》，其为鼓励发明创造，推动专利运用，保护发明人、设计人和专利权人的合法权益提供了保障。2012 年 12 月 26 日，天津市知识产权局发布《天津市知识产权局促进科技型中小企业发展重点举措（2013—2015 年）》，提出八条重点工作措施和八条服务保障措施，明确三年再翻番的任务目标。2013 年 9 月 9 日，天津滨海新区被列为国家知识产权试点城区。2016 年 3 月，在京津冀三地知识产权局领导下，由首都知识产权服务业协会、天津市科学学研究所、河北知识产权研究会发起成立的京津冀知识产权发展联盟，开创了京津冀知识产权联盟建设的先河。2017 年 9 月 3 日，天津市知识产权局开展天津市知识产权战略实施十年总体评估工作，并于年底完成。

这一阶段，一是强化战略引领，深入实施创新驱动发展战略，天津知识产权领域改革全面深化；二是强化知识产权强市建设，天津整体以建设知识产权强市为目标，以加强知识产权运用和保护为重点，以提升知识产权综合能力为手段，以扩大开放和深化改革为动力，大力推进知识产权强市建设；三是强化部门协同，知识产权信息、执法、行政、司法、服务等部门的协同合作力度空前加大，京津冀知识产权协同发展深入推进，一体化的知识产权工作格局逐步建立。

1.3　天津市知识产权发展经验与启示

40 多年来，天津知识产权工作整体遵循“政府主导——市场机制介入——政府引导、市场主导”的发展轨迹，正是政府、市场、企业、体制机制、社会环境等方面因素推动着天津知识产权工作的快速发展。具体可归纳为五个“得益”。

一是得益于政府部门的大力推动。40 多年来，天津市委、市政府对知识产权工作的重视程度逐年提高，在战略上，强化全市知识产权工作的整体部署；在行动上，扎实推动知识产权战略落地实施。

二是得益于知识产权工作的协调联动。知识产权工作涉及面广、综合性强，天津构建了统筹协调、分工负责的工作机制，形成了条块结合、上下联动的工作模式，构建了部市合作、跨区域合作、跨部门协作、市区互动的“四层次”合力机制，有效推进了战略实施。

三是得益于企业创新主体的培育。突出企业主体地位，尤其是重视培养科技型中小企业运用知识产权制度的能力，激发企业创新发展的内在活力和动力，不断提升、扩大和巩固市场优势。

四是得益于知识产权工作机制的创新与深化。坚持把创新作为知识产权工作的原动力，实现工作思路创新、工作内容创新和工作手段创新的“三结合”，把知识产权融入全市经济社会发展大局，把知识产权实施转化和支持科技型中小企业发展作为各项工作的重点环节，把项目化管理、绩效考核作为加快知识产权工作的重要手段。

五是得益于良好知识产权文化环境的营造。知识产权文化是知识产权制度运行的基础，天津注重宣传教育，注重让社会参与，形成了持久深入的知识产权宣传教育体系，从而提高了全民知识产权意识，夯实了知识产权战略的实施基础。

1.4 当前发展形势及面临的主要问题

1.4.1 当前形势与成效

知识产权已经成为支撑一个国家或地区竞争与发展的核心要素，成为建设创新型国家和创新型城市的重要支撑。当前，国际知识产权保护整体环境的严格化，我国新的“严保护、大保护、快保护、同保护”知识产权环境的形成，给天津知识产权工作带来了一定的挑战，但更多的是机遇。在一系列有力措施的推动下，天津知识产权工作迈上了一个新台阶，各项工作取得了明显成效。

（1）知识产权数量和质量齐头并进，有力促进产业自主创新。全市知识产权系统扎实推进知识产权战略实施和知识产权强市建设，主要知识产权指标大幅提升，部分指标远超预期。2017 年，全市新授权专利 41 675 件，同比增长 4.9%。其中，发明专利授权 5 844 件，同比增长 12.7%；实用新型专利授权 32 353 件，同比增长

4.2%；外观设计专利授权 3 478 件，同比下降 0.7%。全市有效专利达到 144 706 件，同比增长 16.3%。按专利类型划分，有效发明专利 28 601 件，同比增长 26.2%；有效实用新型专利 103 717 件，同比增长 15.7%；有效外观设计专利 12 388 件，同比增长 2.3%。截至 2017 年底，天津商标注册申请突破 16 万件，核准注册商标量突破 11 万件，累计有效注册商标量突破 14 万件。

（2）企业知识产权主体地位再提升，知识产权运用能力再提高。天津通过推动知识产权密集型产业发展、提升科技型企业知识产权综合能力、健全市场化知识产权运营机制，大幅提升企业知识产权发展水平。2017 年，天津企业有效专利 117 075 件，同比增长 17%，天津拥有专利的企业数量突破万家，企业有效专利比重达到 70% 以上。培育国家知识产权优势示范企业，天士力、海鸥集团顺利通过国家专利示范企业考核，国家知识产权优势企业总数达 44 家。

（3）知识产权保护能力再增强，大保护、严保护的工作格局逐步建立。天津市知识产权局与天津海关、市市场监管委等部门建立了自贸区知识产权联席会议制度和联络员制度，强化与法院、仲裁委等部门的信息沟通与共享，形成了知识产权保护工作协调机制。天津市公安局、市知识产权局等部门联合开展“双打”“亮剑”“剑网”“云端”等专项行动。滨海新区强化知识产权保护力度，建立集行政调处、法院判决、仲裁、人民调解于一体的“1+4”知识产权保护新机制，管理部门纵横联动的知识产权大保护格局逐渐形成。

（4）知识产权服务体系再完善，服务集聚区逐渐成形。大力推进“天津市知识产权服务网”建设，发挥国家专利信息传播利用基地（天津）作用，全面推进专利信息传播利用工作。截至 2017 年底，全市专利信息工作站总数达到 8 家，专利服务机构突破 300 家。经国家知识产权局批准，天津高新区成为“国家专利导航产业发展实验区”和“国家知识产权服务业集聚发展试验区”。滨海高新区、华明高新区等 5 个高新区开展了天津市知识产权服务业集聚区建设，天津知识产权服务“高地”逐渐形成。

1.4.2　存在的主要问题

（1）企业知识产权意识不强，管理弱化。目前，天津拥有有效专利的企业虽然突破了万家，但仅占天津科技型中小企业总数的 1/10，不少企业既不懂得如何利用专利权来保护自己的合法权益，也不懂得如何规避侵犯他人专利权的风险。企业知识产权管理能力仍然薄弱，单独设立专利管理机构的企业还不多，专职专利管理人员更少，多数企业在创造、生产、经营和管理等过程中，还不具备运用专利制度的能力和水平。另外，从“走出去”视角看，天津企业 PCT（*Patent Cooperation Treaty*，《专利合作条约》）专利申请数量相比同类省市偏低，2016 年申请国际 PCT 专利的仅有 153 件，位居全国第 14 位，境外商标注册量也仅有 224 件，国际化发展意识不强、能力不足。

（2）知识产权运用能力不足，转化不多。“重创造、轻转化”的现象仍然普遍存在，专利成果转化缺乏有效的手段、畅通的渠道和活跃的市场，专利成果转化率不高。同时，由于天津高校、科研院所专利质量不高，难以满足企业的需求，市场对接跟不上，导致很多专利技术得不到应用，只能闲置，造成资源浪费。

（3）知识产权管理力量薄弱，服务不强。随着知识产权保护意识的逐渐提升，知识产权举报投诉和维权援助的业务量呈现快速增长趋势，但现有的知识产权保护公共服务的人员、经费保障略显不足，难以应对社会公众对于知识产权保护公共服务需求的增长。

（4）知识产权服务机构数量较少，人员不足。截至 2016 年底，天津仅拥有专利代理机构 26 家，位居全国第 14 位，与北京 444 家、广东 216 家、上海 116 家、江苏 103 家差距很大；天津累计获得专利代理人资格证书的人员有 604 人，仅占全国总数的 1.89%。同年，全国有 1 967 名代理人员通过了诉讼代理人资格审查，天津仅有 9 人，位居全国第 19 位。

（5）新型知识产权侵权案件递增，监管不足。“十三五”以来，天津电商平台侵权案件呈爆发式增长。以网络著作权纠纷案件为例，天津市第二中级人民法院受理的该类案件整体上呈现快速增长的趋势。另外，新技术和新类型案件不断涌现，2016—2017 年全市法院受理的涉专利、技术秘密等技术类民事案件平均每年增长 20%，所涉领域覆盖了生物工程、化学、机械设计、环境保护等前沿领域。

1.5 深入推进天津知识产权发展的思考与举措

展望未来，随着新一轮贸易战的升级，主要发达国家都紧紧围绕知识产权挑起贸易纠纷，实施知识产权战略、加大知识产权保护力度将成为我国维护自身利益的最有力“武器”。在新时代、新形势、新问题面前，天津要全面贯彻党的十九大精神，围绕“五个现代化天津”建设，深入推进天津知识产权战略实施，争取在知识产权支撑产业结构升级和转变发展方式上取得新进展，在知识产权促进创新、驱动发展和建设先进制造研发基地上取得新成效，确保天津率先建成知识产权强市，率先成为全国严格知识产权保护最优城市和与国际接轨的知识产权保护高地，为此，本书提出以下对策和建议。

1.5.1　强化知识产权创造，切实提升企业知识产权实力

加快实施知识产权强企工程，推进企业专利“清零”，培育一批专利优势企业、示范企业，培育一批专利密集型企业，构建专利密集型产业。推进收入过亿科技型企业知识产权规范发展，促进高新技术企业知识产权创造，争取打造一批“百件专利户”，培育一批核心技术竞争力强、品牌市场影响力大的知识产权骨干企业。支持领军企业提升知识产权优势，支持领军企业展开海外知识产权布局，争取培养一批“千件专利户”。大力推行《企业知识产权管理规范》国家标准，优先将科技型中小企业纳入各类知识产权试点、示范工作，推行企业知识产权管理标准。推动企业在并购、股权流转、对外投资等活动中加强知识产权资产管理，提升企业知识产权战略管理能力、市场竞争力和行业影响力。推动天津国际自主品牌建设工作，支持天津企业开展境外商标注册、专利申请、产品认证和管理体系认证，培育一批具有较强国际竞争力的国际自主品牌。

1.5.2　加强知识产权运用，切实加快知识产权成果转化

健全市场化知识产权运营生态体系，加快建设华北知识产权运营中心，集聚和整合知识产权运营资源，建立健全“1+*N*”知识产权运营生态体系。鼓励社会资本投资专利流转中心、专利运营公司，促进更多创新成果转化运用。鼓励企业通过自主研发、合作开发、购买引进等多种途径，加快知识产权成果转化形成具有市场竞争力的知识产权组合。鼓励组建产业知识产权联盟，支持构建重点领域专利池。推进国家知识产权投融资试点工作，建立多元化、多层次的知识产权投融资体系。推广知识产权入股等多种分配奖励方式，加速形成激励创造、利于实施的新型分配制度。加强科技金融专营机构建设与优化，不断提高知识产权质押贷款服务专业化水平，支持保险机构深入开展专利保险业务，拓展知识产权保险范围。

1.5.3　严格知识产权保护，切实营造良好的营商环境

深化落实严格知识产权保护实施方案，全面推进知识产权审判“三合一”工作，建立健全“三级联动、三审合一、三位一体”的知识产权审判模式。同时，加

大赔偿力度，切实提高侵权代价，降低维权成本，积极探索惩罚性赔偿的具体实现方式。强化市、区两级行政执法队伍，提升知识产权行政执法能力，统筹知识产权综合行政执法。开展执法专项行动，重点查办跨区域、大规模和社会反响强烈的侵权案件，加大对各类专业市场、电子商务平台、展览展会场所的市场监管和行政执法力度。探索建立知识产权诚信管理，将侵权行为纳入社会信用评价体系。创新"互联网+"形态下新型版权监管手段，完善打击网络侵权盗版的快速反应机制，加强对网络（手机）文学、音乐、影视、游戏等重点领域的著作权监测监管。坚持专项整治，利用多种手段，完善知识产权海关保护执法体系。

1.5.4 深化知识产权改革，切实提升知识产权管理水平

加快京津冀知识产权协同发展，落实京津冀系统推进全面创新改革试验方案。推动滨海新区在知识产权改革创新中先行先试，深化天津自由贸易试验区知识产权制度创新，建立与国际知识产权通行规则相衔接的知识产权保护制度；探索建立统一的自由贸易试验区知识产权执法机制，落实行政保护、司法保护、商事知识产权仲裁和民间调解"四位一体"知识产权纠纷协调解决机制。建立"一站式"知识产权服务机制，提供知识产权咨询、检索、诉讼、评估、培训等方面的便捷服务。

1.5.5 集聚高端服务资源，切实提升知识产权服务能力

支持滨海高新区、华明高新区等建设知识产权服务业聚集区，引进一批国内外高端知识产权服务机构。实施知识产权服务品牌机构培育工作，形成一批市场化、规模化、专业化和国际化的知识产权服务机构，推动滨海新区国家知识产权示范城区建设，推动滨海高新区知识产权服务业集聚区建设。支持工业园区、科技园区建立健全中小企业知识产权辅导服务机构，提供"一站式"服务。提高知识产权公共服务能力，建立健全知识产权公共服务体系，提供低成本、便捷化的知识产权公共服务。建立健全综合性国际化版权交易中心、商标交易平台等知识产权交易和运营公共服务平台，不断创新交易产品和服务内容。推进知识产权信息资源开发利用，加强知识产权公共信息平台建设，推动知识产权基础信息与经济、法律、科技、产业运行等其他信息资源互联互通。

1.5.6 加强京津冀区域合作，切实构建一体化发展体系

完善"一局三地"知识产权合作会商机制，推进三地在举报投诉、维权援助、

立案协作、委托取证、联合执法等方面的合作。发挥华北知识产权运营中心作用，共建京津冀知识产权交易市场，促进知识产权运营资源高效配置。探索京津冀知识产权信息分析预警协同机制建设，建立京津冀知识产权信息分析预警研究中心。加快京津冀知识产权公共服务平台互联互通，推动京津冀知识产权信息资源和公共服务共享。搭建区域知识产权人才信息共享平台，吸引区域高端知识产权人才来津发展。发挥滨海—中关村科技园区等的载体作用，积极引导京冀优质知识产权资源向天津聚集。支持京津冀企业知识产权发展联盟建设，帮助外向型企业加强海外知识产权保护以及应对纠纷。

1.5.7 强化知识产权布局，切实促进产业结构优化升级

围绕国家自主创新示范区建设，围绕人工智能、智能制造、新材料、新能源等战略性新兴产业，重点开展专利分析、专利预警、专利挖掘等跟踪服务。推动国家重大科技专项在津转化实施，加快重大领域关键核心技术攻关，培育一批拥有自主知识产权、具备核心竞争力的企业，掌握一批核心自主知识产权技术。发挥重大科技项目和龙头企业创新引领作用，加快布局一批核心专利。支持天津企业在境外开展自主知识产权联合研发，支持其设立研发机构，加快在国外展开知识产权布局。

1.5.8 加强知识产权人才培养，切实促进知识产权强市建设

加大知识产权专项经费投入，提高知识产权专项资金使用效率，促进各区设立知识产权工作专项资金并加大投入。实施知识产权“333”人才培养计划，建立知识产权人才培养基地，实施好知识产权职称评定制度。推进知识产权服务机构和企业对接工程，构建人才、机构、企业无障碍服务通道。

说明：本章写作于我国改革开放 40 年之际，文章系统梳理了改革开放以来天津知识产权发展的重要事件和阶段特点，总结出天津知识产权建设的“五个得益于”经验，从知识产权创造、运用、保护、管理和服务方面剖析了当前天津知识产权工作面临的主要形势和问题，提出天津未来五年应以建设知识产权强市和全国知识产权保护高地为核心，并从强化知识产权高质量创造、高标准保护、高效率运营和加快京津冀知识产权一体化发展等诸多方面提出相关建议和对策，该章的写作对分析和把握天津知识产权战略定位、谋划未来发展具有一定借鉴意义。

第 2 章

天津知识产权战略十年评估与思考

2.1 引言

当前，知识产权已经成为支撑一个国家或地区竞争与发展的核心要素，成为建设创新型国家和创新型城市的重要支撑。2008 年国务院颁布《国家知识产权战略纲要》，随后，天津市人民政府印发《天津市知识产权战略纲要》。至今，天津战略纲要已实施将近十年，为发现问题、改进工作，更好地深化知识产权领域改革，更好地在新形势下推动创新驱动战略实施，天津市开展了知识产权战略实施十年评估工作。

2.2 评估对象与标准

2.2.1 评估目的

《天津市知识产权战略纲要》(以下简称《纲要》)是指导天津市提升知识产权创造、运用、保护、管理、服务能力，建设创新型城市，努力实现科学发展、和谐发展、率先发展的纲领性文件，是推动天津市知识产权工作的路线图。为了更好地贯彻落实《纲要》确定的战略目标、战略重点、专项任务和战略措施，为国家知识产权战略评估提供支撑，需要对天津《纲要》实施情况进行客观评估，评价《纲要》重点任务完成情况和实施效果，总结经验和做法，分析问题并查找原因，提出相应的对策建议，并适时调整下一步战略重点，确保《纲要》实施与时俱进。

2.2.2 评估对象

以《天津市知识产权战略纲要》为核心的相关战略实施情况。评估采用的数据资料为从 2008 年《国家知识产权战略纲要》实施至 2017 年 6 月 30 日的资料。本次评估的政策文件：一是《天津市知识产权战略纲要》（津政发〔2010〕10 号）和《实施天津市知识产权战略纲要任务分工》（津政办发〔2010〕22 号）；二是专项规划，包括《深入实施天津市知识产权战略行动计划（2016—2020 年）》（以下简称《行动计划》）、《天津市知识产权战略实施推进计划（2014—2016 年）》（以下简称《推进计划》）、《天津市知识产权“十三五”规划》和《天津市知识产权“十二五”规划》。

2.2.3　评估标准

本次评估指标体系的设计主要围绕《天津市知识产权战略纲要》目标设定，既要充分体现《纲要》的战略主旨，又要充分反映天津在知识产权创造、运用、保护、管理和服务方面的能力建设情况。在具体的评价标准的构建中，本部分参照了国家知识产权局的“地方知识产权战略实施评估指标体系”和天津知识产权战略相关特色指标，同时，考虑相关数据的可获取性，构建了天津知识产权战略纲要的评估指标体系，详见表 2-1。指标体系共包含 61 个相关指标，主要有：“拥有专利的企业数量、知识产权示范企业数量、入选国家知识产权优势企业试点数量、优势支柱产业年专利申请量、示范企业专利申请量、企业技术中心专利申请量、拥有自主知识产权产品产值、拥有驰名商标的企业总产值、版权产业增加值、专利许可 / 转让交易额、工业企业专利实施转化率、转让许可备案的专利数、专利权质押融资额、商标质押融资额 、版权质押融资额 、支持自有品种转化的企业数量、地方标准制修订量、知识产权司法案件受理数量、设立知识产权审判庭的法院数量 、知识产权法官人数、知识产权执法人员数量、处理专利执法案件数量、查处商标侵权案件数量、年查处非法出版物（盗版）案件数、联合执法次数、知识产权法规政策文件的制定数量、知识产权贯标企事业单位数量 、建立专利数据库的企业数量、政府知识产权投入、市区知识产权行政管理机构数、知识产权行政管理人员数、进入国家知识产权试点城市行列的区县数量、专利试点工业园区数量、专利代理服务机构数、专利代理服务机构从业人员数、专利信息讲师数量、专利公共服务平台数量、商标中介服务机构数量、商标中介服务机构从业人员数、知识产权人才培训人次、知识产权宣传工作开展次数”。

表 2-1 天津知识产权战略纲要评估指标体系

评价维度	序号	评价指标	指标说明	指标来源	数据来源
创造	1	发明专利拥有量（件）	反映总体专利质量与水平	国家指定及《天津市知识产权“十三五”规划》《天津市知识产权“十二五”规划》《行动计划》	市知识产权局
	2	发明专利申请量	反映专利产出的结构	国家指定	市知识产权局
	3	发明专利授权量（万件）	反映专利授权数量增长情况	国家指定	市知识产权局
	4	PCT 申请量（件）	反映海外专利布局以及向外申请专利的意识和能力	国家指定及《纲要》《推进计划》	市知识产权局
	5	年专利申请量（万件）	反映专利申请数量增长情况	《天津市知识产权“十三五”规划》《天津市知识产权“十二五”规划》《推进计划》	市知识产权局
	6	年专利授权量（万件）	反映专利授权数量增长情况	《天津市知识产权“十三五”规划》《天津市知识产权“十二五”规划》《行动计划》	市知识产权局
	7	有效专利数量（万件）	反映有效专利数量增长情况	《纲要》《天津市知识产权“十三五”规划》	市知识产权局
	8	商标注册总量（万件）	反映商标注册数量增长情况	《行动计划》《天津市知识产权“十三五”规划》《天津市知识产权“十二五”规划》《纲要》	市场监管委
	9	有效商标注册量（万件）	反映有效商标注册数量情况	《行动计划》《天津市知识产权“十三五”规划》《天津市知识产权“十二五”规划》及国家指定	市场监管委
	10	驰名商标拥有量（件）	反映驰名商标数量情况	《天津市知识产权“十三五”规划》《天津市知识产权“十二五”规划》《纲要》及国家指定	市场监管委
	11	著名商标拥有量（件）	反映著名商标拥有数量情况	《纲要》及国家指定	市场监管委
	12	马德里或境外商标注册量（件）	反映海外商标布局以及向外申请专利的意识和能力	《天津市知识产权“十二五”规划》《纲要》	市场监管委
	13	版权年登记量（个）	反映版权拥有量	国家指定	市版权局
	14	服务商标数量（万件）	反映服务商标拥有量	《推进计划》《纲要》及国家指定	市场监管委

续表

评价维度	序号	评价指标	指标说明	指标来源	数据来源
创造	15	农产品商标（件）	反映农产品商标的产出情况	国家指定	市场监管委
	16	地理标志证明商标（件）	反映地理标志证明商标的产出情况	国家指定	市场监管委
	17	植物新品种拥有量（个）	反映植物新品种的产出情况	国家指定	市农委
	18	软件著作权登记量（件）	反映软件著作权的登记情况	《行动计划》《天津市知识产权“十二五”规划》	市版权局
	19	企业专利申请比例（%）	反映企业知识产权活跃程度	国家指定	知识产权局
	20	企业有效专利比重（%）	反映企业知识产权活跃程度	《纲要》	知识产权局
	21	拥有专利的企业数量（万家）	反映企业知识产权保护意识	《推进计划》	市知识产权局
	22	知识产权示范企业数量（家）	反映知识产权优势企业情况	《推进计划》	市知识产权局
	23	入选国家知识产权优势企业试点数量（家）	反映知识产权优势企业情况	《推进计划》	市知识产权局
	24	优势支柱产业年专利申请量（万件）	反映产业知识产权情况	《推进计划》	市工信委
	25	示范企业专利申请量、授权量、有效量（万件）	反映示范企业知识产权情况	《推进计划》	市知识产权局
	26	企业技术中心专利申请量（万件）	反映企业技术中心知识产权情况	《推进计划》	市工信委
运用	27	拥有自主知识产权产品产值（亿元）	反映知识产权对经济的贡献情况	国家指定	市统计局
	28	拥有驰名商标的企业总产值（亿元）	反映商标对经济的贡献情况	国家指定	市场监管委

续表

评价维度	序号	评价指标	指标说明	指标来源	数据来源
运用	29	版权产业增加值（亿元）	反映版权对经济的贡献情况	国家指定	市版权局
	30	专利许可／转让交易额（亿元）	反映知识产权的转移扩散能力及其对经济增长的贡献度	国家指定	市知识产权局
	31	工业企业专利实施转化率（%）	反映企业主体专利转化实施的情况	国家指定	市知识产权局
	32	转让许可备案的专利数（件）	反映专利权转移情况	国家指定	市知识产权局
	33	专利权质押融资额（亿元）	反映专利投融资服务体系建设情况	国家指定及《推进计划》	市知识产权局
	34	商标质押融资额（亿元）	反映商标投融资服务体系建设情况	国家指定	市场监管委
	35	版权质押融资额（亿元）	反映版权投融资服务体系建设情况	国家指定	市版权局
	36	支持自有品种转化的企业数量（家）	反映企业知识产权转化情况	《推进计划》	市农委
	37	地方标准制修订量（项）	反映地方标准保护情况	《天津市知识产权“十三五”规划》	市场监管委
保护	38	知识产权司法案件受理数量（件）	反映知识产权司法保护整体环境	国家指定	市高院
	39	设立知识产权审判庭的法院数量（家）	反映知识产权司法保护机构建设情况	国家指定	市高院
	40	知识产权法官人数（人）	反映知识产权审判人才队伍建设情况	国家指定	市高院
	41	知识产权执法人员数量（人）	反映知识产权执法队伍建设情况	国家指定	市知识产权局
	42	处理专利执法案件数量（个）	反映专利行政保护环境，为处理专利侵权案件数量和查处假冒专利案件数量之和	国家指定	市知识产权局
	43	查处商标侵权案件数量（个）	反映商标行政保护环境情况	国家指定	市场监管委

续表

评价维度	序号	评价指标	指标说明	指标来源	数据来源
保护	44	年查处非法出版物（盗版）案件数量（个）	反映版权行政保护环境情况	国家指定	市版权局
	45	联合执法次数（次）	反映知识产权横向协调、联合保护的整体情况	国家指定	市知识产权局
管理	46	知识产权法规、政策文件的制定数量（件）	反映知识产权法规、政策自身建设情况以及知识产权政策与其他经济、产业政策融合情况	国家指定	市知识产权局 市场监管委 版权局
	47	知识产权贯标企事业单位数量（家）	反映企事业单位知识产权工作的情况	国家指定	市知识产权局 市场监管委
	48	建立专利数据库的企业数量（家）	反映企业专利信息利用的情况	国家指定	市知识产权局 市场监管委
	49	政府知识产权投入（万元）	反映知识产权专项工作投入、条件保障情况	国家指定	市知识产权局 市场监管委
	50	市区知识产权行政管理机构数量（家）	反映知识产权行政机构建设情况	国家指定	市知识产权局 市场监管委
	51	知识产权（专利）行政管理人员数量（人）	反映知识产权行政管理人才队伍建设情况	国家指定	市知识产权局 市场监管委
	52	进入国家知识产权试点城市行列的区县数量（个）	反映知识产权试点城市建设情况	《推进计划》	市知识产权局
	53	专利试点工业园区数量（个）	反映地方工业园区知识产权整体情况	《推进计划》	市知识产权局
服务	54	专利代理服务机构数量（家）	反映专利中介服务能力	国家指定	市知识产权局
	55	专利代理服务机构从业人员数量（人）	反映专利代理机构从业人员状况	国家指定	市知识产权局
	56	专利信息讲师数量（人）	反映专利信息从业人员状况	国家指定	市知识产权局

续表

评价维度	序号	评价指标	指标说明	指标来源	数据来源
服务	57	专利公共服务平台数量（家）	反映专利公共服务能力	国家指定	市知识产权局
	58	商标中介服务机构数量（家）	反映商标中介服务能力	国家指定	市场监管委
	59	商标中介服务机构从业人员数量（人）	反映商标中介机构的从业人员状况	国家指定	市场监管委
	60	知识产权人才培训人次（人次）	反映各类主体获得知识产权培训服务的情况	国家指定	市知识产权局 市场监管委
	61	知识产权宣传工作开展次数（次）	反映知识产权文化普及情况	国家指定	市知识产权局

2.2.4 评估实施过程

天津市知识产权战略纲要总体评估工作大致分为工作方案制定阶段、实际工作开展阶段和形成评估报告三个阶段，具体如下。

（1）成立评估工作小组。市知识产权工作领导小组办公室成立评估工作组。在市知识产权战略领导小组领导下，成立由市知识产权局、市市场监管委、市版权局、市高级人民法院确定专人组成的工作组，负责组织推动《纲要》评估工作。

评估实施小组为第三方机构天津市科学学研究所，负责评估工作实施，具体承担评估实施工作，包括统计、整理、分析总结评价相关数据，设计评估标准和拟定评估报告等。

（2）制定评估工作方案。制定评估工作方案，包括组织方式、工作要求、时间安排、评估内容等。确定企业调研方案、调研问卷以及整体评估报告、各专题评估报告的研究提纲等。

（3）撰写评估报告。①资料整理。工作组通过查阅相关资料（包括深入相关部门收集资料、查阅统计年鉴、政府工作报告、工作总结等）等方式，全面收集《纲要》评估指标所需用的各种评价数据和信息资料，并对信息进行筛选和整理。②撰写报告。主要包括：对知识产权战略纲要实施前后的情况、效果进行对比；总结战略实施所取得的成绩，找出存在的问题，分析导致问题产生的原因；进一步提出工作改进的对策与建议。③修改报告。向相关单位征求《纲要》评估报告的修改意见，根据各方的意见和建议进行修改完善。

（4）形成评估报告。按照《国务院知识产权战略实施工作部际联席会议办公室关于商请组织开展地方知识产权战略实施十年评估工作的函》（国知战联办函字〔2017〕2 号）要求，形成《天津市知识产权战略纲要评估报告》定稿。

2.3　天津市知识产权战略实施总体情况

2.3.1　天津知识产权战略实施进展总体判断

当前，天津知识产权工作系统全面贯彻党的十九大和习近平总书记对天津“三个着力”的重要指示，认真落实市委全会部署要求，坚持服务经济社会发展大局，以建设知识产权强市为目标，以加强知识产权运用和保护为重点，以提升知识产权综合能力为手段，以扩大开放和深化改革为动力，扎实推进知识产权战略，促进创新驱动发展和产业转型升级，整体工作进展顺利，取得了阶段性成效，2016 年，天津市知识产权综合指数位列全国第 7。

2.3.1.1　知识产权战略实施现状

1. 知识产权“创造”指标创新高

2008 年以来，天津实施了专利创造千企万家等系列工程，天津市知识产权“创造”指标屡创新高。专利数量明显增长、质量明显提升。2016 年，全市专利申请 106 514 件，专利授权 39 734 件，分别是 2008 年 6.1 倍和 6 倍，年均增长 25.4% 和 25.1%；有效专利 124 443 件，是 2008 年 7.2 倍，年均增长 25.11%，有效专利跃上新台阶；专利拥有量达到 124 443 件，是 2008 年 7.19 倍，年均增长 27.9%；天津市每万人口发明专利拥有量达到 14.7 件，比全国平均水平高出 6.7 件，位居全国前列，累计专利申请量和有效专利数已经远超《纲要》确定的 2020 年目标值。商标注册数量快速增长。截至 2017 年 6 月，天津商标注册申请 160 712 件，核准注册商标 119 758 件，累计有效注册商标 144 152 件，有效商标注册量是 2008 年 4.6 倍，年均增长 21.3%。天津驰著名商标显著增长，截至 2016 年，驰名商标拥有量达 149 件，著名商标拥有量达到 1 346 件，分别是 2008 年的 6 倍与 2.7 倍，年均增长分别为 25% 和 13.4%。马德里或境外商标注册量达 279 件，是 2009 年前的 2.36 倍，年均增长 11.4%。地理标志证明商标取得历史性突破，数量由 2 件增加到 24 件。版权创造逐步提高。2016 年，版权年登记量达到 441 件，计算机软件著作权登记 8 562 件，是 2008 年的 11.4 倍，年均增长为 35.6%；作品自愿登记实现零突破。

2. 知识产权“运用”能力再提升

让知识产权成为推动天津经济发展、产业转型升级的重要支撑，具有重要的战略意义。2008—2017 年，天津大力促进知识产权成果转化为现实生产力，为推动天津产业结构转型升级，产业技术革新换代起到了重要保障作用。深化专利试点、示范和优势企业创建工作。2016 年，培育形成国家知识产权优势（示范）企业 67 家，是 2009 年的 3.05 倍，年均增长为 14.9%；培育市级知识产权优势企业 30 家，是 2009 年的 15 倍。2008—2017 年，累计培育区级试点企业 4 951 家，市级试点企业 395 家，知识产权优势产品（技术）企业 137 家，天津市知识产权优势企业 93 家。知识产权许可交易日益活跃。不断完善专利交易流转体系建设，华北知识产权运营中心在滨海新区中心商务区挂牌运行，探索形成“1+*N*”的运营体系；开通中国（天津）专利技术交易中心网上展示交易服务平台，建立 8 家专利流转储备中心，在专利拍卖等专利权交易流转模式上实现新突破。天津滨海国际知识产权交易所正式挂牌，成为全国首个国际化知识产权交易机构。设立了 4 家科技支行，科技金融机构超过了 100 家。知识产权质押贷款工作全国领先。深化国家知识产权质押融资试点，2016 年，全市专利权质押贷款总额 24.99 亿元，是 2008 年的 83.3 倍，年均增长为 73.8%；2017 年，专利许可 / 转让交易额 0.818 57 亿元，是 2008 年的 10 倍，年均增长为 33.43%；融资规模不断扩大；单笔质押金额最高达到 1 000 万元，在全国范围内起到良好的示范作用。同时，新开通“四项贷款”业务，联合推广专利权、商标权、股权和应收账款抵质押贷款，截至 2017 年 6 月“四项贷款”余额 2 492 亿元，同比增长 2.75%。

3. 知识产权“保护”环境再优化

知识产权行政保护力度持续升级。截至 2017 年 6 月，全市知识产权执法人员数达到 108 人；2016 年，处理专利执法案件 578 件，是 2008 年的 22.2 倍，年均增长 47.3%；查处商标侵权案件数量 491 个，是 2008 年的 1.55 倍，年均增长 5.6%。深入开展了“双打”专项行动，2008—2017 年，先后组织了“地理标志保护”、知识产权执法维权“护航”行动、重特大违法案件“亮剑”行动等，累计出动执法人员 17.5 万余人次，检查生产企业 208 230 户次，立案查处打击侵犯知识产权和制售假冒伪劣商品案件 3 215 件，案值 3 352.6 万元，罚款 4 409.6 万元，没收和销毁侵权物品 556 789 件。进驻夏季达沃斯经济论坛等 28 个大型展会开展知识产权行政执法，圆满完成东亚运动会知识产权保护工作。全市市、区两级政府机关、130 家国有企业按时完成了软件正版化工作，开创了全市知识产权执法保护新局面。在 2014 年国家知识产权局开展的维权服务社会满意度调查中，我市位列全国第一。知识产权司法保护力度明显加大。十年来，全市法院共受理知识产权案件 10 993 件，年均增长 30.58%。2016 年受理知识产权案件 2 434 件，是 2008 年的 8.14 倍；设立知识产权审判庭的法院数量达到 5 家，是 2008 年的 1.67 倍；知识产权法官人数达到 40 人，是 2008 年的 2.35 倍，年均增长 11.3%。我市形成了三级法院五个知识产权民事审判庭的格局，两个基层法院率先试行“三合一”审判。十年来，全市检察机关共查处侵犯知识产权类案件 216 件，批准逮捕犯罪嫌疑人 335 人，提起公诉 308 件 554 人；注重拓展民事行政检察职能，提高知识产权案件诉讼监督效果。知识产权联动保护机制不断增强。市公检法机关与知识产权、质监、工商、版权、海关等行政执法部门建立并完善调查取证、案件会商、联合督办等机制，搭建“网上衔接、信息共享”执法协作平台，建立知识产权保护长效机制，形成打击合力，2016 年联合执法次数达 6 次，同比增长 50%。同时，加强与广东、北京、江苏等地知识产权执法部门的协作，维护了我市企业权益。建立了环渤海区域知识产权执法协作机制，运行效果良好。企业维权能力明显提升。在全国率先启动专利“保护类”试点工作，部分企业运用知识产权制度构建了专利网和注册了防御商标，企业知识产权自身保护能力不断提升。海鸥表业连续在巴塞尔钟表博览会知识产权纠纷中胜诉，成为首个打赢国际知识产权诉讼的中国钟表企业。

4. 知识产权“管理”水平再提高

知识产权管理改革力度逐渐加大。市级知识产权管理部门职能不断加强，各区知识产权机构管理水平不断提升。自贸区知识产权“三合一”综合改革正在推进。市高院制定了《天津市高级人民法院关于全面推进知识产权审判“三合一”工作的实施意见》，系统推进了知识产权民事、行政和刑事案件审判“三合一”改革工作。天津法院的知识产权审判部门对外更名为知识产权审判庭，实施了《天津市高级人民法院知识产权审判技术咨询专家库运行办法》。一批行业协会知识产权职能加强，服务水平更高。企业知识产权管理能力大幅提升。一大批企业将知识产权管理工作纳入企业开发、生产、经营、销售、对外谈判等各个环节，涌现出天发水电、海鸥表业、正平机械等一批优秀示范典型，有效带动了全市企业知识产权高水平发展。企业运用知识产权的能力不断提升，涌现出 8 个有效发明专利超百件的自主知识产权龙头企业，天士力、天地伟业被确定为“国家商标战略实施示范企业”，老字号焕发出活力，目前本市共拥有老字号经营户 113 家。企业贯标工作逐步形成规模。2013 年，制定《天津市推行〈企业知识产权管理规范〉补贴办法》，累计培训企业内审人员 500 余人，全市贯标内审人员超千人；组织培训外审人员 130 余人，全市外审人员达 170 余人；组织审定北京、河北、浙江、江苏等地的 44 家服务机构服务贯标工作。2016 年，推动 98 家企业通过贯标认证，2017 年推动 114 家企业通过贯标认证，同比增长 16.3%。知识产权影响力空前提升。围绕我市创新驱动发展战略的实施，大力加强知识产权宣传与培训工作，弘扬知识产权文化，先后举办了大学生知识产权创新创业大赛、外观设计创新创业大赛等；推出“知识产权经典案例解读”专栏，展示案件蕴含的法律智慧，弘扬案件背后的法治理念。充分利用“3・15”“4・26”“5・15”等重要的宣传节点，通过组织开展打击侵权犯罪战果展、参加录制并播放相关节目、设立宣传栏、召开座谈会、印发宣传品，大力营造知识产权保护氛围。

5. 知识产权“服务”体系再完善

知识产权服务机构数量显著增多。截至 2017 年 9 月底，我市专利服务机构超过 300 家，其中，专利机构达到 38 家，较 2008 年增长 245%。国家知识产权局专利审查协作天津中心启动建设，先后有 10 多家北京高端机构来津落户。中知厚德知识产权运营管理有限公司联合多类型知识产权服务机构成立知识产权运营产业联盟。华北知识产权运营中心成立行业性服务联盟。滨海专利信息服务平台建设进展顺利。我市成为国家级专利信息传播利用重点建设基地。网络化、信息化知识产权服务体系逐渐建立，构建了集代理、受理、检索、交易、鉴定、评估、举报、维权等为一体的知识产权服务平台和服务网络，提供免费专利文献数据 9 000 多万条，累计有 5 000 多家企业成为用户，累计为企业提供了 50 多万次的专利信息服务。12330 举报投诉和维权援助热线运行良好，举报、投诉、咨询累计 5 万余次。知识产权中介服务机构逐渐规范发展，促进专利代理行业、知识产权服务业发展的文件研究，促进知识产权服务业向专业化、规模化、规范化发展。知识产权人才培养力度明显提升。天津市知识产权局制定实施的《天津市关于加强知识产权人才队伍建设的意见》《天津市工程技术知识产权专业技术职称评价暂行办法》推动了知识产权工程师职称评定工作。我市启动“333”人才培养计划，建立了天津知识产权人才信息库，建立健全了多层次、多渠道、全方位的知识产权教育培训工作体系。

6. 知识产权政策法规体系不断健全

2008—2017 年，天津市为切实提高知识产权创造、运用、保护、管理和服务水平，累计发布各类知识产权政策、措施、意见 416 件，其中，规范性文件 33 件。2011 年 1 月 6 日，市人大常委会会议全票审议通过了《天津市专利促进与保护条例》，条例自 2011 年 4 月 1 日起施行，这是我市首部规范专利促进和保护工作的地方性法规，也是首部关于知识产权方面的地方性法规。2009 年，出台了《天津市专利权质押贷款实施指导意见》《天津市商标专用权质押贷款实施指导意见》《专利资产评估操作指引》《关于我市实施商标战略促进经济发展的意见》以及《关于优化投资环境促进创业带动就业扩大市场主体实施意见》。2010 年，出台了《天津市专利奖评奖办法》。2012 年，出台了《天津市专利资助办法》。2012 年制定的《天津市第六届东亚运动会知识产权保护办法》，被列为市政府 2013 年立法计划提请审议项目。2016 年，出台了《天津市人民政府办公厅关于加快推进知识产权强市建设的实施意见》《天津市市级高新技术企业认定管理办法》《天津市知识产权专项资金管理暂行办法》《天津市专利资助管理办法》《天津市专利权质押贷款专利评估费补贴办法》等。近十年，天津知识产权政策法规体系建设的不断完善，为天津提高自主创新能力、转变经济发展方式创造了良好的法制环境。

7. 京津冀知识产权协同力度显著增强

进一步建立和完善了合作会商制度。推动国家知识产权局、北京市、天津市、河北省人民政府签订《关于知识产权促进京津冀协同发展合作会商议定书》，为三地知识产权要素资源合理流动创造了良好条件，共同构建了京津冀知识产权协同发展示范区。引进北科大智能装备产业技术研究院、北科大国家大学科技园天津（磁敏）分园暨磁敏产业知识产权示范园同时落户华明高新区，中国技术交易所等 30 余家北京专业机构来津开展知识产权运营和服务业务。构建京津冀知识产权制度环境和法规政策体系，与北京市、河北省两地警方联手建立跨区域的知识产权保护协作配合机制，形成覆盖京津冀三地的情报系统和侦查网络；天津海关与北京海关、石家庄海关共同签署《京津冀海关加强知识产权保护执法协作的意见》，建立区域海关执法协作、联动打击、共同治理的协同机制；深化《落实京津冀质量发展合作框架协议 2016 年行动计划》，搭建京津冀地理标志保护公共信息共享服务平台，推进京津冀地理标志产品品牌建设；2016 年，天津市市场监管委与北京市工商局、河北省工商局召开商标行政执法区域协作座谈会，就商标行政执法与保护区域合作达成十项共识，签署《京津冀商标保护区域合作备忘录》；与北京市检察院、河北省检察院联合签订《京津冀检察机关服务和保障京津冀协同发展的合作框架意见》，建立三地检察机关执法办案的协作机制。构建起京津冀知识产权协同保护机制，共同成立京津冀知识产权发展联盟，举办京津冀知识产权协同发展高层论坛；挂牌成立京津知识产权维权援助武清联合工作站、京津冀家具行业知识产权维权援助联合工作站，举办京津冀家居企业知识产权保护沙龙活动。

2.3.1.2 知识产权工作总体情况评价

1. 战略部署有序、工作稳步推进

建立了实施知识产权战略的高效工作体系，科学进行战略部署，扎实有序推进工作开展。

思想上，围绕中心、服务大局，为产业导航、为区域助力、为企业提速，知识产权工作有效融入经济建设主战场。

体系上，顶层设计、系统推进，战略实施工作推进体系全面建成，逐步建立起科学规划、重点引导、确保落实、全程监督的推进方式。

横向上，统筹协调、形成合力，在知识产权创造、运用、保护等环节加强跨部门合作，形成了协调有序、齐抓共管的知识产权工作新格局。

纵向上，上下联动、互动发展，充分发挥滨海新区龙头带动作用，各区知识产权工作全面发展。

保障上，政策引领、环境优化，强化知识产权工作的政策导向，出台了 100 多项政策文件，形成了较为完善的政策体系，知识产权保护环境不断优化。

手段上，实行绩效考核、目标管理，任务分工实行项目化目标责任管理，通过市、区两级监测进行定量化考核，确保各项工作取得实效。

2. 整体协调联动、工作协同有序

部门之间建立起跨部门的协作机制。相关部门联合开展知识产权创造、知识产权质押融资、执法保护、文化建设等活动，联合完成《天津市知识产权战略纲要》和《天津市知识产权“十二五”规划》起草工作；共同推进科技型中小企业知识产权竞争力的提升；共同开办展会、开展流通领域的知识产权执法行动；建立执法协作信息互享机制，建立部门间的定期沟通和重大案件会商、通报制度，形成联合执法协调机制和纠纷快速解决机制。联合开展专利执法行动，联合提高社会各界创新意识等，形成了协调有序、齐抓共管的知识产权工作新格局，有力地促进了全市知识产权工作上水平。

区与区之间成立了知识产权战略协调机制。逐步建立起科学规划、重点引导、确保落实的推进方式。以市政府专项规划发布《天津市知识产权“十二五”规划》《天津市知识产权“十三五”规划》，每年组织编制工作要点，形成了全市“一盘棋”的工作格局。多部门制定了知识产权战略实施方案或工作规划，全市 16 个区全部出台了各自的知识产权战略实施方案。

2.3.1.3 未来知识产权战略实施的方向

深入贯彻党的十九大报告，认真落实《国务院办公厅关于转发知识产权局等单位深入实施国家知识产权战略行动计划（2014—2020 年）的通知》（国办发〔2014〕64 号）和《天津市知识产权战略纲要》（津政发〔2010〕10 号）文件精神，以实施知识产权战略为手段，以推进部市会商合作为契机，以建设知识产权强市为目标，大力推进各项工作，力争为创新驱动发展做出更大的贡献，天津下一步实施知识产权战略的工作方向将主要包括：一是围绕建设先进制造研发基地，大力培育知识产权密集型产业，提升产业竞争力，推动产业创新发展；二是进一步强化高校和科研院所知识产权创造与运用，鼓励技术转移、转化工作；三是探索多元化纠纷解决机制，建立专利预警机制，提高维权援助水平，营造良好创新创业氛围；四是大力健全知识产权服务体系，提升知识产权服务能力，培育一批业务能力强、辐射范围广、示范效果好的知识产权服务机构；五是深化区域知识产权工作协调发展，促进京津冀知识产权一体化；六是进一步加大管理创新力度，深化自贸区知识产权综合改革；七是支持企业“走出去”，加大企业海外知识产权布局，培育一批能够灵活运用知识产权制度和规则、积极参与国际竞争的知识产权优势企业。

2.3.2 天津知识产权战略实施的体制机制建设情况

1. 知识产权战略实施领导机构工作情况

推进《纲要》实施，首要任务是要加强对知识产权工作的组织领导。2008 年底，天津市政府成立了由 31 个成员单位组成的知识产权战略领导小组。领导小组以《国家知识产权战略纲要》为指导，负责天津知识产权战略的推动和实施，负责加强对市有关部门、各区人民政府实施知识产权战略的指导和支持。市知识产权局发挥牵头作用，认真履行市知识产权战略领导小组办公室职责，建立了完善的相互支持、密切协作、运转顺畅的工作机制，切实推进各项任务落实。市场监管、版权、海关、文化、公安经侦、市高院等部门作为主要成员单位各负其责，制定方案组织实施。同时，为加快知识产权战略实施，围绕专项工作还成立了一些专门小组，建立健全了相关机制。

（1）成立了“天津市推进商标战略实施工作委局际联席会议”，由市市场监管委、市委组织部、市委宣传部、市政府法制办、市公安局、市知识产权局及市高级人民法院、市检察院等26个部门组成，市政府副秘书长担任召集人。联席会议在市政府领导下，统筹协调本市商标战略实施工作。

（2）市版权局、市公安局、市知识产权局、市通信管理局、市委网信办、市文化市场行政执法总队联合成立了“天津市打击网络侵权盗版专项行动协调小组”，统一部署、协调解决专项治理行动中的重点问题。

（3）组建了市“剑网行动”协调小组，每年都制定天津市打击网络侵权盗版专项治理“剑网行动”方案，召开天津重点网站负责人培训会。

（4）市知识产权局与市市场监管委及文化、版权等部门建立全市知识产权行政保护和协调机制信息共享机制，开展了知识产权执法保护行动。

（5）建立并逐步完善了市场监管、版权、海关、公安经侦、市高院、市知识产权等部门每季度一次的知识产权保护工作交流（业务研讨）机制，推动全市知识产权保护协调工作进入工作紧密协作、信息互通共享、定期沟通交流的新阶段。通过整合资源，加强交流，进一步提升了天津知识产权保护服务、保护创新的工作水平。

2. 知识产权相关法规建设情况

天津不断加强知识产权地方立法工作，努力健全知识产权政策体系，在全国率先出台《天津市专利促进与保护条例》，于2011年1月6日经市第十五届人民代表大会常务委员会第二十一次会议通过，并于2011年4月1日起施行，该条例的实施，将原政府规章上升为地方性法规，加大了对我市专利促进与保护力度，有效推动我市专利工作。

2016年，研究制定了《天津市企事业单位专利试点办法》，按照区级试点、市级试点和国家试点示范三个层级开展企事业专利工作。降低准入门槛，分类设定培育目标和标准，调整工作周期，建立了专利工作重点企业库，分类指导企业开展专利消零、专利布局、专利优势企业培育、《企业知识产权管理规范》贯标工作，为培育形成一个专利企业群体、一批有一定影响力的知识产权优势产品（技术）、一批具有战略布局的知识产权优势企业打下了良好的基础。

同时，《关于加强政府投入项目专利管理工作的实施意见》《天津市专利权质押贷款实施指导意见》《关于我市实施商标战略促进经济发展的意见》《天津市国有企业加强知识产权工作的指导意见》等一批在全国具有影响力的政策和文件陆续发布。据不完全统计，2008年以来，我市出台的部分知识产权法规和政策文件详见表2-2所示。

表 2-2　天津出台的部分知识产权法规、政策文件一览表

年度	文件名称
2008	《关于加强政府投入项目专利管理工作的实施意见》 《关于支持创新型科技园区建设的若干意见》
2009	《财政部 国家知识产权局关于加强知识产权资产评估管理工作若干问题的通知》 《关于我市实施商标战略促进经济发展的意见》 《关于优化投资环境促进创业带动就业扩大市场主体实施意见》 《天津市专利权质押贷款实施指导意见》 《天津市商标专用权质押贷款实施指导意见》 《专利资产评估操作指引》
2010	《天津市专利奖评奖办法》
2011	《天津市专利促进与保护条例》 《天津市工商行政管理局支持扩大内需促进消费的若干意见》 《天津市工商局工商所流通环节不合格食品监督退市制度》 《天津市工商局工商所流通环节食品安全巡查制度》 《天津市软件产业发展专项资金使用管理办法》
2012	《关于印发〈天津市专利资助办法〉的通知》《天津市第六届东亚运动会知识产权保护办法》
2014	《关于开展专利保险工作的指导意见》
2015	《天津市专利信息传播利用工作站实施办法（试行）》 《天津市众创空间认定管理办法（试行）》 《天津市人民政府办公厅关于转发市知识产权局拟定的天津市专利奖评奖办法的通知》
2016	《天津市人民政府办公厅关于加快推进知识产权强市建设的实施意见》 《天津市市级高新技术企业认定管理办法》 《天津市知识产权专项资金管理暂行办法》 《天津市专利资助管理办法》 《天津市专利权质押贷款专利评估费补贴办法》 《天津市企事业单位专利试点办法》
2017	《天津市人民政府办公厅关于贯彻落实“十三五”国家知识产权保护和运用规划的实施意见》 《天津市民营企业知识产权促进行动实施方案》 《天津市知识产权强企实施方案》

3. 各区知识产权战略推进情况

（1）机构建设。构建有协调力和服务力的管理机构。各区知识产权工作是全市工作的基础，天津注重以实施知识产权强区建设为手段，与行政区政府共同整合资源，推动构建与区域经济发展相适应的知识产权管理体系，带动区域知识产权工作整体上水平。2012 年，全市 16 个区（县）全部设立知识产权管理科室（处室），配备管理人员共 32 人，其中，专职管理人员 19 人，非专职管理人员 13 人。2014 年，全市 16 个区（县）先后设置了主管专利行政执法工作的部门和人员，2017 年专利行政执法人员达到 108 人，4 年间增幅达到 158.8%。

（2）政策建设。推动建立区域知识产权政策体系。十年来，天津先后制定《关于加强区县知识产权工作的指导意见》《关于知识产权强区建设的意见》《天津市知识产权特色小镇培育工程工作方案》等政策，连续发布市、区两级知识产权发展评估报告，推动各行政区加强知识产权工作。16个行政区大力促进各自经济发展重点和区域特色与知识产权战略纲要实施相结合，天津成为全国第一个地级市全部出台知识产权战略实施方案的省市。例如，滨海新区出台知识产权“十二五”规划，和平区制定知识产权质押贷款补贴管理办法，武清区实施专利试点企业管理办法，东丽区对专利创造、运用加大扶持力度，积极推进知识产权服务业发展等，各区逐渐形成了自己的知识产权发展特色。

（3）行动推进。切实有力地推进知识产权强区建设。2012年，按照知识产权强区县工程重点，推动区县加强工作体系建设，提升知识产权管理能力，推动区县加强政策引导，例如，滨海新区出台包括专利申请、实施、战略和奖励等方面的整体专利政策。2013年，启动滨海新区专利信息公共服务平台建设，推进滨海新区列入国家知识产权局重大经济科技知识产权评议试点，滨海高新区被国家知识产权局认定为国家级知识产权示范园区。2014年，天津市知识产权局制定了《关于加强区县知识产权工作的指导意见》，指导区县完善政策，资助发放工作下放到区县，强化了区县工作。2015年，根据《天津国家自主创新示范区“一区二十一园”知识产权强区建设方案（2015—2020年）》推进自主创新示范区“一区二十一园”知识产权强区建设。启动专利密集产业培育工程，开发区、宝坻低碳产业园区和武清京津科技谷3个园区成为我市首批专利密集产业培育园区。2016年，将万人均发明专利拥有量、专利企业数量纳入各区互看互比互学指标中，每月定期向各区发布专利工作进展信息，引导各区专利工作。2017年，研究制定了《天津市知识产权强区建设的意见》，明确知识产权强区建设总体工作目标、工作要求、工作重点、实施内容。随着知识产权强区战略的实施，各区知识产权投入快速增长，有效专利数量稳步提高，专利申请高速增长。截至2016年12月，滨海、武清、西青、北辰、南开等5个区专利拥有量超过万件；滨海、武清、西青等3个区，专利企业数量超千家；西青区被确定为国家知识产权示范创建城区，滨海新区、武清区、东丽区进入示范培育行列；河西区、北辰区、津南区被确定为国家级试点城区。

4. 知识产权战略实施的创新性工作开展情况

（1）工作机制创新。建立促进企业自主创新的知识产权战略领导小组。2008年底，天津市政府成立了由31个成员单位组成的知识产权战略领导小组，建立了联席会议制度，大力推进自主创新政策落实工作，以知识产权工作融入经济建设主战场为出发点和落脚点，找准工作定位深入实施知识产权战略；建基地、出文件，知识产权成为推动新兴产业健康发展的导航仪；着力打造新区龙头，支撑特色产业发展，知识产权成为区域经济发展的助推器；实施科技型中小企业知识产权促进行动，知识产权成为科技小巨人企业快速发展的加速器；优服务、强保障，知识产权成为大项目顺利开展的安全阀。我市知识产权工作有效融入经济建设主战场，形成知识产权工作新局面。

（2）法规政策创新。在全国首批次出台《天津市专利促进与保护条例》，第一次在立法层面明确了自主创新的概念定义及其与知识产权的关系，围绕研究开发与成果创造、成果转化与产业化、激励与保障等方面，对知识产权的实施转化和权益分享做出一系列规定，为天津市知识产权的创造、应用与保护提供法规保障。

（3）激励机制创新。全力助推中小企业知识产权推进计划。2010 年实施科技型中小企业知识产权促进行动，《天津市知识产权局促进科技型中小企业发展行动方案（2010—2015 年）》被列为市委、市政府发展科技型中小企业的重大战略十大政策性文件之一。2012 年制定并发布了《天津市知识产权局促进科技型中小企业发展行动方案》和《关于进一步加快实施科技型中小企业知识产权促进行动的通知》。2013 年研究制定《关于加强科技型中小企业知识产权工作的意见》，完善消零行动奖励政策。2014 年，市知识产权局与市科委共同制定《关于联合推动创新型城市建设和科技型中小企业创新发展的意见》。2015 年，推进科技型中小企业、万企转型企业、高新技术重点培育企业的建设，结合专利试点示范工作，围绕重点产品（技术）进行专利布局。2016 年，有近万家科技型中小企业实现专利申请零突破，8 113 家科技型中小企业拥有有效专利，申请专利达 53 961 件；拥有专利的科技小巨人企业 1 552 家、科技领军企业 170 家、撒手锏产品企业 220 家。科技型中小企业拥有专利占全市比重达 68.4%，民营企业拥有专利占全市比重达 70%。2017 年，通过专利提升推进创新转型的中小企业达 859 家。2 355 家民营企业被纳入天津市专利试点单位。

2.3.3　天津知识产权战略实施的保障支撑情况

1. 加强知识产权战略配套政策制定与实施的情况

近十年，天津高度重视知识产权政策的研究制定工作。累计发布各类知识产权政策、措施、意见 416 件，其中规范性文件 33 件。

（1）知识产权政策制定注重与产业政策、区域政策、科技政策、贸易政策、文化政策等的衔接。市知识产权局加强与市委研究室、市政府研究室、市国资委等各部门的通力合作，先后制定实施《关于加强政府投入项目专利管理工作的实施意见》《关于开展专利保险工作的指导意见》《天津市商业流通领域专利商品监督管理办法》《关于加快天津科技金融创新发展的实施意见》《天津市市级高新技术企业认定管理办法》等一大批政策措施，综合运用经济杠杆、资金扶持、科技评价等手段，在加快企业知识产权核心竞争力提升、联合开展专利专项执法行动、打击侵犯知识产权犯罪、促进科技金融创新以及提高社会各界的创新意识等方面，强化协调配合，加大工作力度，有力促进了全市知识产权工作上水平。

（2）知识产权政策制定注重以企业需求为主的供给侧结构性改革。企业作为自主创新主体，其对知识产权制度的运用能力直接影响知识产权战略的实施效果。多年来，我市高度重视对企业知识产权政策需求的调研，始终遵循分类指导、分层推进的原则，推出《天津市专利资助管理办法》，先后制定了《天津市知识产权局促进科技型中小企业发展重点举措（2013—2015 年）》《天津市国有企业加强知识产权工作的指导意见》《天津市专利权质押贷款专利评估费补贴办法》《天津市知识产权强企实施方案》《天津市企业知识产权维权指引》《天津市展会保护知识产权实施办法》《天津市推行〈企业知识产权管理规范〉补贴办法》等一系列政策，从知识产权的创造、运用、保护和管理各个环节加大力度，逐步形成了“计划分类制定、措施分类落实、培训分类展开、任务有所侧重”的政策指导模式，促进企业知识产权管理上水平。

2. 推进知识产权战略研究的情况

我市先后申请国家知识产权局在天津设立天大知识产权战略实施研究基地、知识产权法研究基地，积极推行法律顾问制度、聘请知识产权和法律“双证”律师任法律顾问，建设各方面人才集聚的法律顾问专家库等，大力推进知识产权软课题研究，推进知识产权战略制定。先后制定发布《深入实施天津市知识产权战略行动计划（2016—2020 年）》《天津市知识产权“十二五”规划》《天津市知识产权“十三五”规划》，推动天津市知识产权战略的深入贯彻实施。制定《天津国家自主创新示范区“一区二十一园”知识产权强区建设方案（2015—2020 年）》《天津市人民政府办公厅关于加快推进知识产权强市建设的实施意见》《关于加强专利实施转化转变经济发展方式的若干意见》《天津市知识产权局贯彻落实〈中共天津市委天津市人民政府关于进一步加快民营经济发展的意见〉的实施细则》《天津市知识产权局关于落实推动供给侧结构性改革工作方案》等一系列重大知识产权政策，促进全市知识产权与全市经济重心工作的高度融合，打造良好的知识产权舆论氛围，且这些政策对加强全市知识产权工作体系建设起到了十分重要的作用。

3. 知识产权工作资金投入情况

财政投入保持稳定增长。2016 年，我市知识产权（专利）工作专项经费达到 3 500 万元，是 2010 年的 2.06 倍，年均增长率 9.4%，如图 2-1 所示。

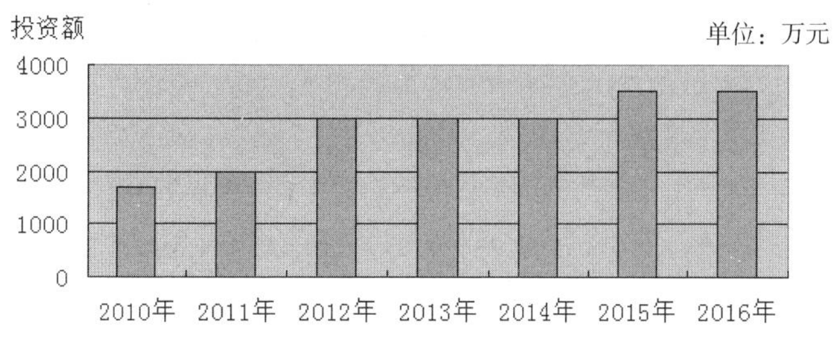

图 2-1　天津知识产权（专利）工作专项经费投入情况

为了规范资金使用，强化预决算管理，加强资金管理制度建设，2016 年 5 月 3 日天津市财政局、天津市知识产权局联合发布《天津市知识产权专项资金管理暂行办法》（津财建〔2016〕28 号），2017 年发布《2017 年天津市知识产权专项资金重点资助项目申报说明及指南》，编制完成并发布重点资助项目申报要求，对新立项项目的目标、类别及任务、数量及经费、申报要求等内容进行了规范。

4. 完善知识产权监测体系的情况

由市知识产权战略领导小组建立了知识产权战略实施的年度监测体系和制度，对战略指标的实现进度、任务部署和政策措施的落实情况进行监督。先后在全国率先发布《天津市知识产权发展水平监测报告》《区县知识产权发展水平评价报告》，通过监测进行定量化考核，指引知识产权战略实施。编制《天津市知识产权保护状况白皮书》《天津市知识产权发展状况白皮书》，并在市政府新闻发布会上发布。战略实施推动过程中，按照任务分工，明确工作目标和重点，实行项目化目标责任管理。

2.4 《天津市知识产权战略纲要》任务完成情况

2.4.1 战略纲要阶段性目标完成情况

十年来，我市知识产权工作快速的发展，《纲要》中提到的主要指标基本都达到了预期目标，其中一些指标甚至已经大幅度超出了预期。具体来看，累计专利申请、有效专利数、企业有效专利比重、有专利申请的企业、驰名商标拥有量指标大大超过预期指标。累计注册商标申请量指标达到进度要求。但是，有效发明专利比例、境外商标注册量距离目标有一定的差距，详见表 2-3。

表 2-3 《纲要》主要定量指标统计与实现程度对比表

序号	指标名称	2016 年指标值	2020 年预期指标值	实现程度
1	累计专利申请	45 万件	20 万件	远超预期
2	有效专利数	12.4 万件	4 万件	远超预期
3	企业有效专利比重	79.8%	不低于 60%	远超预期
4	有专利申请的企业	11 212 家	5 000 家	远超预期
5	驰名商标拥有量	149 件	60 件	远超预期
6	累计注册商标申请量	13.4 万件	10 万件	达到要求
7	著名商标	1 346 件	1 000 件	达到要求
8	有效发明专利比例	18.2%	1/3	存在差距
9	境外商标注册量	279 件	2 000 件	存在差距

1. 知识产权“创造”指标完成情况

知识产权“创造”指标设定了 26 个，其中统计到相关数据的有 19 个，主要指标涵盖：发明专利申请量、发明专利授权量、发明专利拥有量、每万人口发明专利拥有量、年专利申请量、年专利授权量、有效专利数量、有效商标注册量、驰名商标拥有量、著名商标拥有量、马德里或境外商标注册量、版权年登记量、地理标志证明商标、软件著作权登记量、企业专利申请比例、企业有效专利比重、拥有专利的企业数量、知识产权示范企业数量、入选国家知识产权优势企业试点数量。其中，版权年登记量年增长率最高，达到 66.78%；其次为地理标志证明商标增长率、软件著作权登记量增长率，分别为 36.43% 和 35.58%。年增长率超过 20% 的指标还有发明专利申请量、发明专利拥有量、年专利申请量、年专利授权量、有效专利数量、有效商标注册量、驰名商标拥有量 7 个指标。知识产权“创造”指标整体发展良好，详见表 2-4。此外，本市每万人口发明专利拥有量、发明专利授权量、发明专利申请量、专利申请量、有效商标注册量、境外商标注册量、软件著作权登记量、企业专利申请比例及拥有的企业数量的历年变化情况，分别如图 2-2、2-3、2-4、2-5、2-6、2-7、2-8、2-9、2-10 所示。

表 2-4　2008—2016 年天津市知识产权“创造”指标年均增长率

序号	统计指标	年均增长率
1	发明专利申请量	25.64%
2	发明专利授权量	17.14%
3	发明专利拥有量	24.56%
4	每万人口发明专利拥有量	19.30%
5	年专利申请量	25.39%
6	年专利授权量	25.11%
7	有效专利数量	27.95%
8	有效商标注册量	21.30%
9	驰名商标拥有量	25.00%
10	著名商标拥有量	13.43%
11	马德里或境外商标注册量	13.08%
12	版权年登记量	66.78%
13	地理标志证明商标	36.43%
14	软件著作权登记量	35.58%
15	企业专利申请比例	6.74%
16	企业有效专利比重	4.07%
17	拥有专利的企业数量	18.87%
18	知识产权示范企业数量	0
19	入选国家知识产权优势企业试点数量	17.24%

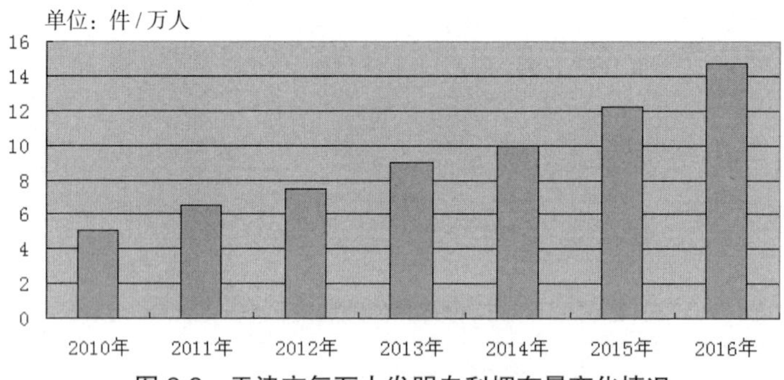

图 2-2 天津市每万人发明专利拥有量变化情况

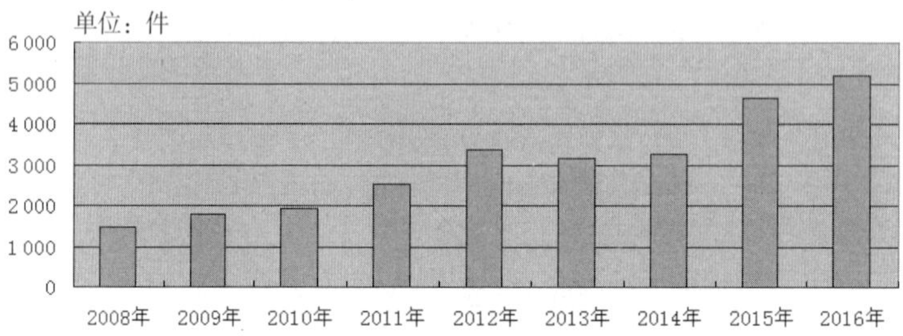

图 2-3 天津市发明专利授权量变化情况

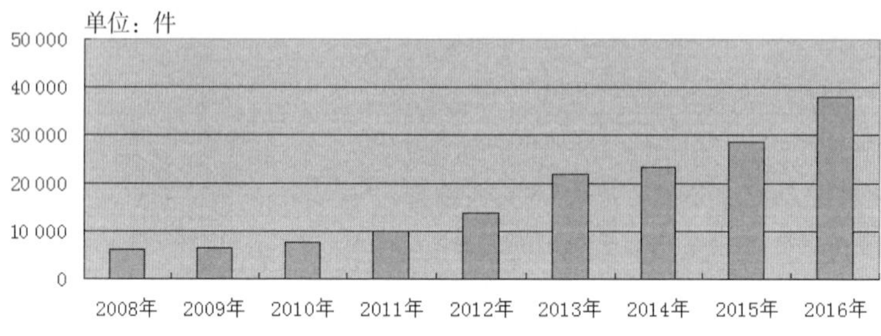

图 2-4 天津市发明专利申请量变化情况

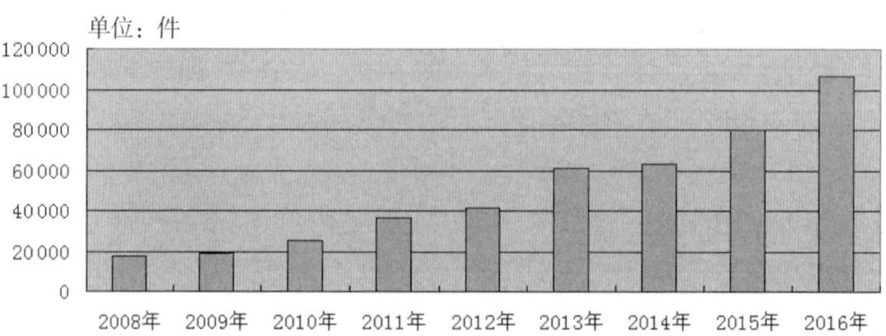

图 2-5 天津市专利申请量变化情况

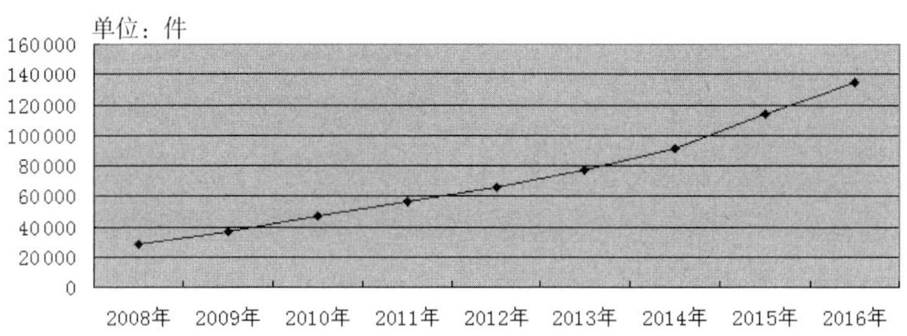

图 2-6　天津市有效商标注册量历年变化情况

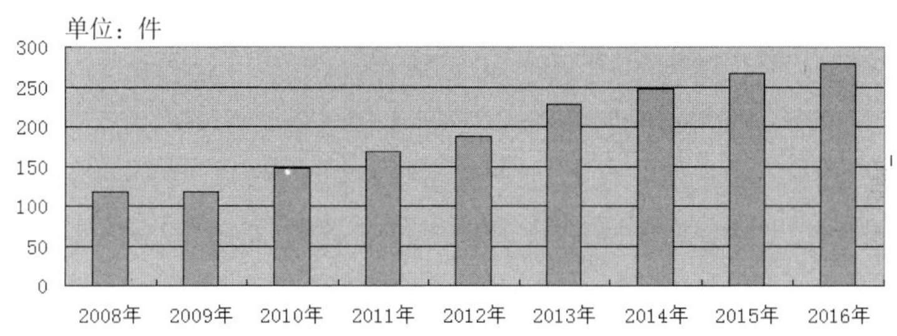

图 2-7　天津市境外商标注册量历年变化情况

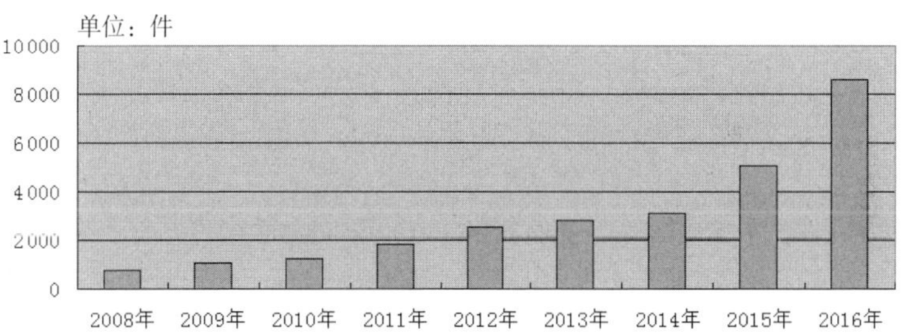

图 2-8　天津市软件著作权登记量历年变化情况

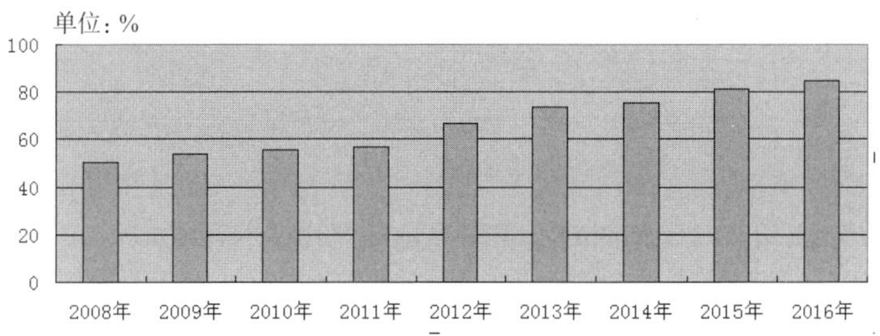

图 2-9　天津市企业专利申请比例历年变化情况

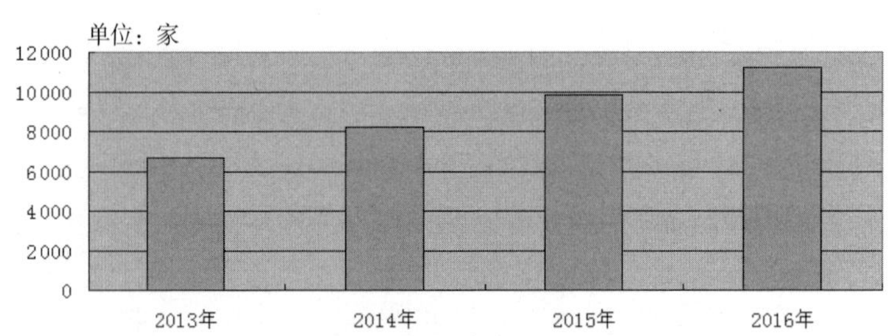

图 2-10　天津市拥有专利的企业数量历年变化情况

2. 知识产权“运用”指标完成情况

知识产权“运用”指标设定了 11 个，其中统计到相关数据的有 3 个，主要指标涵盖：转让许可备案的专利数、专利权质押融资额、专利许可 / 转让交易额。这 3 个指标的年均增长率分别为 15.91%、88.10% 和 21.59%，详见表 2-5。此外，这 3 个指标的历年变化情况分别如图 2-11、2-12、2-13 所示。

表 2-5　2008—2016 年天津市知识产权“运用”指标年均增长率

序号	统计指标	年均增长率
1	转让许可备案的专利数	15.91%
2	专利权质押融资额	88.10%
3	专利许可 / 转让交易额	21.59%

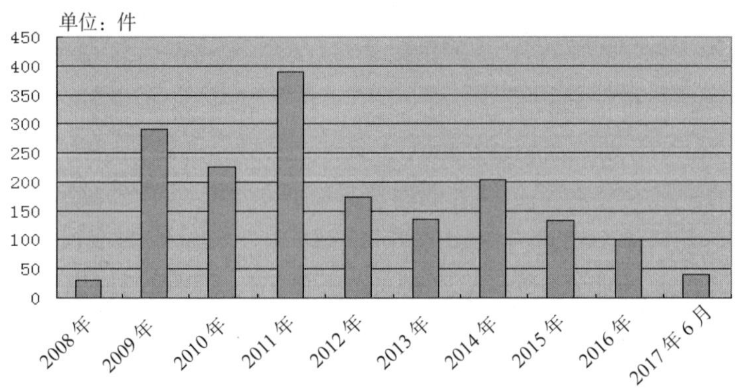

图 2-11　天津市转让许可备案的专利数历年变化情况

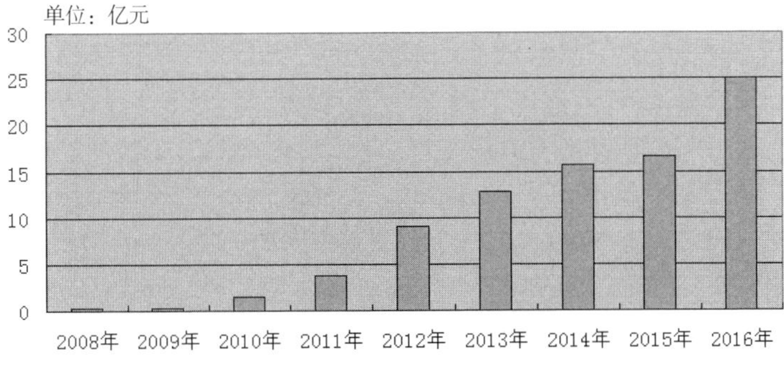

图 2-12　天津市专利权质押融资额历年变化情况

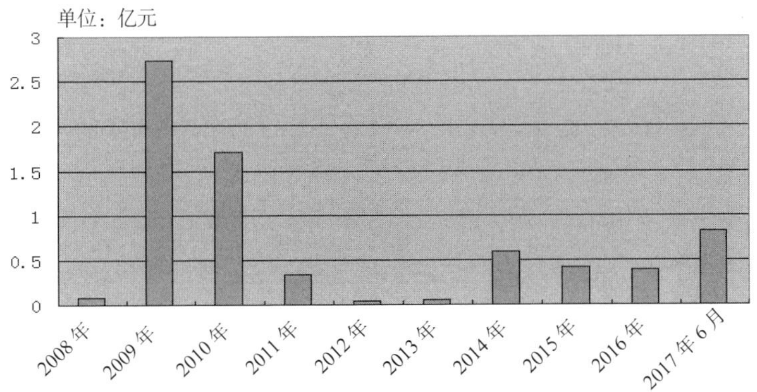

图 2-13　天津市专利许可 / 转让交易额历年变化情况

3. 知识产权“保护”指标完成情况

知识产权“保护”指标设定了 8 个，主要指标涵盖：知识产权司法案件受理数量、设立知识产权审判庭的法院数量、知识产权法官人数、知识产权执法人员数量、处理专利执法案件数量、查处商标侵权案件数量、年查处非法出版物（盗版）案件数、联合执法次数。其中，处理专利执法案件数量年均增长率达到 47.36%，知识产权司法案件受理数量年均增长率达到 29.97%，知识产权执法人员数量年均增长率达到 24.26%，年查处非法出版物（盗版）案件数年均增长率达到 18.92%，详见表 2-6。其中，本市知识产权司法案件受理数量、处理专利执法案件数量、知识产权法官人数、查处商标侵权案件数量的历年变化情况分别如图 2-14、2-15、2-16、2-17 所示。

表 2-6　2008—2016 年天津市知识产权“保护”指标年均增长率

序号	统计指标	年均增长率
1	知识产权司法案件受理数量	29.97%
2	设立知识产权审判庭的法院数量	6.59%
3	知识产权法官人数	11.29%
4	知识产权执法人员数量	24.26%
5	处理专利执法案件数量	47.36%
6	查处商标侵权案件数量	5.62%
7	年查处非法出版物（盗版）案件数	18.92%
8	联合执法次数	50.00%

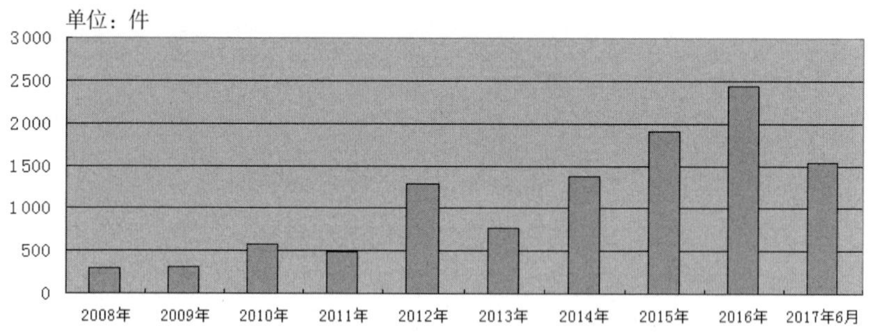

图 2-14　天津市知识产权司法案件受理数量历年变化情况

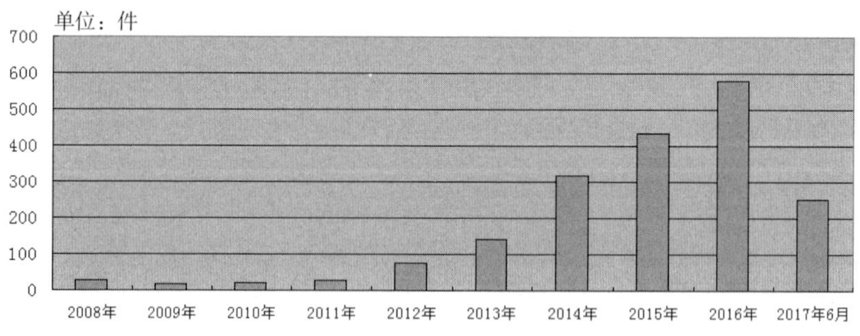

图 2-15　天津市处理专利执法案件数量历年变化情况

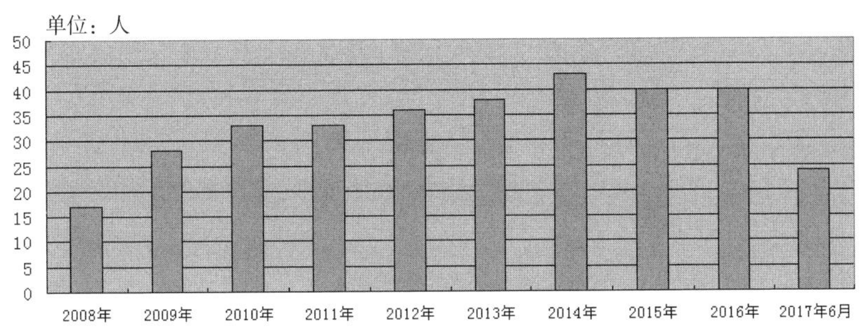

图 2-16　天津市知识产权法官人数历年变化情况

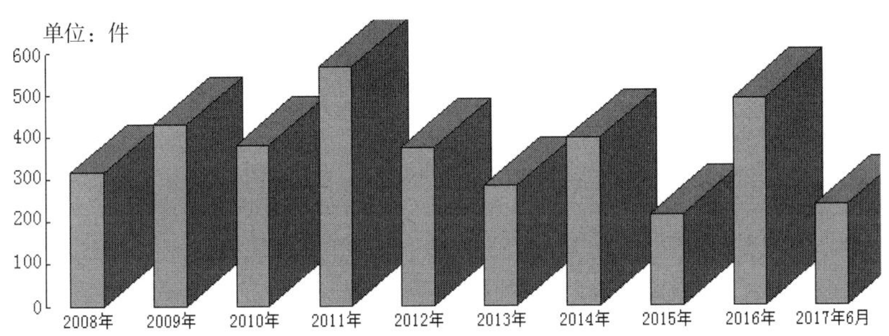

图 2-17　天津市查处商标侵权案件数量历年变化情况

4. 知识产权“管理”指标完成情况

知识产权“管理”指标设定了 8 个，其中统计到相关数据的有 6 个，主要指标涵盖：知识产权法规、政策文件的制定数量，知识产权贯标企事业单位数量，政府知识产权投入，市区知识产权行政管理机构数，进入国家知识产权试点城市行列的区县数量，专利试点工业园区数量。各项指标整体呈现增长趋势，详见表 2-7。其中，政府知识产权投入、进入国家知识产权试点城市行列的区县数量历年变化情况分别如图 2-18、2-19 所示。

表 2-7　2008—2016 年天津市知识产权“管理”指标完成情况

序号	统计指标	2008 年	2009 年	2010 年	2011 年	2012 年	2013 年	2014 年	2015 年	2016 年
1	知识产权法规、政策文件的制定数量（件）	1	2	5	2	7	4	5	3	7

续表

序号	统计指标	2008年	2009年	2010年	2011年	2012年	2013年	2014年	2015年	2016年
2	知识产权贯标企事业单位数量（家）								3	98
3	政府知识产权投入（万元）			1 700	2 000	3 000	3 000	3 000	3 500	3 500
4	市区知识产权行政管理机构数（家）	18	21	21	16	16	16	16	16	16
5	进入国家知识产权试点城市行列的区县数量（个）	0	2	2	2	2	5	5	6	6
6	专利试点工业园区数量（个）					4	6	8	8	12

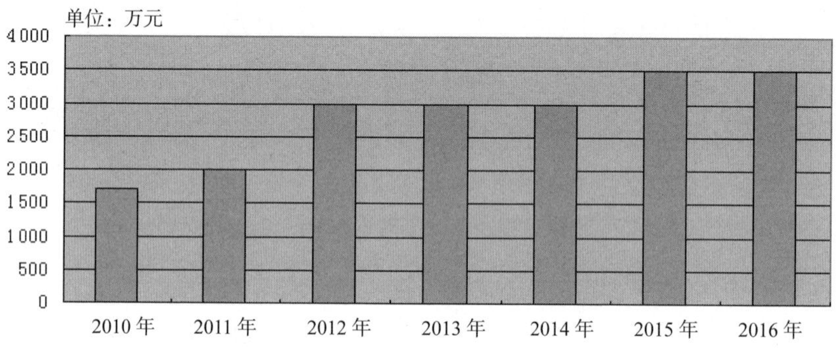

图 2-18　政府知识产权投入历年变化情况

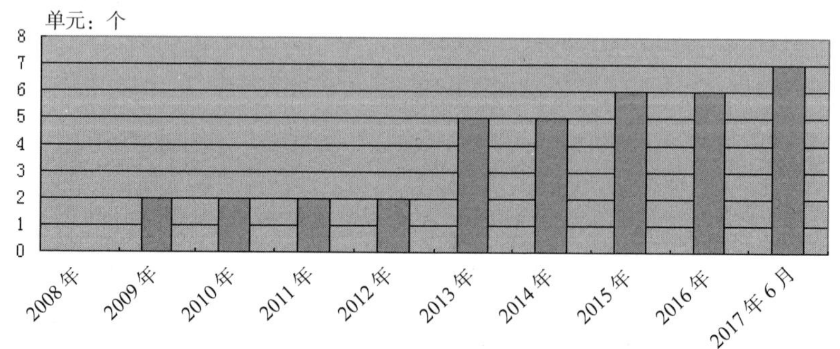

图 2-19　进入国家知识产权试点城市行列的区县数量历年变化情况

5. 知识产权“服务”指标完成情况

知识产权“服务”指标设定了 8 个，其中统计到相关数据的有 4 个，主要指标涵盖：专利代理服务机构数、具有职业资格的专利代理服务机构从业人员数、知识产权人才培训人次、知识产权宣传工作开展次数。其中，具有职业资格的专利代理服务机构从业人员数年增长率最大，达到 15.37%，详见表 2-8。其中，本市专利代理服务机构数、具有职业资格的专利代理服务机构从业人员的历年变化情况分别如图 2-20、2-21 所示。

表 2-8　2008—2016 年天津市知识产权“服务”指标年均增长率

序号	统计指标	年均增长率
1	专利代理服务机构数	11.92%
2	具有职业资格的专利代理服务机构从业人员数	15.37%
3	知识产权人才培训人次	9.05%
4	知识产权宣传工作开展次数	8.15%

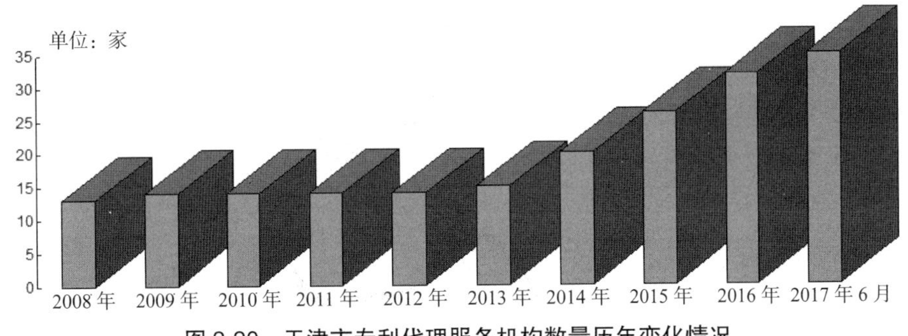

图 2-20　天津市专利代理服务机构数量历年变化情况

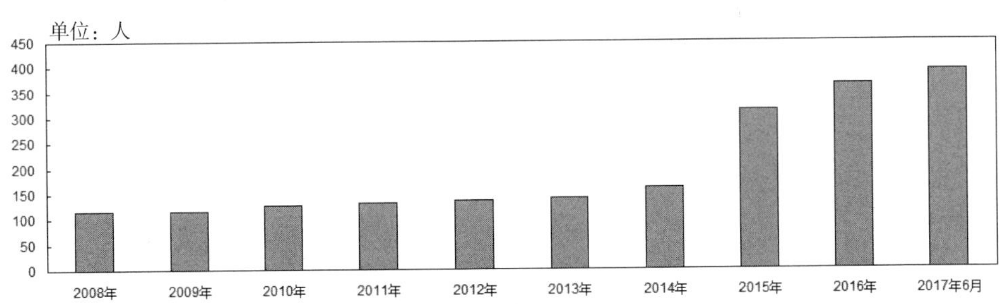

图 2-21　天津具有职业资格的专利代理服务机构从业人员历年变化情况

2.4.2 战略重点、任务、措施完成情况

按照本次知识产权战略实施阶段性总结评价工作要求，以《纲要》设定的战略重点、任务、措施为依据，从《实施天津市知识产权战略纲要任务分工》的十个方面——“打造滨海新区自主知识产权龙头、大力促进产业结构优化升级、加快推进自主知识产权产业化、实施企业知识产权主体培育工程、实施自主知识产权创造工程、实施自主知识产权运用工程、实施知识产权保护工程、实施知识产权科学管理工程、实施知识产权支撑体系建设工程、评估与考核”，对《天津知识产权战略纲要》完成情况进行阶段性总结评价。

《纲要》提出的战略重点、任务、措施详见表 2-9，从任务完成情况来看，截至 2017 年 6 月整体推进状况良好，各项任务基本完成。

从分项来看，全部 69 个分项任务中，有 22 个分项任务进展良好，占 31.9%；有 44 个分项进展顺利，占 63.8%；有 3 个分项任务进展相对滞后，占 4.3%。

十大任务的出色完成源于知识产权战略统筹协调能力的明显增强，坚持围绕中心、服务大局、系统推进、协调联动、企业主体、重在运用、提升能力的工作思路，建立了科学规划、重点引导、确保落实、全程监督的推进方式，形成了横向协调、纵向联动、齐抓共管、互动发展的工作新格局，强化了政策引领、绩效考核、目标管理的政策保障体系。

各项任务完成情况评估如下。

1. “打造滨海新区自主知识产权龙头”任务评估

《纲要》要求在 6 个方面取得显著性进展。在实际工作中，各项要求都进行了深入推进，完成了相关任务要求。

表 2-9 《纲要》重点任务情况

方向	重点	序号	任务名称	主要负责部门
战略重点与任务	（一）打造滨海新区自主知识产权龙头	1	滨海新区知识产权行政管理体制创新	滨海新区人民政府
		2	滨海新区在支柱产业和优势产业的关键技术领域获得专利权	市知识产权局、滨海新区人民政府、市工商局、市版权局
		3	加强滨海高新区“国家知识产权示范创建园区”建设	滨海高新区管委会市知识产权局
		4	滨海新区知识产权产业化基地建设	滨海新区人民政府
		5	重点引进具有知识产权的机构和人才	滨海新区人民政府
		6	促进区域知识产权工作协调发展	各区县人民政府、市知识产权局
	（二）大力促进产业结构优化升级	7	支柱产业取得一大批核心专利	市经济和信息化委、市发展改革委、市工商局、市知识产权局
		8	建设航空航天产业化基地和工业生物技术研发基地	滨海新区人民政府
		9	建设自主知识产权引领的生物医药产业化基地	滨海新区人民政府
		10	建设具有自主知识产权的国家软件产业基地	市工业和信息化委
		11	鼓励金融企业和机构建立知识产权有效保护和科学管理体系	市金融办
		12	鼓励拥有传统知识、民间文艺和遗传资源等的区县形成一定规模的相类产业	市文化广播影视局
		13	支持重大农业自主知识产权成果推广和产业化	市农委
	（三）加快推进自主知识产权产业化	14	培育一批拥有自主知识产权的龙头企业	市科委
		15	支持重大自主知识产权成果产业化	市科委
		16	建立自主知识产权产业化投融资服务体系	天津产权交易中心、市科委
		17	建设知识产权网上交易系统	市知识产权局
		18	建立重大项目知识产权管理和服务机制	市知识产权局
战略措施	（四）实施企业知识产权主体培育工程	19	提升企业知识产权运用水平	市知识产权局
		20	推进知识产权纳入国有企业考核指标	市国资委
		21	实施“十百千”企业知识产权培育计划	市工业和信息化委
		22	实施中小企业知识产权推进计划	市知识产权局

续表

方向	重点	序号	任务名称	主要负责部门
战略措施	（五）实施自主知识产权创造工程	23	深化专利试点、示范和优势企业创建工作	市知识产权局
		24	提高市场主体运用商标的综合能力	市工商局
		25	加大版权保护	市版权局
		26	开展工业品外观设计活动及大赛	市知识产权局
		27	培育具备天津特色的地理标志产品	市工商局
		28	扩大植物新品种权数量和质量	市农委
		29	加强集成电路布图设计专有权的有效利用	市知识产权局
		30	加强商业秘密特别是企业技术秘密保护工作	市工商局
		31	加强对天津特有非物质文化遗产的保护和有效利用	市文化广播影视局
	（六）实施自主知识产权运用工程	32	加强知识产权评估	市知识产权局
		33	鼓励运营知识产权，促进自主知识产权的流动和转化	市知识产权局
		34	推动金融机构开展知识产权质押工作	天津银监局
		35	制定天津市关于加强政府投入项目知识产权管理办法	市知识产权局
		36	大力发展基于自主知识产权的技术标准	市质监局
		37	加强国外技术壁垒措施的跟踪研究	市质监局
		38	加强贸易与流通中的知识产权运用和管理	市商务委
		39	加强新药、中药品种、医疗器械等知识产权工作	市食品药品监管局
	（七）实施知识产权保护工程	40	健全市和区县两级知识产权行政执法保护体系	市知识产权局
		41	建立执法协作信息互享机制	市知识产权局
		42	开展专利、商标、版权等各领域知识产权保护专项行动	市知识产权局
		43	在制定天津市会展业相关规范性文件时，突出知识产权的监管和保护	市商务委
		44	加强海关知识产权保护监控体系建设	天津海关
		45	加强司法保护	市高法院
		46	建立政府、行业组织和企业共同参与的知识产权预警机制	市知识产权局
		47	加强商业企业知识产权试点工作	市商务委

续表

<table>
<tr><th>方向</th><th>重点</th><th>序号</th><th>任务名称</th><th>主要负责部门</th></tr>
<tr><td rowspan="22">战略措施</td><td rowspan="5">（八）实施知识产权科学管理工程</td><td>48</td><td>建立和完善合作会商制度</td><td>市知识产权局</td></tr>
<tr><td>49</td><td>形成相关部门协调联动工作新格局</td><td>市知识产权局</td></tr>
<tr><td>50</td><td>加强区县知识产权工作协调机制</td><td>各区县人民政府</td></tr>
<tr><td>51</td><td>开展知识产权强区试点工作</td><td>各区县人民政府</td></tr>
<tr><td>52</td><td>充分发挥各类行业协会作用</td><td>市工业和信息化委</td></tr>
<tr><td rowspan="13">（九）实施知识产权支撑体系建设工程</td><td>53</td><td>制定《天津市专利促进与保护条例》等地方性法规</td><td>市法制办</td></tr>
<tr><td>54</td><td>强化知识产权政策导向</td><td>市知识产权局</td></tr>
<tr><td>55</td><td>建立以知识产权创造和运用为核心的科技计划项目管理体系</td><td>市科委</td></tr>
<tr><td>56</td><td>加快知识产权公共信息平台建设</td><td>市知识产权局</td></tr>
<tr><td>57</td><td>壮大动漫等核心版权相关产业</td><td>市版权局</td></tr>
<tr><td>58</td><td>健全知识产权中介服务体系</td><td>市知识产权局</td></tr>
<tr><td>59</td><td>实施知识产权人才培育计划</td><td>市知识产权局</td></tr>
<tr><td>60</td><td>广泛开展知识产权宣传和普及活动</td><td>市委宣传部</td></tr>
<tr><td>61</td><td>研究知识产权专业技术人员职称评定办法</td><td>市人力社保局</td></tr>
<tr><td>62</td><td>广泛开展知识产权普及教育，在高等院校开设知识产权相关课程</td><td>市教委</td></tr>
<tr><td>63</td><td>加强区域和国际知识产权交流合作</td><td>市知识产权局</td></tr>
<tr><td>64</td><td>完善自主知识产权成果奖励机制</td><td>市知识产权局</td></tr>
<tr><td>65</td><td>加强高校和科研机构知识产权的规范化管理</td><td>市教委</td></tr>
<tr><td rowspan="4">（十）评估与考核</td><td>66</td><td>市各有关部门等要制定知识产权战略实施推进计划</td><td>市知识产权战略领导小组办公室</td></tr>
<tr><td>67</td><td>市各有关部门要将组织实施知识产权战略列入重要议事日程</td><td>市知识产权战略领导小组办公室</td></tr>
<tr><td>68</td><td>开展各类知识产权评选</td><td>市知识产权局</td></tr>
<tr><td>69</td><td>建立知识产权统计指标体系</td><td>市知识产权战略领导小组办公室</td></tr>
</table>

《纲要》发布以来，滨海新区严格对照纲要，细化任务分工，滨海新区负责或牵头的部门积极推进重点任务，各项知识产权指标完成情况良好，全区知识产权工作保持持续快速发展的良好态势，取得了阶段性成效：滨海新区知识产权工作快速发展，建立健全了知识产权管理体系，创新了知识产权管理体制机制；滨海新区知

识产权数量迅速增长、质量快速提升，专利申请量、授权量及有效专利量等指标均显著超越预期，培育了一批知识产权优势企业，掌握了一批拥有自主知识产权的关键技术；滨海高新区不断加强国家知识产权示范创建园区建设，成为知识产权密集区；航空航天、生物医药等知识产权产业化基地建设进展顺利，推进了知识产权成果转化；加速科技创新平台建设，聚集国内外知识产权资源；建设华北知识产权运营中心、专利流转储备中心，提升知识产权运营能力；优化知识产权环境，服务“双自”建设等，为滨海新区科技经济发展提供了原动力和有力支撑，在天津市逐步确立了知识产权龙头地位。完成情况详见表 2-10。

表 2-10 “打造滨海新区自主知识产权龙头”完成情况评估表

序号	指标	完成情况	整体判断
1	滨海新区知识产权行政管理体制创新	滨海新区建立了知识产权工作组织协调机制，成立了由分管副区长为组长，各功能区管委会、各相关委办局主管领导为成员的滨海新区知识产权工作领导小组，负责对专利、商标、版权、品牌等知识产权工作的领导和对重大知识产权问题进行统筹协调；贯彻执行国务院办公厅发布的《知识产权综合管理改革试点总体方案》	进展良好
2	滨海新区在支柱产业和优势产业的关键技术领域获得专利权	以航空航天、新能源、新一代信息技术产业、生物医药、新材料、海洋工程和节能环保等产业为主体的战略性新兴产业集群逐步完善；攻克一批国内领先、国际领跑的前沿和关键技术；战略性新兴产业加速成长，航空航天、新材料、生物医药等行业发展迅猛	进展良好
3	加强滨海高新区“国家知识产权示范创建园区”建设	滨海高新区完成国家知识产权示范园区的创建工作，成为全国首批10 家知识产权示范园区之一，还被国家知识产权局评为“国家专利导航产业发展试验区”“国家知识产权服务业集聚发展试验区”	进展良好
4	滨海新区知识产权产业化基地建设	围绕装备制造、石油化工等主导产业，建成了 2 个年专利申请 2 000 件以上的骨干产业知识产权高地；围绕电子信息、生物医药、现代冶金等优势产业，建成了 3 个年专利申请在 1 000 件以上的新兴产业知识产权高地	进展顺利
5	重点引进具有知识产权的机构和人才	围绕滨海新区重点支柱产业发展，加强与大院、大所、大学的合作，规划建设创新大平台，促进重大科技成果转化；推动天津中科智能识别产业技术研究院、清华大学天津电子信息研究院等落户	进展良好
6	促进区域知识产权工作协调发展	以京津冀协同创新为核心，加大对内对外开放力度，深入推进区域科技合作，广泛聚集国内外高端创新资源，加强对资源的整合利用，形成了较为完整的多元化开放创新合作框架，京津冀协同创新不断实现新突破	进展顺利

尤其是在滨海新区知识产权数量增长、质量提升方面，效果更加突出。2016 年底，滨海新区专利申请量由 2008 年的 2 338 件增至 29 336 件（图 2-22），年均增长 37.2%，占全市比例为 27.5%；专利授权量由 1 104 件增至 12 113 件（图 2-23），

年均增长 34.9%，占全市比例为 30.5%；有效专利量由 2 605 件增至 38 554 件（图 2-24），年均增长 40.0%，占全市比例为 31.0%。专利质量稳步提升。2016 年发明专利申请量达到 9 724 件，占全部专利申请量的比例为 33.1%；有效发明专利数量由 2008 年的 344 件增至 6 137 件，年均增长 43.4%，万人有效发明专利拥有量达到 20.5 件，远高于全市平均 14.7 件的水平。2008—2016 年，企业的专利主体地位进一步巩固，企业专利申请量占滨海新区全部专利申请量的比重由 73.3% 增至 93.9%，企业有效专利量占滨海新区全部有效专利量的比重由 79.2% 增至 90.9%。滨海新区成立以来，累计 17 项专利获中国专利优秀奖、6 项专利获中国外观设计优秀奖。

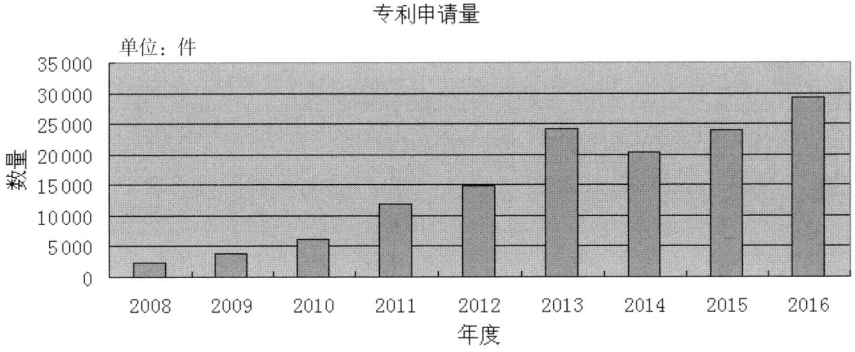

图 2-22　2008—2016 年滨海新区专利申请情况

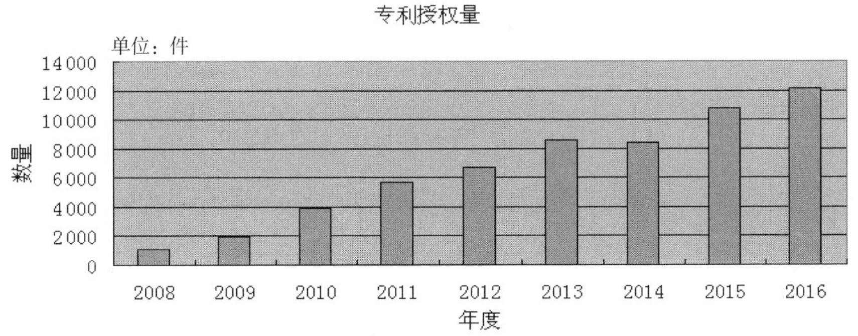

图 2-23　2008—2016 年滨海新区专利授权情况

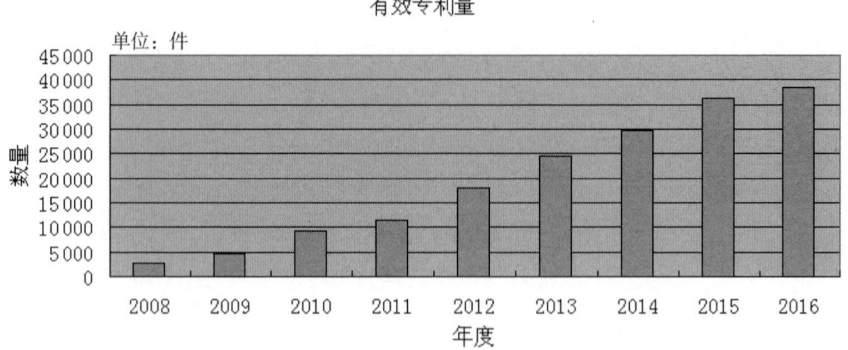

图 2-24　2008—2016 年滨海新区有效专利情况

滨海新区在实施知识产权战略过程中也存在一些不足，突出表现在：知识产权的数量与质量有待进一步提高，企业知识产权运用能力整体水平不够高，知识产权服务能力亟待增强，知识产权管理体制机制亟须创新。

2. “大力促进产业结构优化升级”任务评估

《纲要》要求在 7 个方面取得显著性进展。在实际工作中，各相关负责部门扎实推进各项任务。截至 2017 年 6 月完成情况详见表 2-11。

表 2-11　“大力促进产业结构优化升级”完成情况评估表

序号	指标	完成情况	整体判断
7	支柱产业取得一大批核心专利	围绕八大优势产业和战略性新兴产业发展，重点研发一批关键技术、共性技术和前瞻性技术，形成一批拥有自主知识产权的重大新产品新技术和成果转化项目	进展良好
8	建设航空航天产业化基地和工业生物技术研发基地	滨海高新区与空港经济区、开发区西区共同形成以大飞机、直升机、无人机、大火箭、卫星为产业核心的“三机一箭一星”格局。2016 年 7 月，天津市工业生物产业技术研究院在滨海新区启建，与 12 家企业达成入驻协议，60 个项目达成合作意向	进展良好
9	建设自主知识产权引领的生物医药产业化基地	依托国际生物医药联合研究院、中科院工业生物技术研究所等机构，建立了滨海新区知识产权产业化示范基地	进展顺利
10	建设具有自主知识产权的国家软件产业基地	基地已聚集了数据库管理与云服务、行业应用软件、软件服务外包、数字内容和创意等四大特色产业集群，形成了以曙光服务器、飞腾 CPU、麒麟操作系统、神舟通用和南大通用数据库、奇虎 360 安全软件等为代表的特色鲜明的产业链。2016 年，基地产业规模达到 435 亿元，占全市软件和信息服务业总规模的 40%	进展顺利

续表

序号	指标	完成情况	整体判断
11	鼓励金融企业和机构建立知识产权有效保护和科学管理体系	加强创新金融业务的保密教育、警示和督导，采取切实措施依法保护金融改革创新知识产权和商业秘密，邀请市二中院等司法部门对金融单位工作人员进行保密警示教育，并签署保密承诺书和保密协议书	相对滞后
12	鼓励拥有传统知识、民间文艺和遗传资源等的区县形成一定规模的相关产业	开展市级非遗代表性传承人评选非遗的命名工作，建立传习所和传承基地，建立市级非遗展示馆 12 个，区级 102 个	进展良好
13	支持重大农业自主知识产权成果推广和产业化	实施农业标准化示范基地建设，促进农业科技成果快速转化、推广、应用，全市现已认定农业科技试验示范基地 70 个，科教兴农集成创新示范基地 40 个，种业集成创新示范基地 21 个，生物农业集成创新示范基地 10 个	进展顺利

3.“加快推进自主知识产权产业化”任务评估

《纲要》要求在 5 个方面取得显著性进展。截至 2017 年 6 月任务完成情况详见表 2-12。

表 2-12 “加快推进自主知识产权产业化”完成情况评估表

序号	指标	完成情况	整体判断
14	培育一批拥有自主知识产权的龙头企业	不断加强对拥有自主知识产权企业的培育，2016 年拥有专利的企业数达到 11 212 家，连续三年增幅超过 20%，入选国家知识产权优势企业试点数量达到 67 家，是 2008 年的 3.04 倍	进展良好
15	支持重大自主知识产权成果产业化	实施了智能机器人、新能源汽车、科技服务业等一批重大科技专项，在超级计算、新型膜材料、绿色化工、绿色高能电池、生物医药等重点领域，开发出基于 28 纳米工艺的移动智能手机基带芯片、面向城市公交第四代深混插电驱动动力系统、国内第一台磁力轴承真空分子泵等一批国际领先、国内先进重大创新成果，工业企业专利实施转化率平均达到 2.34%	进展良好
16	建立自主知识产权产业化投融资服务体系	搭建和完善科技金融对接服务平台、科技金融服务网、国际科技投融资洽谈会等科技金融服务平台，推动浦发、天津、民生等 3 家银行建立了科技支行，22 家银行建立了 160 余个科技金融服务专营机构专利权质押融资额，2016 年专利权质押融资额达 24.99 亿元，是 2009 年的 83.3 倍	进展顺利
17	建设知识产权网上交易系统	初步建立了华北知识产权运营网，初步实现了专利的网上展示。2017 年完成专利交易 1 778 件，交易金额近 2 239 万元	进展顺利
18	建立重大项目知识产权管理和服务机制	积极推进知识产权服务品牌机构培育工作，启动全国知识产权服务品牌机构牵手京津冀发展行动，京津冀 60 余家服务机构共同推进企业重大项目知识产权管理和服务	进展顺利

4.“实施企业知识产权主体培育工程”任务评估

《纲要》要求在 4 个方面取得显著性进展。任务完成情况详见表 2-13。

表 2-13 “实施企业知识产权主体培育工程”完成情况评估表

序号	指标	完成情况	整体判断
19	提升企业知识产权运用水平	在修订后的《天津市企业技术中心认定管理办法》中，增加了品牌有效运行等相关指标，提高了知识产权所占权重。2016 年企业自主知识产权运用成效日益显现，截至 2016 年，市级企业技术中心专利申请量达到 2.05 万件；推动 67 家企业进入国家知识产权优势企业试点，示范企业专利申请量达 124 件、授权量达 85 件、累计有效专利拥有量达 1 171 件。在第 16 届中国专利奖评选中，我市 8 项专利荣获中国专利优秀奖，3 项专利荣获中国外观设计优秀奖，获奖数量创新高	进展良好
20	推进知识产权纳入国有企业考核指标	在国有企业经营业绩考核工作中，将科技投入、专利申请、高新技术企业培育、创新创业等工作指标纳入企业负责人业绩考核指标体系中，对其实现技术重大突破、制定国家标准等方面实施奖励加分	进展顺利
21	实施“十百千”企业知识产权培育计划	分类设定培育目标和标准，调整工作周期，建立了专利工作重点企业库，目前 1 200 家企事业单位进入了专利工作重点培育库，专利工作重点培育单位总数达 1 400 家	进展良好
22	实施中小企业知识产权推进计划	2010 年实施科技型中小企业知识产权促进行动，《天津市知识产权局促进科技型中小企业发展行动方案（2010—2015 年）》被列为市委、市政府发展科技型中小企业的重大战略十大政策性文件之一。2012 年制定并发布了《天津市知识产权局促进科技型中小企业发展行动工作重点》和《关于进一步加快实施科技型中小企业知识产权促进行动的通知》；2013 年，研究制定《关于加强科技型中小企业知识产权工作的意见》，完善消零行动奖励政策；2014 年，市知识产权局与市科委共同制定《关于联合推动创新型城市建设和科技型中小企业创新发展的意见》；2015 年，推进科技型中小企业、万企转型企业的建设、高新技术重点培育企业，结合专利试点示范工作，围绕重点产品（技术）进行专利布局	进展良好

5.“实施自主知识产权创造工程”任务评估

《纲要》要求在 9 个方面取得显著性进展。截至 2017 年 6 月任务完成情况详见表 2-14。

表 2-14 “实施自主知识产权创造工程”完成情况评估表

序号	指标	完成情况	整体判断
23	深化专利试点、示范和优势企业创建工作	2016 年落实《天津国家自主创新示范区“一区二十一园”知识产权强区建设方案（2015—2020 年）》，优选天津赛达工业园等 12 个园区开展专利试点园区工作，入选国家知识产权优势企业试点 67 家	进展良好

续表

序号	指标	完成情况	整体判断
24	提高市场主体运用商标的综合能力	2008 年至 2017 年 6 月，我市各类市场主体共向国家工商总局商标局提出商标注册申请 160 712 件，核准注册商标 119 758 件，累计有效注册商标 144 152 件	进展顺利
25	加大版权保护	开展版权专项治理工作，严厉打击侵权盗版，按照国家版权局要求，将打击网络侵权盗版作为工作重点，每年开展为期半年的“剑网行动”。检查了近 70 家网站，确定重点监管网站，加大日常监管力度，组织市重点监管网站负责人每年进行版权保护工作培训会，按时完成我市软件正版化工程，审核登记图书涉外版权合同 1 786 个，复录加工合同 75 个，审核引进境外软件认证 156 个，作品自愿登记 1 450 个，解答著作权法律咨询约 3 000 余件	进展良好
26	开展工业品外观设计活动及大赛	构建“创新创业发明与设计知识产权服务平台”，十年来共有万余项目参加大赛，发出一二三等奖奖项共 273 项，评出单项奖 33 项，组织奖 21 项，优秀辅导员 10 项	进展良好
27	培育具备天津特色的地理标志产品	2008 年至 2017 年，国家工商总局认定我市地理标志证明商标 29 件。进一步挖掘我市地理标志产品资源，整合地理标志基本信息，加快推进地理标志商标使用和保护工作的开展。地理标志证明商标大幅度增长。仅 2011 年国家工商总局就核准注册我市杨家泊对虾、黄庄大米、宝坻大葱、宝坻大蒜和宝坻天鹰椒 5 件地理标志证明商标	进展良好
28	扩大植物新品种数量和质量	十年来，我市农业新品种不断增加，累计申请获批新品种 78 项。出动行政执法人员两万多人次，印发宣传材料 120 多万份，重点打击将授权品种的种子套用其他品种名称（“伪”品种）销售的侵权行为，累计查处侵权案件 1 100 多起	进展顺利
29	加强集成电路布图设计专有权的有效利用	集成电路产业逐步形成了集设计、制造、封装和测试的完整产业链，形成了集成电路设计和信息安全产业集群	进展顺利
30	加强商业秘密特别是企业技术秘密保护工作	通过强化法律宣贯、建立行政指导机制、加大日常监管保护等措施，提高企业保护商业秘密的自觉性和主动性，指导企业特别是新技术企业、上市公司、外贸公司等建立完善保密协议、保密台账、管理制度等商业保密制度，构建基层商业秘密保护体系，提高企业事前防范和事后救济能力	进展顺利
31	加强对天津特有非物质文化遗产的保护和有效利用	在开展非遗普查、摸清家底、掌握资源的基础上，建立了国家、市、区三级非遗代表性项目名录体系。2016 年底，我市有国家级非遗项目 33 项及市级 250 项、区级 673 项	进展顺利

6.“实施自主知识产权运用工程”任务评估

《纲要》要求在 8 个方面取得显著性进展。截至 2017 年 6 月任务完成情况详见表 2-15。

表 2-15 “实施自主知识产权运用工程”完成情况评估表

序号	指标	完成情况	整体判断
32	加强知识产权评估	市知识产权局、市金融局组织专家制定《专利资产评估操作指引》，指导评估机构、金融机构公正客观地评估企业专利资产价值，为三方提供一个共同的价值认同标准	进展顺利
33	鼓励运营知识产权，促进自主知识产权的流动和转化	建设华北知识产权运营中心，集聚和整合知识产权运营资源，建立健全“1+*N*”（1 个中心，若干分中心）知识产权运营生态体系，加大社会资本投资专利流转中心、专利运营公司，促进更多创新成果转化运用	进展顺利
34	推动金融机构开展知识产权质押工作	天津银监局将知识产权质押贷款业务开展情况作为重要考评依据纳入天津银行业金融机构年度小微企业金融服务监管后评价，鼓励银行开展创新，加大督导力度。市金融局、市知识产权局、人民银行天津分行、天津银监局等部门，梳理各银行开展知识产权质押贷款工作情况，对浦发银行天津分行等多家银行进行表彰，加强知识产权质押贷款正向宣传，树立标杆	进展良好
35	制定天津市关于加强政府投入项目知识产权管理办法	制定了《天津市知识产权专项资金管理暂行办法》《天津市专利资助管理办法》等	进展顺利
36	大力发展基于自主知识产权的技术标准	鼓励企业、行业协会、联盟基于自主知识产权开展技术标准制定	相对滞后
37	加强国外技术壁垒措施的跟踪研究	市质监局在天津标准信息服务网上创建了“技术性贸易壁垒预警平台”，全年共发布欧盟、美国、日本等发达国家发布的通报近 1 800 项，提供我国因技术壁垒受阻案例 24 项，发布 WTO 相关信息 262 项。天津检验检疫局与总局标法中心、市质监局、天津 WTO 咨询服务中心签署《技术性贸易措施工作战略合作框架协议》，开展应对国外技术性贸易措施方面的合作	进展顺利
38	加强贸易与流通中的知识产权运用和管理	市商务委颁布实施了《天津市国际自主品牌建设“十三五”规划》等系列文件，累计认定天津市重点培育的国际自主品牌 54 个，拨付资金 900 万元，持续对我市外贸企业在境外进行商标注册和专利申请的费用予以支持等，有效降低了企业成本	进展顺利
39	加强新药、中药品种、医疗器械等知识产权工作	强化新药、中药品种、医疗器械的知识产权申请工作，鼓励加强知识产权保护	进展顺利

7. “实施知识产权保护工程”任务评估

《纲要》要求在 8 个方面取得显著性进展。截至 2017 年 6 月任务完成情况详见表 2-16。

表2-16　“实施知识产权保护工程”完成情况评估表

序号	指标	完成情况	整体判断
40	健全市和区县两级知识产权行政执法保护体系	全市16个区先后设置了主管专利行政执法保护工作的部门和人员，市、区两级联合执法次数由2008年时的未开展，增长到目前平均每年10次以上	进展顺利
41	建立执法协作信息互享机制	与法院、检察机关、公安机关建立知识产权行政保护与司法保护衔接协作机制，进一步深化知识产权案件会商制度，不断开展重大案件会商、联合执法等	进展顺利
42	开展专利、商标、版权等各领域知识产权保护专项行动	依法保护天津自主品牌价值，在天津市桂发祥十八街麻花案、天津普兰娜化妆品案、天津肉联厂迎宾注册商标著作权纠纷案中，通过制止、制裁和打击各类侵犯商标权行为，切实保障天津自主品牌经济的发展；依法保护著作权，高度重视文化创意、动漫游戏、网络、软件、数据库等新兴文化产业和文化业态的著作权保护	进展良好
43	在制定天津市会展业相关规范性文件时，突出知识产权的监管和保护	十年来，每年进驻北方国际自行车展、津洽会、碧海渔具展等展会30余个，利用专利纠纷快速调节机制现场处理专利纠纷30件，出动执法人员360多人次，受理并快速处理侵权纠纷案件500多起，现场接待咨询服务1 500多人次，发放知识产权保护宣传材料4 000余份，得到展会主办方和社会公众的广泛认可，有效维护了我市主办展会的良好知识产权保护秩序	进展顺利
44	加强海关知识产权保护监控体系建设	天津海关共在进出口环节启动知识产权海关保护措施5 986个批次，行政立案调查1 173起，扣留侵权货物、物品1 919.9万件，价值总计人民币8 416.97万元，保护了天津五矿、上海凤凰、阿迪达斯等三百余个国内外知识产权权利人的合法权益，有效地震慑了进出口侵权商品的违法行为	进展顺利
45	加强司法保护	十年来，全市法院共受理知识产权案件10 993件，年均增长30.58 %。截至2017年6月，受理案件数1 540件，已达2016年全年受理案件数的61.6 %。加强知识产权民事审判工作。十年来，共受理知识产权民事案件10 696件，年均增长34.4 %。十年来，全市检察机关共批准逮捕涉嫌侵犯知识产权类案件犯罪嫌疑人216件335人，提起公诉308件554人	进展顺利
46	建立政府、行业组织和企业共同参与的知识产权预警机制	十年来，市知识产权局通过建立知识产权保护工作站（分中心）、建立企业知识产权保护专家咨询库、深化知识产权举报投诉和维权援助公共服务、完善知识产权保护服务机制等方面，进行了大量的探索和实践，知识产权举报投诉和维权援助服务工作得到了全社会的高度认同	进展顺利
47	加强商业企业知识产权试点工作	开展天津市重点商业场所知识产权保护规范化市场建设工作，友谊新天地等2家市场入选第四批全国知识产权保护规范化市场培育名单，我市累计7家市场入选国家级知识产权保护规范化市场培育工作，知识产权保护规范化市场培育工作处于全国领先行列	进展顺利

8.“实施知识产权科学管理工程”任务评估

《纲要》要求在5个方面取得显著性进展。截至2017年6月任务完成情况详见表2-17。

表 2-17 “实施知识产权科学管理工程”完成情况评估表

序号	指标	完成情况	整体判断
48	建立和完善合作会商制度	推动国家知识产权局、北京市、天津市、河北省签订《关于知识产权促进京津冀协同发展合作会商议定书》，共同构建三地统一的知识产权制度环境和法规政策体系，严格京津冀一体化知识产权保护	进展顺利
49	形成相关部门协调联动工作新格局	与市高级人民法院建立知识产权行政保护与司法保护工作协作机制。与各相关部门开展交流活动，强化知识产权管理部门间的定期沟通和重大案件会商、通报制度，健全知识产权行政联合执法协调机制和快速反应机制	进展良好
50	加强区县知识产权工作协调机制	全市 16 个区已全部设立知识产权管理科室（处室），配备管理人员共 32 人，其中，专职管理人员 19 人，非专职管理人员 13 人。推动各区加强政策引导，促进企业知识产权发展	进展顺利
51	开展知识产权强区试点工作	根据《天津国家自主创新示范区“一区二十一园”知识产权强区建设方案（2015—2020 年）》，推进自主创新示范区“一区二十一园”知识产权强区建设，截至 2016 年 12 月，滨海、武清、西青、北辰、南开等 5 个区专利拥有量超过万件。滨海、武清、西青等 3 区专利企业数量超千家。西青区被确定为国家知识产权示范创建城区，滨海新区、武清区、东丽区进入示范培育行列，河西区、北辰区、津南区被确定为国家级试点城区	进展顺利
52	充分发挥各类行业协会作用	发挥各类行业协会与互联网专业委员会的作用，通过举办专家讲座、研讨会等形式，加强人才培养和业务培训，提高企业自主创新能力。组织行业协会会员参与全国知识产权年会、京津冀协同发展知识产权高端论坛等活动，为知识产权专业律师学术交流与业务合作提供平台	相对滞后

9.“实施知识产权支撑体系建设工程”任务评估

《纲要》要求在 13 个方面取得显著性进展。截至 2017 年 6 月任务完成情况详见表 2-18。

表 2-18 “实施知识产权支撑体系建设工程”完成情况评估表

序号	指标	完成情况	整体判断
53	制定《天津市专利促进与保护条例》等地方性法规	完成《天津市专利促进与保护条例》制定，该条例于 2011 年 1 月 6 日经市第十五届人民代表大会常务委员会第二十一次会议通过，并于 2011 年 4 月 1 日起施行	进展良好
54	强化知识产权政策导向	2008—2017 年，出台了《天津市专利资助管理办法》《关于进一步加强专利权质押贷款工作的意见》等一大批知识产权政策法规，政策环境不断优化	进展顺利
55	建立以知识产权创造和运用为核心的科技计划项目管理体系	把申请专利和获得专利作为科技计划项目申报和结项的重要条件，纳入科技计划项目管理	进展顺利
56	加快知识产权公共信息平台建设	搭建知识产权律师服务平台，为我市重点知识产权项目服务；建立“两法衔接”信息共享平台，实现案件网上移送、网上受理、网上监督一体化	进展顺利

续表

序号	指标	完成情况	整体判断
57	壮大动漫等核心版权相关产业	推进版权产业发展，树立示范企业典型，评选出国家动漫产业综合示范园、天津人民出版社有限公司等 8 家版权示范单位；国家动漫产业综合示范园、天津神界漫画有限公司等 4 家单位获得国家版权局授予的“全国版权示范单位（园区）”称号	进展顺利
58	健全知识产权中介服务体系	制定《天津市专利代理机构管理办法》《天津市加快知识产权服务业发展的实施意见》《天津市促进专利代理行业发展和规范管理的实施意见》等政策，扶持机构向专业化、规模化服务方向发展；推动知识产权服务产业园建设；推进知识产权服务业聚集区建设，加强对知识产权服务业的监管	进展顺利
59	实施知识产权人才培育计划	推动落实《天津市关于加强知识产权人才队伍建设的意见》，组织实施《天津市“333”知识产权人才选拔培养方案》，推动知识产权人才培养（培训）基地建设；制定实施《2016 年天津市知识产权培训工作实施方案》，针对不同层次、不同人员开展知识产权专业培训和普及培训；推进知识产权教育试点示范工作，确定和培育 5~10 家中小学知识产权教育示范校	进展顺利
60	广泛开展知识产权宣传和普及活动	制定《天津市青少年知识产权促进行动方案》，营造“尊重知识、崇尚创新、诚信守法”的校园知识产权文化氛围；研究制定《关于加强高等学校知识产权工作的意见》，加强与天津大学、南开大学的联系，开展专题服务，持续实施青少年知识产权促进行动。天津市知识产权教育示范校总数达 20 所，我市全国中小学知识产权教育试点学校总数达到 4 个，我市在全国范围内树立了青少年知识产权教育的良好形象	进展良好
61	研究知识产权专业技术人员职称评定办法	建立了我市知识产权专业技术人才职称评价体系，对知识产权专业技术人才实行专业化职称评价，组建了工程技术知识产权专业高、中级评委会，正式开展职称评审工作	进展顺利
62	广泛开展知识产权普及教育在高等院校开设知识产权相关课程	市教委实施天津市高校科技成果转化奖励项目。会同市财政局制定了《天津市高等学校科技成果转化奖励项目管理办法》和《天津市高等学校科技成果转化奖励项目专项资金管理办法》，实施了“天津市高校科技成果转化奖励项目”的评审工作，确定了每年度 5 000 万元奖励经费的分配方案，拨付 15 所市属高校	进展顺利
63	加强区域和国际知识产权交流合作	开展了“科技企业知识产权管理与政策”和“高端知识产权人才海外招聘”项目，配合国家知识产权局国际合作司接待世界知识产权组织（World Intellectual Property，WIPO）总干事高锐、摩洛哥知识产权局局长以及塔吉克斯坦共和国国家专利和信息中心、韩国驻华使馆、日本贸易振兴机构的工作人员等来津工作交流	进展顺利
64	完善自主知识产权成果奖励机制	制定了《天津市高等学校科技成果转化奖励项目管理办法》和《天津市高等学校科技成果转化奖励项目专项资金管理办法》，实施“天津市高校科技成果转化奖励项目”	进展顺利
65	加强高校和科研机构知识产权的规范化管理	将获得自主知识产权的数量和质量作为职称评定、职级晋升的重要条件，将专利等自主知识产权作为重点实验室等创新基地以及各类科研项目申报、考核、验收的重要条件之一	进展顺利

10.“评估与考核”执行评估

《纲要》要求在 4 个方面取得显著性进展。截至 2017 年 6 月任务完成情况详见表 2-19。

表 2-19 “评估与考核”完成情况评估表

序号	指标	完成情况	整体判断
66	市各有关部门等要制定知识产权战略实施推进计划	各有关部门按照《实施天津市知识产权战略纲要任务分工》(津政办发〔2010〕22 号),拟定了实施计划,成立领导小组推动战略实施	进展良好
67	市各有关部门要将组织实施知识产权战略列入重要议事日程	市各有关部门将知识产权工作放到了重要位置,以《纲要》为依托,大力推进各项工作的具体落实	进展顺利
68	开展各类知识产权评选	出台了《天津市工程技术系列知识产权专业高级工程师及工程师资格评审标准》,开展知识产权人才评选	进展顺利
69	建立知识产权统计指标体系	积极与市科委统计中心协调,建立了知识产权统计指标体系,进行年度各区科技进步专项资金以及各区科技型企业数量等数据统计,出版《天津市知识产权保护状况白皮书》	进展顺利

2.4.3 战略纲要实施成效

(1)提出知识产权强市整体发展战略与建设目标。2016 年 10 月,天津市人民政府办公厅印发《关于加快推进知识产权强市建设的实施意见》(津政办发〔2016〕82 号),提出“建设特色突出、优势明显、引领带动作用强的知识产权强市”,明确了到 2020 年建设知识产权强市的具体发展目标,对知识产权事业发展做出了全面部署,并从推进知识产权管理体制机制创新、促进知识产权创造和运用、实施严格的知识产权保护、打造全产业链高端知识产权服务体系、扩大知识产权开放合作等方面确立了一系列的重点任务和推进措施。

(2)全面提高对知识产权战略的重视程度。2010 年《纲要》颁布实施,市委、市政府对《纲要》实施工作高度重视,成立了由分管副市长牵头的天津市知识产权战略领导小组,全面推进经济、贸易、科技、文化、教育等领域及各环节的知识产权战略制定与实施工作。随后,2011 年《天津市知识产权“十二五”规划》首次被列入市政府审批的重点专项,成为全国第一个省级政府审批的知识产权重点专项规划,知识产权工作成为市委、市政府的重要战略性工作之一。

（3）构建了区域内外协调联动发展的工作格局。一是深入贯彻京津冀协同发展国家战略，推动京津冀知识产权一体化进程，加强知识产权优势资源集聚与整合，推进京津冀知识产权共建共享。建立了“一局三地”知识产权合作会商机制，推动国家知识产权局、北京市、天津市、河北省签订《关于知识产权促进京津冀协同发展合作会商议定书》，为三地知识产权要素资源合理流动创造了良好条件。成立京津冀知识产权发展联盟，整合三地优质知识产权服务资源，帮助企业解决发展中遇到的知识产权问题。二是与各有关部门通力合作，综合运用经济杠杆、资金扶持、科技评价等手段，协力在加快企业知识产权核心竞争力提升、联合开展专利专项执法行动、打击侵犯知识产权犯罪、促进科技金融创新以及提高社会各界的创新意识等方面，强化协调配合，加大工作力度，有力促进了全市知识产权工作上水平。三是加强与各区的沟通协调，全市 16 个区全部出台了各自的知识产权战略实施方案，成为全国第一个地级市全部出台战略实施方案的省市。推动滨海新区、西青区等 7 个区开展国家知识产权试点示范城区创建工作，西青区成为我市首个国家知识产权示范城区。

（4）强力推进了知识产权的政策法规体系建设。2011 年 1 月 6 日，市人大常委会会议全票审议通过了《天津市专利促进与保护条例》，这是我市首部规范专利促进和保护工作的地方性法规，也是首部关于知识产权方面的地方性法规。此外，《天津市促进中小企业发展条例》《天津市科学技术进步促进条例》《天津市促进科技成果转化条例》等多部法规均包含了与知识产权有关的规定。累计发布各类知识产权政策、措施、意见 416 件，其中，规范性文件 33 件。一系列重大知识产权法规、政策的制定，促进了全市知识产权与全市经济重心工作的高度融合，营造了良好的知识产权舆论氛围。

（5）知识产权创造、运用、保护和服务工作再上新台阶。主要体现在：一是“发展进程顺”，《纲要》确定的目标指标达标率达到 90%，1/3 的指标远超预期，《纲要》确定的十大任务总体进展顺利，任务进展正常率为 95.7%，2016 年天津知识产权综合指数位居全国第七；二是“创造能力强”，十年来，全市专利申请量、授权量、有效量年均增长率均超过 25%，有效商标注册量是 2008 年的 4.6 倍，年均增长超过 20%，著作权登记量年均增长达到 30%；三是“协同力度大”，构建起京津冀知识产权制度环境和法规政策体系，在知识产权信息、执法、行政、司法、服务等方面实现协同合作；四是“企业主体强”，企业知识产权主体地位日益增强，企业专利申请量占我市专利申请总量的比重达到 84.9%，企业有效专利量占我市有效专利总量的比重达到 79.8%，拥有专利的企业数量突破了万家；五是“保护环境优”，构建了知识产权联合协同保护体系，深入开展了“双打”等专项行动，累计出动执法人员 17.5 万余人次，累计受理知识产权案件超过万件，2016 年天津专利保护实力指数位居全国第五。

2.5 存在的问题与不足

十年来，我市知识产权工作虽然取得了显著的成绩，但是天津知识产权战略实施也存在一些薄弱环节，制约着知识产权促进经济社会科学发展关键作用的充分发挥。

（1）企业知识产权意识不强，重视度亟须提高。截至 2017 年 6 月，我市拥有有效专利的企业虽然突破了万家，但仅占我市各类市场主体（83.38 万户）的 1.28%，占我市企业主体（42.00 万户）的 2.53%，占我市科技型中小企业的比例为 10%。企业在新产品研发、市场推广方面投入较多，但是在专利投入、品牌建设方面尚显不足，不少企业既不懂得如何利用专利权来保护自己的合法权益，也不懂得如何规避侵犯他人专利权的风险。

（2）知识产权管理力量相对薄弱，服务能力尚需加强。政府知识产权管理较为分散，部分知识产权权属管理机构薄弱，尤其是各区的知识产权管理，存在着人员队伍规模小、人员不稳定、业务能力不强等问题。

（3）知识产权服务机构数量相对较少，专业人员不足。2016 年，天津市拥有专利代理机构 26 家，仅仅位居全国第 14 位，与北京 444 家、广东 216 家、上海 116 家、江苏 103 家差距很大，如图 2-25 所示。截至 2016 年底，天津获得专利代理人资格证书的人员有 604 人，仅占全国 1.89%。2016 年全国有 1 967 名代理人员通过了诉讼代理人资格审查，天津仅有 9 人，位居全国第 19 位。

（4）海外知识产权布局不多，海外知识产权保护意识尚需加强。天津企业面向海外的发明专利申请相对薄弱，“走出去”存在较大风险，在国外申请发明专利的数量相对于国内申请所占比例非常小，2016 年申请国际 PCT 的专利仅有 153 件，位居全国第 14 位，境外商标注册量也仅有 224 件。

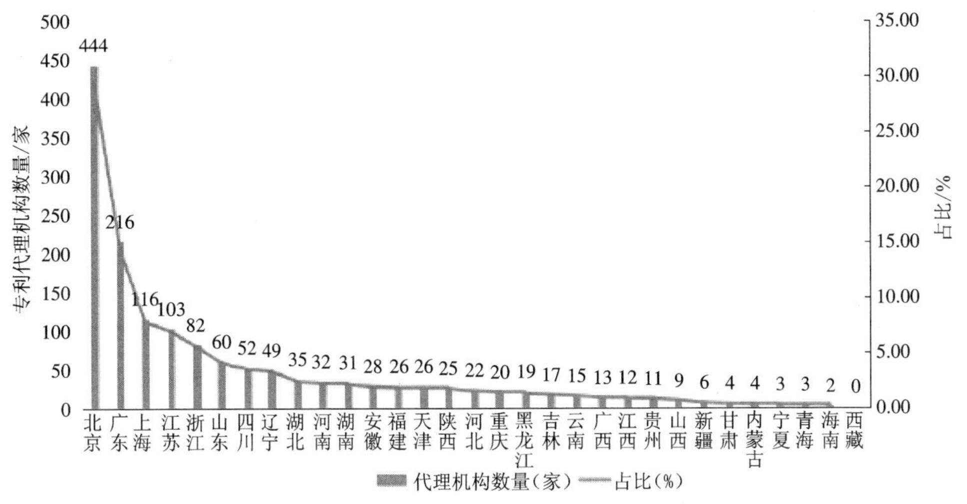

图 2-25　2016 年各省（自治区、直辖市）专利代理机构数量及占比

（5）知识产权运用能力相对不足，技术交易亟须加强。2015 年，天津共成交技术合同 12 590 项，成交金额 539.18 亿元，涉及专利的技术合同成交金额 16.18 亿元，仅占 3.0%，低于全国平均水平。未涉及知识产权的成交额达到 424.52 亿元，占比达到 78.73%，接近八成。

（6）新型知识产权侵权案件递增，监管力度尚需强化。近年来，我市电商平台侵权案件呈爆发式增长，以网络著作权纠纷案件为例，天津二中院 2013 年受理该类案件 42 件，2014 年受理 75 件，2015 年受理 21 件，2016 年受理 168 件，整体上呈现一种快速增长的趋势。新技术和新类型案件不断涌现，2016 年全市法院受理涉专利、技术秘密等技术类民事案件共 92 件，同比上升 21.05%，所涉技术覆盖了生物工程、化学、机械设计、环境保护等前沿领域。

2.6　深化天津知识产权战略的对策与建议

从《纲要》的前期实施情况来看，任务、目标总体实施良好，对于少数进展滞后的指标和任务，经过努力也是基本可以完成的。未来一段时间，要全面贯彻党的十九大精神，加快落实市第十一次党代会精神，加快建设“五个现代化天津”，通过八个“进一步”，深化推进知识产权战略实施，全面促进和确保《纲要》各项目标、任务的落实。对于前期实施不力的，要加大实施力度；对于制定《纲要》时没有预见到的新形势和新问题，要及时采取有效措施积极应对；对于短期内难以解决的长期性问题，要深入开展研究，为知识产权战略实施提供基础。争取在支撑产业结构升级和转变发展方式上取得新进展，在促进创新驱动发展和先进制造研发基地建设上取得新成效，在更好发挥“五个现代化天津”建设上取得新突破，为实现天津创新驱动发展提供强有力支撑。

（1）进一步强化主体、提升能力，提升科技企业市场竞争力。培育知识产权企业梯队体系，加快科技型中小企业知识产权突破发展，深化企业专利“管理、申请、人员”零突破行动；推进收入过亿科技型企业知识产权规范发展，促进高新技术企业知识产权创造，争取打造一批“百件专利户”，培育一批核心技术竞争力强、品牌市场影响力大的知识产权骨干企业；支持领军企业打造知识产权优势，支持领军企业开展海外知识产权布局，争取培养一批“千件专利户”。大力推行《企业知识产权管理规范》国家标准，引导企业健全知识产权管理流程和管理制度。推动企业在并购、股权流转、对外投资等活动中加强知识产权资产管理，提升企业知识产权战略管理能力、市场竞争力和行业影响力。推动我市国际自主品牌建设工作，支持我市企业开展境外商标注册、专利申请、产品认证和管理体系认证，培育一批具有较强国际竞争力的国际自主品牌。建立重点区域和重点产业海外知识产权风险预警机制，定期发布专利预警报告和专利布局指南，探索设立知识产权海外维权引导基金。

（2）进一步深化改革、先行先试，激发创新创业活力。探索开展知识产权综合管理改革试点，实施专利、商标、版权等知识产权管理机构“三合一”改革，提高知识产权管理效能。建立重大科技活动知识产权评议机制，围绕全市重大投入项目、高技术领域重大投资项目等开展知识产权评议，提高创新效率，降低产业发展风险。发挥国家自主创新示范区先行先试政策优势，围绕“一区二十一园”产业定位和发展优势，构建园区知识产权工作体系。支持园区建设国家级、市级知识产权示范园区，支持各园区完善知识产权管理体系和政策体系。深化天津自由贸易试验区知识产权制度创新，建立与国际知识产权通行规则相衔接的知识产权保护制度；探索建立统一的自由贸易试验区知识产权执法机制，实现行政保护、司法保护、商事知识产权仲裁和民间调解“四位一体”知识产权纠纷协调解决机制；建立“一站式”知识产权服务机制，提供知识产权咨询、检索、法律、评估、培训等方面的便捷服务。

（3）进一步提升质量、优化布局，支撑先进制造研发基地建设。启动专利质量提升工程，围绕产业链部署创新链，围绕创新链布局专利链，创造一批创新水平高、权利状态稳定、市场竞争力强的高价值专利。大力实施品牌战略，加快形成“企业主体、市场导向、政府推动、社会支持”的品牌发展机制，加大重点产业商标培育力度。培育精品版权，增加重点作品创作，实施版权兴业工程，加强我市文化创意园区、影视制作基地和软件开发园区等版权产业园区和产业基地的建设。围绕我市先进制造研发基地重点产业领域，建立知识产权科学布局，支持引进国内外核心技术专利、品牌和著作权等，建设高端制造、生物医药、新能源等一批知识产权产业化基地。建立专利导航产业创新发展工作机制，在航空航天、生物医药、新能源、高端装备制造等领域实施一批产业规划类和企业运营类专利导航项目，开展产业知识产权全球战略布局，引导产业创新发展。大力发展知识产权密集型产业，制定知识产权密集型产业发展目录，研究制定有利于知识产权密集型产业发展的政策。促进专利战略与标准战略结合，形成具有自主知识产权的标准。

（4）进一步促进运用、实现价值，支撑供给侧结构性改革。健全市场化知识产权运营生态体系，加快建设华北知识产权运营中心，集聚和整合知识产权运营资源，建立健全“1+*N*”知识产权运营生态体系。鼓励社会资本投资专利流转中心、专利运营公司，促进更多创新成果转化运用。鼓励企业通过自主研发、合作开发、购买引进等多种途径，形成具有市场竞争力的知识产权组合。鼓励组建产业知识产权联盟，支持构建重点领域专利池。推进国家知识产权投融资试点工作，建立多元化、多层次知识产权投融资体系；加强科技金融专营机构建设与优化，不断提高知识产权质押贷款服务的专业化水平；支持保险机构深入开展专利保险业务，拓展知识产权保险范围。

（5）进一步加强执法、严格保护，营造良好的营商环境。坚持“司法主导、严格保护、分类施策、比例协调”知识产权司法保护政策，全面推进知识产权审判“三合一”工作，建立健全“三级联动、三审合一、三位一体”的知识产权审判模式，充分发挥知识产权司法保护主导作用，依法公正高效审理各类知识产权案件，加大赔偿力度，切实提高侵权代价，降低维权成本，积极探索惩罚性赔偿的具体实现方式，不断推进知识产权审判体系和审判能力现代化。积极筹建专门知识产权法院。强化市、区两级行政执法队伍，提升知识产权行政执法能力，统筹知识产权综合行政执法；开展执法专项行动，重点查办跨区域、大规模和社会反响强烈的侵权案件，加大对各类专业市场、电子商务平台、展览展会场所的市场监管和行政执法力度。探索建立知识产权诚信管理，将侵权行为纳入社会信用评价体系。创新“互

联网 +”形态下的新型版权监管手段，继续开展打击网络侵权盗版“剑网行动”，完善打击网络侵权盗版的快速反应机制，加强对网络（手机）文学、音乐、影视、游戏等重点领域的著作权监测监管。坚持专项整治、多元手段，完善知识产权海关保护执法体系。健全知识产权维权援助体系和多元化纠纷解决机制。

（6）进一步加强合作、区域协同，构建开发开放新格局。加快京津冀知识产权协同发展，落实《京津冀系统推进全面创新改革试验方案》，完善“一局三地”知识产权合作会商机制；推进三地在举报投诉、维权援助、立案协作、委托取证、联合执法等方面的合作；发挥华北知识产权运营中心作用，共建京津冀知识产权交易市场，促进知识产权运营资源高效配置；探索京津冀知识产权信息分析预警协同，建立京津冀知识产权信息分析预警研究中心；加快京津冀知识产权公共服务平台互联互通，推动京津冀知识产权信息资源和公共服务共享；搭建区域知识产权人才信息共享平台，吸引区域高端知识产权人才来津发展；发挥滨海—中关村科技园区等的载体作用，积极引导京冀优质知识产权资源向天津聚集；支持京津冀企业知识产权发展联盟建设，帮助外向型企业加强海外知识产权保护以及应对纠纷。积极参与“一带一路”建设，支持建立技术推广中心等机构和平台，推广具有自主知识产权的产品和技术，引导企业设立海外研发中心，加快知识产权海外布局，化解知识产权国际化风险，增强企业知识产权国际化应对能力。深化省市间知识产权交流与合作，重点加强四个直辖市、京津冀和环渤海“五省二市”等知识产权合作机制建设，在联合保护、战略研究、信息共享、知识产权转移等方面加强交流与合作，实现资源共享和工作联合。

（7）进一步完善服务、夯实基础，加快知识产权强市建设。提高知识产权公共服务能力，建立健全知识产权公共服务体系，提供低成本、便捷化的知识产权公共服务；建立健全综合性国际化版权交易中心、商标交易平台等知识产权交易和运营公共服务平台，不断创新交易产品和服务内容。推进知识产权信息资源开发利用，加强知识产权公共信息平台建设，推动知识产权基础信息与经济、法律、科技、产业运行等其他信息资源互联互通。支持滨海高新区、华明高新区等建设知识产权服务业聚集区，引进一批国内外高端知识产权服务机构；实施知识产权服务品牌机构培育工作，形成一批市场化、规模化、专业化和国际化的知识产权服务机构；探索开展知识产权服务券试点，以“企业采购、政府买单”的方式支持企业购买知识产权服务。深入推进“333”知识产权人才培养计划，加快全市知识产权人才队伍建设。

（8）进一步协同管理、纵横联动，为落实创新战略提供保障。深刻认识实施知识产权战略的重要性和紧迫性，将知识产权战略作为创新驱动发展战略的重要组成部分，建立以知识产权为重要内容的创新驱动发展评价制度，将知识产权纳入各相关部门、各区、功能区领导班子和领导干部考核评价，纳入国有企业以及创新型企业考评，加大各类奖励制度的知识产权评价权重。推进有关部门、区把实施知识产权战略列入重要议事日程，将知识产权战略实施纳入工作计划；加强知识产权地方立法工作，逐步推动完善我市经济、商贸、科技、文化等领域法规中的知识产权相关规定。建立健全知识产权政策协调机制，进一步加强与产业政策、区域政策、科技政策、贸易政策、文化政策的衔接，健全我市知识产权战略政策体系。加强财政预算与战略实施的相互衔接协调，市和区财政按照现行经费渠道对战略实施予以合理保障；鼓励社会资金投入知识产权战略工作，促进知识产权事业发展。

说明：2017 年 7 月，国务院知识产权战略实施工作部际联席会议办公室组织开展《国家知识产权战略纲要》实施十年评估工作，要求地方开展知识产权战略实施情况评价，总结成效、发现问题、改进工作。据此，笔者开展了本章研究。本章重点对天津知识产权战略实施总体情况、《天津知识产权战略纲要》完成情况以及知识产权促进区域经济发展成效进行了评估，评估结果表明，十年来，天津知识产权战略整体推进有序、成效显著，主要体现在："发展进程顺""创造能力强""协同力度大""企业主体强""保护环境优"五个方面。同时，评估报告的编制对于拟定《天津市知识产权"十四五"规划》和《面向 2035 的天津市知识产权战略纲要》具有一定参考意义。

第二篇
论津知识产权改革

第 3 章

深化我国自贸区知识产权综合改革研究

3.1 引言

2016 年 12 月 5 日，习近平总书记主持召开中央全面深化改革领导小组第三十次会议。会议审议通过了《关于开展知识产权综合管理改革试点总体方案》。2016 年 12 月 30 日，国务院办公厅印发《知识产权综合管理改革试点总体方案》(《国务院办公厅关于印发知识产权综合管理改革试点总体方案的通知》国办发〔2016〕106 号)。2017 年 6 月，国家知识产权局召开自贸区建设经验交流会，提出要加快推进自贸区知识产权综合改革的要求，天津、广东、福建等省、直辖市将自贸区知识产权综合改革列为重要建设任务。

从长远来看，推进我国自贸区知识产权综合改革是深化知识产权领域改革、破解知识产权支撑创新驱动发展瓶颈的关键，有利于促进我国自贸区知识产权工作的顺利开展，有利于营造自贸区知识产权保护的稳定秩序和贸易便利化环境，对我国构建“要素自由流动、更高层级开放”的海外贸易体系有着重要的支撑作用。

本章结合国务院办公厅印发的《知识产权综合管理改革试点总体方案》，深入剖析了当前国际知识产权发展新形势和国内建设新需求，国外以欧盟知识产权保护为例，国内以上海、天津、广东、福建自贸区综合改革为例，从自贸区知识产权综合改革建设的现实语境出发，深入研究自贸区知识产权综合改革的关键点、难点和重点，总结建设共性，提出我国自贸区知识产权综合改革的共性思路、共性目标和共性举措，形成可复制、可推广的经验启示，为我国其他自贸区知识产权综合改革、知识产权制度创新、知识产权服务环境优化提供参考和借鉴。

3.2 形势与特点

早在20世纪50年代初,美国提出可在自由贸易区[①]（FTA）发展以出口加工为主要目标的制造业。20世纪60年代后期，有发展中国家利用这一形式，建成特殊工业区，并将其发展成出口加工区。20世纪80年代开始，许多国家的自由贸易区向高技术、知识和资本密集型发展，形成“科技型自由贸易区”。目前，全世界大概有135个以上的国家都设有各种形式的广义的自由贸易区，形成了多达3 500个自由贸易区，其中，经济发达国家居多，如美国有对外贸易区92个。我国为尽快在新的世界贸易活动中占有一席之地，把对外贸易放到了国家发展的首要战略。2013年8月，国务院正式批准设立中国（上海）自由贸易试验区，2014年，又先后批准设立天津、广东、福建自由贸易试验区，2016年再批准设立辽宁、浙江、河南、湖北、重庆、四川、陕西新设立7个自由贸易试验区，构建了新形势下对外开放贸易的前沿阵地。从历史渊源看，我国推进自由贸易试验区[②]（FTZ，以下简称自贸区）建设、强化自贸区知识产权保护、推进自贸区综合改革创新，是由有贸区的必要性与必然性的决定的。

3.2.1 国际变革与挑战

从国际变革来看，全球经济贸易新秩序的构建对深化我国自贸区知识产权综合改革提出了新的挑战。全球贸易竞争愈演愈烈，美欧日世界三大经济体先后主导的跨太平洋伙伴关系协议（Trans-Pacific Partnership Agreement，TPP）、跨大西洋贸易和投资伙伴协议（Transatlantic Trade and Investment Partnership，TTIP）、TRIPS-PLUS规则（即超《贸易知识产权协定》条款）和诸边服务业协议（Plurilateral Services Agreement，PSA）等新一轮多边贸易谈判，正在快速形成新一代高规格的全球贸易服务和知识产权规则，从而取代WTO规则，自由贸易市场份额正在被发达国家以所谓的国际“伙伴式的公约”形式占有着，面临当前国际自由贸易市场经济发展“不公平”的态势，我国在建立自贸区的核心任务之一即是创建系统性的、能

① 自由贸易区（Free Trade Area，FTA）通常指两个以上的国家或地区，通过签订自由贸易协定，相互取消绝大部分货物的关税和非关税壁垒，取消绝大多数服务部门的市场准入限制，开放投资，从而促进商品、服务和资本、技术、人员等生产要素的自由流动，实现优势互补，促进共同发展。有时，它也用来形容一国国内，一个或多个消除了关税和贸易配额并且对经济的行政干预较小的区域。

② 自由贸易试验区亦称自由贸易园区 (Free Trade Zone，FTZ)，是指在贸易和投资等方面比世贸组织有关规定更加优惠的贸易安排; 在主权国家或地区的关境以外，划出特定的区域，准许外国商品豁免关税自由进出，实质上是采取自由港政策的关税隔离区。

够适应世界知识产权国际公约的法律制度与机制，最大限度保护我国在自由贸易过程中知识产权利益，同时，最大限度地参与国际自由贸易市场的经济竞争，并主动参与相关国际公约准入的谈判，如 TPP 和 TTIP 组织的谈判，在激烈的国际自由贸易市场经济竞争中赢得发展空间。

3.2.2　国内变革与机遇

从国内变革来看，改革创新对深化我国自贸区知识产权综合改革提出了新的机遇。我国经济的发展正处于经济结构调整与发展方式转变的关键时期，2015 年《国务院关于新形势下加快知识产权强国建设的若干意见》（国发〔2015〕71 号）和《中央全面深化改革领导小组 2016 年工作要点》中都提出深化知识产权领域改革的要求。2016 年 12 月 30 日，国务院办公厅印发《知识产权综合管理改革试点总体方案》。福建厦门、山东青岛、广东深圳、湖南长沙、江苏苏州、上海徐汇区等 6 个地方被确定为知识产权综合管理改革第一批试点。可见，强化知识产权改革正成为维护公平竞争环境的主要途径，至关重要，构建良好的知识产权保护环境已经成为促进区域质量提升、产业转型升级、增强创新者信心、鼓励创新创业、保护消费者权益的一剂“良方”，对于维护公平竞争的市场秩序、保护消费者权益、提高执法公信力具有重要价值。

3.2.3　管理实践与问题

从管理实践来看，我国“多龙头”的知识产权行政管理模式对深化自贸区知识产权综合改革提出了迫切要求。长期以来，我国知识产权行政管理比较混乱，知识产权行政执法体制条块分割，执法权限过于分散。在知识产权行政体制的总体设置上，专利授权、商标注册、版权登记分开管理，并自成独立体系，其中，知识产权局行使专利行政执法权，新闻出版局行使著作权行政执法权，工商部门行使商标管辖权；在知识产权行政执法上，涉及公安、商务、文化、农业、海关、工商等有关单位，这些单位各自依据法律法规进行不同环节的执法，这种分散的管理模式往往导致政策法规相互冲突、执法标准高低不一、管理盲区时有产生，也容易造成市场主体在寻求法律政策保护时无所适从。同时，对于处理知识产权纠纷，解决途径也较为单一，主要通过法院主导的司法调解、司法局管辖的人民调解方式解决，往往调解效率不高且容易耗费大量公共资源，调解结果也不易被各方接纳，缺少协会、中介、民间力量等灵活、高效、便捷的第三方知识产权纠纷解决机构。

3.3 改革的必要性和重要性

3.3.1 推进自贸区知识产权综合改革有利于我国加快融入世贸新体系

人类的竞争实际上是经济利益的竞争，而经济利益的竞争归根到底是知识产权的竞争，也就是谁手中握有世界先进的知识产权，那么谁将引领整个世界市场经济。当前，我国正处于发达国家主导的新的国际自由贸易体系包围圈之中，在全球贸易规则、格局的急剧变化中，国际贸易规则几乎没有一个是由我国主导的，我国参与制定知识产权规则的机会不多，话语权较少，有被边缘化的危险。此时，加强我国自贸区知识产权综合改革，探索形成自由贸易区的知识产权保护环境，对于我国提高知识产权保护标准，参与多边、双边的知识产权规则制定，促进我国与国际接轨极其有利。

3.3.2 推进自贸区知识产权综合改革有利于充分激发自贸区创新活力

当前，随着第三次工业革命的崛起，我国要以全球化的视野，站在全球产业再分工、再布局的高度，抓住新一轮产业和技术革命带来的重大机遇。我国自贸区是货物进出口高度集中的地方，既具有便利化执法的要求，也具有专业化、高水平执法的要求。此时，推进我国自贸区知识产权综合改革，不仅能够显著促进自贸区企业在研发、生产、销售、进出口等关键环节提高知识产权保护和维权意识，而且有利于保护和培育一大批创新性强、国际竞争力强、产业影响力大的知识产权优势企业、专利工作示范企业、商标战略实施示范企业，从而全面激发自贸区创新活力。

3.3.3 推进自贸区知识产权综合改革有利于健全我国知识产权保护制度

目前，我国涉及知识产权的基本法为《中华人民共和国专利法》《中华人民共和国商标法》《中华人民共和国著作权法》和《计算机保护条例》等法律法规，与《与贸易有关的知识产权协议》（*Agreement on Trade-Related Aspects of Intellectual Property Rights*，简称 TRIPS 协议）相对照仍存在一定差距，与发达国家遵守 TRIPS 协议相比较还有相当的差距。因此，尝试在自贸区中建立和完善知识产权法律体系，使知识产权法律法规与相关国际惯例和国际公约相协调相适应，在条件成熟时，再以自贸区为样板，参考自贸区知识产权保护机制建设经验，在全国范围内统一修订现行知识产权制度，从而进一步促进我国经济发展和知识产权制度的健全。

3.4　国外改革经验与借鉴

从国际上看，无论是北美自贸区，还是美国、新加坡等国家的自贸区，抑或是美国等西方发达国家正在主导的跨太平洋伙伴关系协议（TPP）谈判，其核心都是制定适合自身发展需求的知识产权制度。

3.4.1　国际知识产权保护惯例

从国外一些国家或地区与自由贸易区（FTA）相关的知识产权保护与执法情况看，各国对自贸区知识产权保护的法律差异较大，对自贸区知识产权保护的力度相差也较大。有的国家授权海关对自贸区的货物进行监控，而有的国家则不允许海关对自贸区的货物实施监管，有些国家对所有涉嫌侵权货物，即便它们是过境货物，也要进行检查，而有些国家则排除对过境货物的检查。参照我国同济大学张伟君、朱雪忠等学者观点，将国外自由贸易区知识产权保护政策分为四类。

（1）原则上对自贸区内货物不进行知识产权执法

这类自贸区以埃及、越南等国家为代表。埃及海关仅对计划进入埃及市场的货物进行检查，对过境货物或自贸区内的货物并不进行知识产权侵权检查或执法。在越南，自贸区甚至被认为是在越南之外的区域，不承认商标权、专利权等适用于自贸区内货物。

（2）明确规定对自贸区内货物不进行知识产权执法

这种主要以南非国家为代表。我国香港地区也采用此类保护政策。南非《假冒货物法案》第 2 条第 1 款规定，南非过境货物或者转运货物不属于南非“假冒货物”的执法范围。《香港贸易申述法则》第 12 条第 3 款规定，香港禁止假冒商标货物进出口，但“过境货物”除外。

（3）明确宣布对过境货物进行知识产权执法

这类主要以美国、马来西亚、巴拿马等国家为代表。美国海关法规明确规定，基于商标侵权而对进口货物采取的边境规则同样适用于对外贸易区中的过境货物。巴拿马和阿拉伯地区则通过立法明确，要对过境货物采取知识产权执法保护的措施。巴拿马《刑法典》第 384 条和第 382 条明确禁止假冒、改变或者模仿商标的货物过境该国，即使其最终目的地不是巴拿马。《阿拉伯海湾合作理事会共同海关法》第 80 条第 4 款规定禁止非法货物进入其自贸区和免税店。

（4）有条件地对过境货物进行知识产权执法

这类主要以欧盟国家为代表。2012 年 2 月 1 日，欧盟委员会发布《关于海关对过境欧盟的货物特别是药品的知识产权执法指南》，根据该指南的规定，过境欧盟的货物只有被欧盟海关当局认定为有进入欧盟市场的风险，而且该类货物在欧盟成员国境内又有权利人可主张知识产权保护的情况下，才会被欧盟海关暂时扣留。

综上，前两种自贸区知识产权保护做法实际等于给假冒货物预先提供了一个豁免权，或向外界传递出允许假冒盗版产品在该国存在的信号，这会便利那些利用自贸区来装运假冒货物的人，便于他们掩盖或者修改运输记录，使假冒货物逃脱监管，使自贸区成为非法国际贸易的便利场所，无论这些假冒货物流入到何国，都有悖于一国打击知识产权侵权的郑重承诺。第三种做法对所有入境或者过境自贸区的货物均采取知识产权执法，虽然可以有效地阻止假冒盗版产品的国际化贸易，但是，这种做法并没有考虑到知识产权保护的地域性，比如，一个商标在自贸区所属国和货物最终目的国就可能属于不同的权利人，这样一来，在自贸区所属国被认定为侵权行为，但在货物最终目的国却属于合法权益，对这类过境货物采取知识产权执法，很显然违背了自贸区促进货物自由流通的宗旨和促进国际贸易自由化的原则。第四种做法是对“全部不采取”和“全部采取”知识产权执法的一种平衡政策，这种政策既可以防范利用自贸区过境便利条件进行假冒盗版货物国际交易的行为，又可以坚持知识产权保护地域性的原则，目前来看，最值得我们借鉴。融合我国学者赵姝杰、聂毅、黄建华等学者观点，对欧盟外贸知识产权保护主要特点分析如下。

3.4.2 欧盟知识产权保护机制分析

从世界范围内来看，欧盟国家对过境货物的执法采取了一种平衡执法策略，即有条件地对过境货物进行知识产权执法，这种政策既可以防范利用自贸区过境便利条件进行假冒盗版货物国际交易的行为，又可以坚持知识产权保护地域性的原则，比较值得我国自由贸易园区（FTZ）建设借鉴。

3.4.2.1 欧盟对外贸易中知识产权保护的主要特点

1. 行政管理注重立法、司法与执法三环节

（1）在立法方面，欧盟委员会颁布的知识产权保护法规主要以公约、指令形式存在，包含了商标权、商号、专利权、著作权、著作权邻接权、数据库特权、半导体布图设计权、外观设计权、地理标志、实用新型、植物新品种等多种知识产权，

立法种类较多且比较细致和深入。

（2）在司法方面，欧盟知识产权司法制度的核心就是谋求对企业知识产权保护的全面化、高效化和便利化，尤其是专利诉讼制度突出体现了欧盟知识产权司法制度的高效性。例如，欧盟成员国德国将专利侵权诉讼与侵权赔偿诉讼相分离，各州法院对专利侵权进行判决后，如构成侵权，具体赔偿数额可由原被告协商解决，协商失败，当事人才会另案起诉，这种方式审判效率高、诉讼耗时短、费用低廉，起到了快速维权作用。

（3）在执法方面，欧盟国家提倡大力度知识产权保护，比较注重对侵权行为的惩处，因此，欧盟成员国的一些国际品牌大公司每年都会花费相当多的费用进行全球打假，欧洲各国政府也非常支持企业维护自身知识产权，例如，法国在海关出入境检查时，对发现穿戴或携带假冒的法国高档名牌产品的人员会给予重罚，每件赝品罚款数额一般是真品价格的两倍，最高可达 1 500 万欧元，力度相当大。

2. 海关在对外贸易的知识产权保护中发挥着主导作用

目前，欧盟统一的与对外贸易有关的知识产权保护的法规主要是 2003 年 7 月 22 日颁布的《关于海关查处侵犯知识产权货物措施的条例》（以下简称《条例》），以该《条例》为主的欧盟知识产权海关保护制度具有以下特点。

（1）从海关行政保护策略来看，重进轻出。欧盟海关对于进口商品的保护是强制性的，对出口商品的保护则是可以选择的。欧盟各国共同建立了一套标准程序来禁止第三国的侵权货物进入共同关税区（包括转运区和自由流通区），禁止侵权货物以任何方式存放或寄存在免税区或免税仓库，欧盟海关的保护整体上体现了重进口、轻出口保护的特点。

（2）从海关行政执法范围来看，涉猎广泛。受海关保护的知识产权种类包括商标专用权、著作权、专利权等。另外，欧盟法律对于请求海关保护的权利人的范围要求也比较宽松，除知识产权持有人外，其他有利害关系的人员也可以提出保护申请。

（3）从海关行政执法程序来看，简便易行。就保护申请而言，权利人只要提交一次申请，海关就可以给予其 1 年以上甚至更长时间的保护，甚至这种期限可以延续至知识产权本身失效；海关在启动保护程序方面具有较大的主动权，不必每一次扣留都需要权利人提交申请；在案件调查时，只要在规定的期限内收发货人不能提供有效的知识产权证明，海关即可认定其侵权。

（4）从海关行政执法权限来看，主动权大。在没有权利人申请的情况下，海关也可以阻止货物的通关，权利人可以在规定时间内向海关补交扣留货物的申请。在权利人没有向海关提交担保的情况下，海关也可以扣留有侵权嫌疑货物。此外，欧盟海关在保障权利人的权利时，也会防范权利人滥用权利，从而更加有效的平衡权利人的权利和义务。

（5）从权利人执法申请来看，宽松有效。权利人发现侵权货物正在进口、出口和存放于保税区等，可以向海关提交保护申请，海关收到申请后，在 30 个工作日内决定是否核准申请，同时，权利人也无须承担申请期间的行政费用。如果申请被核准，该申请的保护期限将持续 1 年，并可以延续，在保护有效期内，海关发现侵权货物，可以终止放行或予以扣留，权利人无须再次提出扣货申请。

3. 注重知识产权纠纷调查的合法性和协商的多边性

当欧盟各成员国企业遭遇贸易壁垒从而影响其进入第三国市场或欧盟统一大市场时，欧委会会对相关不公平贸易措施开展调查，并通过双边磋商、WTO 争端解决机制予以解决。其中，欧委会的知识产权纠纷调查比较注重调查的国际合法性，只有在欧盟缔结或加入的国际贸易条约对其授予行动权时，欧委会才会采取调查行动，并且以欧盟法院的司法审查来监督调查机构的行为。在知识产权纠纷协商方面，欧盟则以双、多边协议为主，一般通过双边磋商、多边贸易争端仲裁机制解决问题。一旦认定知识产权壁垒存在时，欧盟会与调查所涉及的国外机构协商，根据双边或多边贸易协定启动相应的争端解决机制。

4. 注重引导企业加强知识产权保护、增强维权意识

在欧盟知识产权战略实施过程中，欧盟各成员国企业尤其是大企业成为推进知识产权工作的重要主体。据统计，2005 年德国企业在德国专利局申请专利 60 222 件，获得授权的专利 20 418 件，其中 13% 的申请来自西门子公司、奔驰公司、罗博特博世公司、Infineon 技术公司等四家德国大企业。为了在竞争中取胜，欧盟各成员国大企业高度重视知识产权投入。如在德国 2005 年全球研发投入前十名企业中，德国奔驰公司以 57 亿英镑名列首位，西门子公司、大众公司也名列前茅。2005 年，德国拜耳（Bayer）公司重点用于生物和新材料开发的科研费用达 18 亿欧元。总之，欧盟各成员国的企业普遍重视知识产权工作，它们着眼于企业自身发展的需要，将知识产权战略作为企业整体发展战略的重点加以制定和实施，其高层次和高水平的运作有效地推动了欧盟知识产权工作的开展。

3.4.2.2　欧盟知识产权保护机制对我国推进自贸区知识产权综合改革的相关启示

1. 综合改革要注重知识产权行政保护核心的选控与强化

从欧盟的建设经验来看，立法、司法和执法三个环节是其行政管理的核心点，欧盟对外知识产权保护体系的有效运转也正是得益于对这三个环节内容的合理设置，我国自贸区建设刚刚起步，虽然立法、司法和执法方面建设都还很不健全，但正因如此，这也给予了自贸区较大的可塑空间，自主建设的余地也就更大。

（1）立法建设。建议对于我国自贸区立法既要扩大知识产权保护范围，又要提高知识产权保护水平，同时，更要防止知识产权在自贸区的滥用。要根据我国自贸区建设的实际需要，由国家立法机关尽快推出自贸区相关知识产权保护法规，推进技术贸易便利化发展，推进我国对外开放的进程。

（2）司法建设。应建立便利化的司法保护机制，加大对侵权违法的惩治力度。当前，我国知识产权审判机制和体制存在程序繁复、司法效率不高、判案标准不一等突出问题，在自贸区设立常驻案件受理机构包括普通法院的知识产权法庭或专门法院的知识产权派出法庭或知识产权流动法庭就成为必然，也是亟须解决的问题；同时还要注重发挥司法机构惩治知识产权犯罪的主动性，加大对侵权行为的惩罚力度，激发自贸区企业保护知识产权的积极性。

（3）执法建设。目前我国各省市有多个部门涉及知识产权执法，且彼此独立，容易造成管理与执法盲区，根据自贸区建设需要，适应体制机制改革发展新形势，积极推进我国自贸区尝试“三合一”行政和执法管理体制改革，设置自贸区知识产权管理局，从而实现对专利、商标、版权的统一管理、统一执法。

2. 综合改革要注重发挥海关在自贸区知识产权保护中的作用

欧盟的建设经验表明，海关对知识产权企业的货物进出境具有重要监管作用，我国自贸区是对外开放的门户，更应该注重发挥海关的作用。

（1）加强部门合作。根据欧盟经验，建议将自贸区知识产权保护重点限定在进口管理环节，加强海关与各知识产权管理部门的合作，形成联合管理、联合执法新模式，提高统一行政效率，助力自贸区“一线放开、二线管住”的管理方式的构建。

（2）注重提高海关保护效率。欧盟各国海关的知识产权保护效率普遍比较高，因此保护就显得比较充分。我国应加强海关管理机制改革，提高行政效率，例如，注重缩短海关知识产权备案审批时间、延长保护期限等。

（3）建立信息公开制度。借鉴欧盟海关设立电子公告板的经验，在自贸区建立公开公告制度，采用信息化手段对企业备案情况进行及时公布，接受公众的监督和质询，便于警告广大进口企业注意避免侵犯知识产权情况的发生，便于海关监管人员在对进口货物的监管中开展有效执法，便于司法、执法机构以及公众进行相关查询。

3. 综合改革要注重自贸区知识产权多元纠纷解决机制的建立

根据欧盟国家对知识产权纠纷的解决方式，建议我国自贸区管理机构在解决知识产权纠纷时，首先要注重合法、细致的调查工作，便于在对外谈判中有理可依，有法可循；其次，在对外进行纠纷磋商时要注重遵守国际准则，在法律允许的框架下进行双边及多边谈判；在问题得不到合理解决的时候，再诉诸相关机构进行裁决，尽量避免贸易摩擦、经济摩擦所引起的极端后果。

4. 综合改革要注重引导企业发挥主动性和能动性

在欧盟各成员国公司的企业管理中，知识产权管理占据了非常重要的位置。一些跨国公司的知识产权管理部门多达数十人，甚至数百人，成为企业内部最为重要的管理机构之一。而在我国，大部分企业没有专人管理知识产权，能够设置知识产权管理机构的企业则是少之又少，真正重视知识产权管理的企业更是极少。因此，对自贸区建设，应加强政府的引导，重点培养企业的维权意识，使企业在确立其发展战略时，能够对知识产权保护做出规划；培养企业超前占位意识，及时地在国内和目标国市场上注册专利和商标；在互联网建设中，引导企业从发展战略的高度出发及时注册企业域名，促使企业在网络上开拓市场和打造自身品牌；在遭遇知识产权纠纷时，引导和鼓励企业要敢于并善于运用法律武器来维权。

3.5 国内改革经验与启示

中国（上海）自由贸易试验区（以下简称上海自贸区）是国内建立的第一个自由贸易园区（FTZ），于 2014 年进行了自贸区知识产权综合改革，建立了较为完善的知识产权管理机制，走在了全国前列，全面的知识产权综合改革已经成为上海自贸区健康发展的重要保障，对自贸区自主创新和科技成果转移转化具有显著的推动作用，对人才、技术、资金、产品等市场要素也具有明显的吸引力，上海经验对我国自贸区建设具有重要指导意义。

天津、广东、福建自贸区自成立以来，知识产权综合改革虽然尚未全面推进，但已经进行了部分改革，相对走在了全国前列，其经验做法以及未来建设规划对我国其他自贸区建设仍具有重要的参考价值。

综上，本节重点选择沪、津、粤、闽四个自贸区作为研究对象，进行知识产权综合改革经验分析。

3.5.1　上海自贸区知识产权综合改革

2014 年，上海按照市委、市政府的重大决策部署，在自贸区探索开展知识产权综合管理试点改革。2015 年 1 月 1 日，全国第一家专利、商标、版权“三合一”的独立自贸区知识产权局在浦东正式运行。目前，其基本形成了权界清晰、分工合理、责权一致、运转高效、法治保障的知识产权体制机制。它的正式运行基本实现了知识产权行政管理更加顺畅、执法保护体系更加高效、知识产权市场监管和公共服务水平明显提升的改革初衷。上海经验对我国自贸区建设具有重要借鉴意义，其知识产权综合改革主要做法体现在以下几个方面。

1. 全国首推：建立“三合一”知识产权综合管理机制

新组建的自贸区知识产权局一方面整合了区级层面的专利、商标职能，另一方面承接了市级层面下放的专利和版权行政管理及执法职能，成为集专利、商标、版权于一身，兼具行政管理与执法职能的独立的知识产权局，实现了区域知识产权管理和执法体制由分散、单一向综合、整体转变。自贸区知识产权综合管理改革并不是简单地将专利、商标、版权进行归并整理，而是在充分考虑专利、商标、版权专业特性的基础上，从发挥它们的整体作用出发，按照创造、运用、保护、管理和服务各环节要素进行重新架构，科学划分内设机构。按照上述改革理念，浦东新区知识产权局内设管理处、促进处、保护处。管理处主要开展行政审批制度改革、推进政府职能转变、制定和落实知识产权政策、提供知识产权公共服务产品、开展知识产权宣传培训等；促进处主要探索知识产权价值实现新机制、知识产权交易服务体系建设、知识产权优势企业培育等；保护处主要推动知识产权保护工作体系建设，履行知识产权市场监管职责，开展专利、商标、版权侵权案件的行政执法、维权援助，并积极探索知识产权纠纷多元解决机制。

对专利、商标、版权进行综合管理，有效破解了原来“九龙治水”的多头监管和服务困局，有利于政府整合组织功能与工作机制，协调工作目标与专业资源，适应经济社会发展对知识产权公共管理、公共服务的新需求。比如 2015 年发动银行、担保机构推出的知识产权金融卡项目以及 2016 年通过政策支持引导保险公司推出的知识产权综合保险项目，它们都是在原有专利质押融资、专利保险的基础上整合资源，扩展到专利、商标、版权全领域，发挥区知识产权局的专业优势和整体优势，指导金融机构创新知识产权金融产品，帮助企业实现知识产权价值的新举措。

2. 制度重构：建立高效的知识产权行政管理制度

明晰职责，推行权力清单和责任清单制度，整合资源，打造知识产权基础信息平台；放管结合，推动行政管理由"事前审批"向"事中事后监管"转变；精准管理，强化管理的便民利民效果。

（1）探索清单管理制度。坚持法定职责必须为、法无授权不可为的原则，先后三轮集中开展了权力和责任清单梳理，厘清了什么该管、什么不该管，什么必须管好、管住。经梳理，浦东新区知识产权局由法律、法规、规章以及各类规范性文件设定的权力事项共 75 项，责任事项共 9 大类。在迪士尼的知识产权保护中，以行政执法的法律适用原则为出发点，梳理出了知识产权行政管理部门职责范围内的行政执法清单，包括 7 种类型 10 种行为，将其作为行政执法的重点。

（2）探索由"事前审批"向"事中事后监管"转变。制定专利事中事后监管方案，依托浦东新区知识产权局事中事后监管平台，加强对"监管预警"和"执法协作"功能的应用，加强对执法监管资源的整合。落实知识产权监管"双随机一公开"制度，对企业实施日常监管时，采取随机方式抽取被检查对象，采取随机方式选派执法检查人员。及时公开检查结果。积极探索知识产权信用监管、动态监管和协同监管的办法和模式，制定知识产权领域的市场主体信用分级标准，推动行业监管从面上监管向信用监管、分类监管的转变。

（3）探索由"粗放式"向"精细化"转变。主动服务企业，通过专利信息与资助信息的匹配，排查出哪些企业尚未获得资助，在企业专利可获得资助的有效期还剩半年时，主动向其发出提示预告。比如通过专利信息与法人库信息结合，精准找到符合政策条件的企业，有侧重地组织开展政策宣讲。变"大锅饭"为"开小灶"，从企业成长生命周期、产业类别等方面入手，探索了解处于不同阶段、不同类别的企业对知识产权的需求，根据这些特定需求开展分类指导和服务。

3 . 互联网融合：利用信息技术重构便捷化的知识产权服务体系

上海自贸区注重推进知识产权与互联网的发展融合，利用信息技术和网络平台助推知识产权服务业发展。浦东新区知识专利局积极利用信息技术手段和科技装备，建设知识产权综合管理、综合运用和综合保护平台，对接国家、上海市的专利、商标、版权管理机构，逐步打通专利、商标、版权等基础数据获取渠道，促进知识产权综合管理和综合执法；归集整理商标注册、专利申请、版权登记等知识产权基本服务事项，做到一次告知、综合解答，实现知识产权公共服务便利化、集约化和高效化；完善知识产权资助政策，改变过去以专利为主的政策体系，将其扩展为涵盖专利、商标、版权、技术秘密、品牌等的综合性政策体系。

4. 突破症结：构建行政、司法与社会监督联合的知识产权保护大格局

按照严格知识产权保护的客观要求，浦东在发挥司法保护主导作用的同时，进一步加强行政保护和司法保护的联动，通过宣传引导、协作联动推动市场主体参与知识产权保护工作，初步形成了知识产权大保护、快保护格局。

（1）强化知识产权行政与司法保护的协作联动。推动浦东新区知识产权局与浦东法院、区检察院建立行政、刑事衔接的工作机制；推动浦东新区知识产权局与区公安分局实现知识产权行政执法与刑事侦查的无缝衔接，形成“线索共享、手段互补、执法联动”的行政、刑事协作机制；推动浦东新区知识产权局与区市场监管局在商标及相关权利的保护方面建立工作机制，实现举报、投诉、处理及日常检查执法信息的互联互通、执法联勤联动。此外，自贸区知识产权行政执法部门与上海市知识产权局、上海市文化执法总队等市级机关，建立了信息共享和执法联动机制，实现了举报、投诉处理及日常检查执法的协作联动。

（2）强化知识产权行政保护力度。不断完善案件投诉、举报、受理处理流程和操作机制，形成统一、规范的专利、商标、版权侵权投诉举报受理指南和操作指南，规范受理流程、受理要求、内部流转程序；聚焦迪士尼等重点区域的知识产权保护，深入持续开展“双打”专项整治，加大对专利假冒、商标侵权和著作权侵权等行为的打击力度。

（3）注重发挥市场主体对知识产权保护的能动性。依托知识产权侵权案件多发易发的商品市场、专业市场管理机构，建立维权保护基层联动工作站。比如在振东汽配域等地建设了维权保护基层联动工作站，合作搭建密集监管、协查配合、长期沟通的知识产权保护基层单位联动平台，后续还将探索构建知识产权重点保护地图，逐步形成政府与社会群众共同监管、共同保护的模式。

5. 全体动员：注重构建知识产权纠纷多元化解决机制

快速、有效、低成本地解决知识产权纠纷是上海自贸区建设对知识产权保护提出的切实需求，为此，上海自贸区建立了人民调解、商事调节、行业调解、行政调解等知识产权纠纷多元调解工作体系。在人民调解方面，自贸区知识产权局与浦东新区法院推动建立知识产权诉调对接工作机制；做实浦东新区知识产权纠纷人民调解委员会的调解功能；推动在计算机、商联会等行业协会成立知识产权人民调解委员会；推动在新国际博览中心、亚太盛汇小商品市场等知识产权纠纷集中发生地设立知识产权人民调解工作室。目前，人民调解已经成为化解知识产权纠纷的有益补充。2016 年，上海自贸区通过人民调解成功化解各类知识产权纠纷 57 件，其中不乏社会关注度高、标的额大的案件。在商事调解方面，在自贸区引入相关商事调解组织、行业协会，建立自贸区商事纠纷特邀调解组织名册，建立司法与非诉讼纠纷解决的对接平台。目前，已有上海市经贸商事调解中心、中国国际商会上海市调解中心、上海市文化创意产业法律服务平台知识产权调解中心等 8 家调解机构入驻自贸区。

6. 全面梳理：创建“投贷保易服”五位一体知识产权运用体系

充分发挥专利、商标、版权综合管理优势，通过政策引导、社会机构共同搭建知识产权价值实现平台的模式，指导市场主体综合运用专利、商标和版权组合策略，引导市场主体综合运营知识产权，积极推动知识产权领域的投资、贷款、保险、交易、服务，充分发挥专利、商标、版权的引领作用。

（1）推出全国首张知识产权金融卡。发动并指导商业银行、担保公司开发知识产权金融产品。2015 年 4 月，推出了知识产权金融卡项目，通过对企业的专利、商标、版权及其相关无形资产的组合打包，实现了无须抵押固定资产即能获得较高额度授信的便捷融资，引导企业综合运用专利、商标、版权的组合策略。后续又推出知识产权增信增贷计划，开发设计出一套融保互通互认的知识产权评价体系，真正意义上实现了产品标准化、业务规模化、模式可推广。截至 2016 年，浦东科技企业通过知识产权直接获得银行融资超过 11 亿元。

（2）推动建立全国首个投贷联动基金。基金规模达 1.315 亿元，由国有资本引导、民营资本参与共同建立，主要以贷后投、投贷额度匹配、可转债、认股权等形式，降低具有核心知识产权的企业的贷款门槛和投资门槛。投贷联动基金的设立有力促进了小微企业知识产权价值的实现。

（3）推出全国首批知识产权综合保险。与保险机构、资产评估和运营机构共同探索知识产权综合保险试点。2016 年 11 月，对外发布了全国第一单知识产权综合运营险、自贸区第一单知识产权全球复合险。市场主体在开拓国内外市场过程中遇到的各类知识产权纠纷（侵权、许可、交易、转让等），由保险公司负责保障风险，这种方式分散和化解了科技型企业的维权、创新风险。比如，上海奥普生物医药有限公司为 25 项专利和产品商标在全球投保，每年投保费 52 万元，在保单有效期内，企业可以大胆“走出去”，不用担心因知识产权纠纷而造成损失，该保单是自贸区第一单覆盖专利和商标的知识产权全球复合险，也是目前全国保费最高的知识产权保单。

（4）建立国际化的知识产权运营服务体系。设立自贸区知识产权综合服务平台，充分整合国际化运营能力较强的知识产权运营机构资源，搭建服务自贸区企业的线上平台，鼓励线上线下互动创新，为企业提供知识产权一站式服务。建设面向国际的知识产权交易服务中心，在自贸区金桥园建设实体化、综合性的交易服务中心，目前已完成 3.4 亿元投资，总面积 10 000 平方米的知识产权交易大楼已经落成，为交易服务的各类资源争相入驻，该中心将成为自贸易开展专利、商标、版权等知识产权交易的综合性中心。建设行业知识产权运营中心，根据自贸区各片区的产业特点，发动区域行业龙头企业建设专业化的知识产权运营中心，目前自贸区张江园的智慧医疗知识产权运营中心、微电子知识产权运营中心、世博园的智能媒体网络知识产权运营中心实现实体运作。

（5）健全知识产权分析评议、专利导航工作机制。在国家、上海市知识产权局的支持下，自贸区探索形成了“政府政策引导、企业主动实施、机构专业服务”的重大经济科技活动知识产权评议工作模式，将分析评议、专利导航工作融入精准招商，为重大项目引进提供知识产权风险预警，提升区域创新发展决策水平。

实践证明，上海自贸区探索知识产权综合管理改革的模式能充分有效地发挥知识产权制度支撑创新驱动发展的基础保障作用，有效地促进了浦东知识产权的创造质量、运用效益，保护效果、管理能力和服务水平，尤其是上海自贸区知识产权综合行政管理执法体制的建设以及知识产权局的权力清单和责任清单的制定在全国开了先河，具有较强的可复制、可借鉴性。

3.5.2　天津自贸区知识产权综合改革

中国（天津）自由贸易试验区（以下简称天津自贸区）是经国务院批准设立的区域性自由贸易园区。它是中国北方第一个自由贸易区，也是继上海自贸区之后，经国务院批准设立的第二批自由贸易试验区之一。2014 年 12 月 12 日，国务院决定设立天津自由贸易试验区，试验区总面积为 119.9 平方千米，主要涵盖 3 个功能区，天津港东疆片区、天津机场片区以及滨海新区中心商务片区。2014 年 12 月 28 日，第十二届全国人民代表大会常务委员会第十二次会议通过关于授权国务院在中国（广东）自由贸易试验区、中国（天津）自由贸易试验区、中国（广东）自由贸易试验区、中国（福建）自由贸易试验区以及中国（上海）自由贸易试验区扩展区域暂时调整有关法律规定的行政审批的决定。2015 年 3 月 24 日，中共中央政治局审议通过天津自由贸易试验区总体方案，提出天津自由贸易试验区战略定位：以制度创新为核心任务，以可复制可推广为基本要求，努力成为京津冀协同发展高水平对外开放平台、全国改革开放先行区和制度创新试验田、面向世界的高水平自由贸易园区。2015 年 4 月 21 日上午 10 点，中国（天津）自由贸易试验区正式挂牌。2015 年 12 月 24 日，天津市第十六届人民代表大会常务委员会第二十三次会议通过《中国（天津）自由贸易试验区条例》。

1. 协调管理：构建协调型自贸区管理机构

根据《中国（天津）自由贸易试验区管理办法》规定，天津成立了天津自贸区推进工作领导小组，同时，还设立了自贸区管委会，自贸区管委会下设办公室、综合改革局、综合协调局、综合监管局及信息服务中心。天津自贸区管委会不具有综合执法权限，自贸区管委会最重要的任务是协调、统筹对内对外的管理。具体实施则由三个片区的办事处，也就是东疆港保税区管委会、中心商务区管委会、天津空港保税区管委会来负责。3 个片区都在滨海新区，滨海新区重点负责社会事业、规划管理、招商引资、统筹协调，形成各方合力，来加速自贸区建设。目前，市知识产权局会同天津滨海新区科技局、市市场监管委、天津海关，正在商讨筹建天津自由贸易试验区知识产权执法协作调度中心事宜。

2. 区域协同：构建京津冀一体化协同保护体系

（1）成立京津冀知识产权发展联盟。推动京津冀知识产权协同发展，与北京市、河北省知识产权局发起成立京津冀知识产权发展联盟，围绕国家“一带一路”倡议，制定《天津市知识产权服务企业“走出去”工作方案（2017—2020 年）》，整合三地优质知识产权服务资源，帮助天津自贸区企业解决发展中遇到的知识产权问题，帮助企业开展知识产权海外战略布局，服务企业“走出去”参与国际竞争。

（2）建立“一局三地”知识产权合作会商机制。推动国家知识产权局、北京市、天津市、河北省签订《关于知识产权促进京津冀协同发展合作会商议定书》，为三地知识产权要素资源合理流动创造良好条件，目前，正计划建立专利导航产业发展协同工作机制，计划在天津自贸区实施一批规划类专利导航项目，开展京津冀创新资源分布与产业发展基础关联分析，研究制定基于京津冀产业创新资源有效利用视角的自贸区专利导航发展规划，推动京津冀创新资源合理布局。

（3）推进建立京津冀海关知识产权保护执法协作机制。天津海关与北京海关、石家庄海关共同签署《京津冀海关加强知识产权保护执法协作的意见》，建立区域海关执法协作、联动打击、共同治理的协同机制。

3. 系统保护：构建自贸区“1+4”知识产权保护机制

市知识产权局积极推动天津市滨海新区知识产权保护服务中心探索“1+4”保护体系架构，“1+4”即“一个平台、四位一体”。滨海新区知识产权保护服务中心依托天津滨海新区科技创新服务有限公司、天津市知识产权举报投诉中心建设，中心设置专人负责受理知识产权举报投诉，统筹协调相关部门，在全国首次尝试保护服务中心和行政、司法、仲裁、人民调解相结合，构建“1+4”知识产权保护架构。

“1”是指一个平台，即知识产权保护服务中心，实行一体化工作流程，统一受理滨海新区及自贸区知识产权纠纷举报和投诉。“4”是指充分发挥知识产权行政、司法及监管部门的职能，构建行政调处、法院判决、仲裁、人民调解“四位一体”的知识产权保护体系。

同时，建立了一套保障滨海新区知识产权保护服务中心高效运行的工作机制：一是建立案件受理处理流程和操作机制，形成统一、规范的专利、商标、版权侵权投诉举报受理指南和操作指南，规范受理流程、受理要求和内部流转程序；二是建立了政府引导建设机制，制定《天津自贸试验区知识产权综合管理内部制度》，加强政府部门对天津自贸区知识产权保护体系建设的引导力度，强化天津自贸区知识产权综合管理改革创新，为滨海新区知识产权保护服务中心高效运行创造良好环境。

4. 强化创新：大力度创新自贸区知识产权司法保护机制

（1）司法机构建设方面，天津市高院初步确定由滨海新区法院在自贸区内派出法庭，审理与自贸区有关的金融、知识产权等有关的商事纠纷案件，自贸区法庭将于近期正式挂牌。

（2）对于知识产权案件，自贸区法庭探索建立专业陪审员制度。同时，根据自贸区案件难易程度的不同，天津自贸区法庭建立案件繁简分流机制，大力推行程序灵活化、送达多样化、裁判快捷化的速裁工作机制。

（3）司法审批方面，天津市高院于2015年1月发布了《天津法院服务保障中国（天津）自由贸易试验区建设的意见》；天津二中院于2015年4月出台了《天津市第二中级人民法院中国（天津）自由贸易试验区案件审判指引》；天津海事法院于2015年5月8日出台了《服务天津自由贸易试验区建设的若干举措》。

5. 合作开放：建设与国际相接轨的纠纷解决机制

按照知识产权纠纷多由仲裁机构解决的国际惯例，2015年由天津仲裁委在中国（天津）自由贸易试验区设立知识产权国际仲裁中心，天津市知识产权保护协会、天津市科学学研究所、北京高文律师事务所作为发起单位，参与中心的设立工作。中心按照国际通行规则运行，立足于从机制上打破传统形式，积极探索股份制下董事会运行模式。中心立足自贸区、服务京津冀，以仲裁方式公正、及时地解决平等主体的自然人、法人和其他组织之间发生的知识产权争议纠纷，提供高水平知识产权战略与保护咨询服务。截至 2016 年底，中心共受理案件 46 件，标的额达 10.3 亿元。

6. 管理协同：建立知识产权行政、执法协同机制

市知识产权局与天津海关、市市场监管委等部门建立自贸区知识产权联席会议制度和联络员制度，与法院、仲裁委等部门共同探索自贸区内知识产权的联合执法，建立执法信息共享制度，确保案件转办、反馈及时，重点情况通报及时，形成知识产权保护工作协调机制。

7. 强化运用：构建高水平知识产权运营体系

《京津冀协同发展规划纲要》提出，将天津市建设成为“全国先进制造研发基地”，天津市委十届九次全会提出，要将天津建设成为全国领先的创新型城市和具有国际影响力的产业创新中心，这为天津的知识产权发展指明了方向，有利于天津深入探索知识产权运用、促进知识产权商品化和资本化、利用市场手段加快创新资源配置。2015 年 11 月 20 日，华北知识产权运营中心在滨海新区中心商务区挂牌运行。在运营模式上，华北知识产权运营中心积极探索“1+3+5+*N*”的运营体系，即“一个龙头、三个联动、五位一体、*N* 个模式”。一个龙头指华北知识产权运营中心这个龙头；三个联动指京津冀联动、双自联动、创新中心联动；五位一体是指形成“平台 + 联盟 + 机构 + 产业 + 基金”五位一体的知识产权运营发展新模式；*N* 个模式是指创新出多种知识产权运营模式。目前，华北知识产权运营中心与天津大学技术转移中心、天士力集团等 25 家机构签署了合作协议，形成“一个中心、*N* 个分中心”运作模式，同时，鼓励分中心创新模式，培育出天津中科先进技术研究院的“专利池模式”、中科院天津工业生物技术研究所的“多元化知识产权转化运用模式”、技高德的“互联网 +”模式、中知厚德公司的“TICA 模式”、天津工业大学的“产业化模式”、天津药物院的“跨国医药专利技术转移模式”。

8. 注重服务：集中力量构建便利化的知识产权服务体系

2015 年 6 月，在自贸区空港经济区建设“天津自贸区知识产权便利化服务平台”，平台建设力促知识产权与实体经济发展相结合，力促构建富有活力的创新生态体系。天津市三利专利商标代理有限公司、北京大成（天津）律师事务所、天津兴泰资产评估有限公司、天津泰普沪亚知识产权流转储备中心有限公司、北方技术交易市场等6家知识产权服务机构签约“入驻”平台。

在平台运营方式上，尝试试行国际通行的服务职能和运行方式，主要为权利人提供知识产权法律咨询、知识产权申请代理服务，为企业提供知识产权评估、交易以及投融资服务，同时提供国际知识产权维权等集约化高端知识产权专业服务。

3.5.3 广东自贸区知识产权综合改革

2014年12月12日，国务院批准设立中国（广东）自由贸易试验区（以下简称广东自贸区），力争将广东自贸区打造成为：粤港澳深度合作示范区、21世纪海上丝绸之路重要枢纽、全国新一轮改革开放先行地。广东自贸区实施范围116.2平方千米，其中，广州南沙新区片区60平方千米，深圳前海蛇口片区28.2平方千米，珠海横琴新区片区28平方千米。在功能定位上，南沙新区作为粤港澳全面合作示范区，前海新区作为前海深港现代服务业合作区，横琴新区作为拥有比经济特区政策更优惠的紧密合作新载体。

广东省制定印发的《加强中国（广东）自由贸易试验区知识产权工作的指导意见》，围绕建设与国际接轨的高标准知识产权管理和保护体系等目标，提出了完善知识产权管理和执法体制、建立多元化知识产权纠纷调解和维权援助机制、构建新型知识产权运营机制、创新知识产权金融服务、建立专利导航产业发展工作机制、以知识产权服务广东自由贸易试验区转型升级6个方面的任务措施。

1. 深入探索：建立统一的知识产权管理和执法体制

《中国（广东）自由贸易试验区建设实施方案》中明确，探索建立统一的知识产权管理和执法体制，加强行政执法与刑事司法的有效衔接，建立跨部门、跨区域的知识产权案件移送、信息通报、配合调查等机制。《中国（广东）自由贸易试验区管理试行办法》第三十二条规定，要探索建立统一的知识产权管理和执法体制。

从实际建设程度来看，目前，广东自贸区广州南沙新区、深圳前海蛇口片区、珠海横琴新区等三个片区现有管理机构并未设置明确的知识产权管理归口单位，根据《中国（广东）自由贸易试验区建设实施方案任务表》，计划由广东省知识产权局牵头，由省编办、省工商局、省版权局协助探索建立相对统一的知识产权管理和执法体制。

在强化知识产权行政保护方面，目前主要由三个片区管委会各自出台了一些行政措施，例如，南沙自贸区针对专利行政执法工作，进一步制定落实了“执法人员、执法经费、执法文书、执法设备、办案场所”等相关制度。横琴自贸区建立了知识产权保护联席会议制度，由横琴海关、管委会、国际知识产权交易中心三家机构发起，共同建立了全国首个“知识产权交易保护”模式。

2. 全面协调：建立多元化知识产权纠纷解决和维权援助机制

《中国（广东）自由贸易试验区总体方案》在“主要任务和措施”中提出，完善知识产权纠纷调解和维权援助机制，探索建立自贸试验区重点产业知识产权快速维权机制。发展国际仲裁、商事调解机制。《中国（广东）自由贸易试验区条例》第七十七条规定，自贸试验区应当加强知识产权保护工作，完善知识产权纠纷多元化解决机制。从实际建设程度来看，广东自由贸易试验区知识产权纠纷解决主要通过司法、仲裁、社会调解三种途径解决。

（1）司法保护方面。2014 年 12 月 16 日，广东知识产权法院正式挂牌成立。2015 年 4 月 23 日，珠海中院在横琴片区挂牌成立知识产权巡回法庭，负责审理与自贸区相关的属于珠海市中级人民法院管辖的各类知识产权纠纷案件。

（2）仲裁调解方面。2011 年 12 月 19 日，南沙国际仲裁中心成立。2013 年 9 月 22 日，深圳国际仲裁院在前海合作区正式挂牌。2014 年 8 月 7 日，珠海在横琴成立了国际仲裁院。

（3）社会调解方面。2013 年 12 月 7 日，粤港澳商事调解联盟在深圳前海成立。2015 年 4 月，珠港澳商事争议联合调解中心成立，该调解中心设在珠海国际仲裁院。横琴片区联合本地与澳门的相关企业成立了国际知识产权保护联盟，并计划吸纳拉美及“一带一路”沿线国家参加，共同营造良好的国际知识产权营商环境。

（4）维权援助方面。南沙片区结合区内重点产业的需求，结合政府批准方案，积极推进南沙自贸区知识产权维权援助中心建设。前海蛇口片区积极筹建深圳市知识产权保护中心，探索创建多元化、一体化、国际化的知识产权维权体系。横琴片区依托国家横琴交易平台，成立知识产权快速维权援助中心，全面开展知识产权快速确权、维权、调解、政策咨询、培训等工作。

3. 强化运用：构建新型知识产权运营机制

2016 年 5 月，广东依托横琴国际知识产权交易中心有限公司推进横琴国家知识产权运营公共服务平台建设，平台集社交、电商、金融、大数据四大功能于一体，提供知识产权运营公共服务，探索开展知识产权金融创新、跨境交易等特色服务，初步形成了“人、资、网、政、产、知、研”的工作方针，设计了“1+4+1”的业务体系（一个会员体系，四个运营板块——投资板块、服务板块、运营板块、平台板块，一个支撑体系），研究提出了自营、联营、他营“三位一体”的商业模式。同时，推进深圳前海探索建立南方知识产权运营中心，创新知识产权运营模式，按照市场化运作机制建设，自主经营、自负盈亏。

4. 激发活力：加强社会化知识产权服务体系建设

发挥市场活力，调动社会资源参与知识产权服务体系建设，例如，前海自贸片区先后引进了广东公标知识产权司法鉴定所、广东安证计算机司法鉴定所落户，重点解决困扰企业保护知识产权的关键环节问题。前海蛇口片区申请成为国家知识产权投融资服务试点，建立了具有自贸试验区特色的知识产权金融服务体系。2016年4月，深圳市知识产权局与北京银行联合推出有知识产权风险补偿基金增信的贷款产品“深智贷”贷款产品。今后还将鼓励金融机构开展知识产权资产证券化、发行企业知识产权集合债券、探索专利许可收益权质押融资模式等，为自贸试验区内企业提供多样化的知识产权金融服务。

横琴片区成立了知识产权质押贷款服务联盟，该联盟由基金管理人、国家横琴平台、6家商业银行、3家融资性担保公司、1家保险公司组成，共同推动和扩大知识产权质押贷款规模。截至2017年6月，金融机构已发放7笔知识产权质押贷款，放贷金额达2 260万元（基金覆盖风险904万元），2017年全年能够发放贷款1亿元。为进一步激发市场活力，2016年6月，横琴新区出台了《横琴新区促进科技创新若干措施（暂行）》，加大财政资金扶持力度，在企业知识产权体系建设、知识产权企业规范建设、购买专利保险、开展专利交易等方面进行专项扶持。

在其他政策措施上，积极鼓励各类金融机构利用互联网等新技术、新工具，丰富和创新知识产权融资方式。引导和支持各类担保机构为知识产权质押融资提供担保服务，开展知识产权质押融资保证、保险。建立投贷联动的服务模式，完善知识产权质押融资风险管理机制。发挥各类知识产权交易服务机构作用，完善知识产权质押融资质物处置机制。

广东自贸区未来将进一步完善知识产权管理体系，健全以国际公信力为重点的法治体系，完善支撑创新驱动发展的知识产权金融服务，建立重点企业知识产权保护直通车制度，推进知识产权运营平台建设，加强广东自贸试验区知识产权动态研判。

3.5.4 福建自贸区知识产权综合改革

2014 年 12 月 31 日，国务院正式批复设立中国（福建）自由贸易试验区（以下简称福建自贸区），福建自贸区范围总面积 118.04 平方千米，包括平潭、厦门、福州 3 个片区。福建自贸区知识产权改革涉及了知识产权创造、保护、运用、管理和服务全链条，整体来看涉及面较广，改革较为全面，总结其主要改革措施如下。

1. 明确方向：力推知识产权“三合一”综合管理机制

福建自贸区获批后，福建省知识产权局本着充分利用自贸区先行先试的政策优势，以改革促发展，提出在更高层次上创新和构建与国际接轨的自贸区知识产权行政管理和保护机制，大力推动福州、厦门和平潭 3 个片区管委会拟定方案，明确提出要设立专利、商标、版权等知识产权综合管理机构，并将其职责设定为履行专利、商标、版权等知识产权行政管理、行政保护及重大活动知识产权评议、进出口产品知识产权纠纷调解、知识产权滥用行为调查等。同时，成立自贸区知识产权综合执法队伍，加大与公安、海关的联动执法，完善线索通报、案件协办、定期会商等衔接机制，形成了高效的行政执法体系，并在自贸区实行集中式办公，实现了知识产权的“一站式”服务。

2. 效能优先：构建网格化管理模式，提升知识产权管理效率

福建省知识产权局大力支持平潭片区管委会建立知识产权网格化管理信息平台。平台统一受理知识产权咨询求助、举报投诉、意见建议等动态信息，统一管理处置知识产权业务，建立了分工明确、协调统一的工作机制，做到网格管理“三个一”，即一条热线、一个窗口、一套指挥调度系统，实现办事流程、审批事项和业务管理的标准化，显著提高了知识产权业务的处置效率，做到了管理精准定位、精准判定、快速反应和高效处置。

3. 多方联动：建立多部门协抓共管的保护协调机制

由福建省知识产权局牵头，与省工商、版权及海关等部门联合制定《关于建立福建自贸试验区知识产权行政执法与海关保护协作机制的意见》，建立了自贸区知识产权行政执法与海关保护协调联动机制，对临时过境、贴牌加工出口和平行进口等行为的知识产权侵权判定进行深入研究，引进省知识产权维权援助中心受理线索以及侵权判定力量，及时处置自贸区内发生的知识产权违法案件。

4. 互联网融合：创新“互联网 + 知识产权”公共服务新业态

（1）利用大数据和云计算等新一代信息技术，启动建设了集政务信息服务、企业信息服务、专利交易、知识产权金融服务、知识产权保护响应等为一体的“知创中国”知识产权综合运营云平台，向全社会提供知识产权全周期、全链条、全领域服务。

（2）打造“知创福建”知识产权公共服务平台，下设 12330 知识产权综合服务热线、知识产权公共服务包业务推广中心等功能模块，构建知识产权“大服务”+“大保护”+“大运营”模式，打通知识产权创造、运用、保护、管理和服务全链条。

（3）依托民营企业自主研发的“数字知识产权保护平台”和“第三方电子证据服务平台”，面向企业免费提供网上知识产权侵权行为的预警和发现、侵权主体调查、电子证据保存等服务。

5. 全面整合：建立多元化的知识产权纠纷解决机制

《中国（福建）自由贸易试验区总体方案》在“主要任务和措施 ”中提出，完善知识产权纠纷调解、援助、仲裁等服务机制。

（1）增加司法调解途径。福建法院在自贸区设立 4 个法庭，即具体由福州市马尾区人民法院、平潭综合实验区人民法院、厦门市湖里区人民法院和厦门海事法院分别在自贸区下设法庭。除厦门海事法院外，其他 3 个法院的自贸区法庭均可受理自贸区辖区内的普通知识产权民事案件，涵盖著作权、商标权、特许经营合同、侵害商业秘密和不正当竞争纠纷等类型的案件。同时，针对自贸区企业对知识产权尤其是专利权保护有着较大的司法需求，2016 年 11 月 17 日，厦门市中级人民法院自贸区知识产权巡回审判法庭在厦门自贸片区成立，这是福建省首个中级人民法院知识产权巡回审判庭，也是首个集第一审、第二审知识产权民事、刑事、行政诉讼为一体的巡回法庭，负责审理自贸片区内发生的应由厦门市中院一审管辖的知识产权民事、行政及刑事案件。

（2）建立仲裁机构。厦门仲裁委员会国际商事仲裁院、厦门仲裁委员会平潭分会、福州仲裁委员会国际商事仲裁院分别在自贸区设立了仲裁分支机构，如此一来，3 个片区全部设立了国际商事仲裁机构。

（3）设立第三方调解机构。2015 年 6 月 6 日，厦门国际商事调解中心在厦门片区正式成立。

（4）设立国家级知识产权快速维权中心，提供“一站式”服务。2016 年 7 月 5 日，国家知识产权局批准设立中国厦门（厨卫）知识产权快速维权中心，这是全国首家设在自贸区的国家级知识产权快速维权中心，也是全国唯一的厨卫行业知识产权快速维权中心，为厨卫等产业提供了一个集知识产权快速审查、快速确权和快速维权功能的“一站式”知识产权服务平台。同时，建设“一带一路”知识产权援助中心，重点为自贸区企业涉及的国际知识产权保护案件提供援助，帮助企业在“一带一路”沿线国家获得知识产权保护。

（5）建立自贸区商事纠纷调解平台，提供知识产权纠纷非诉途径。2016 年 4 月，厦门市湖里区法院自贸区法庭与厦门贸促会、厦门市知识产权局维权援助中心、厦门仲裁委“一院一中心”等 6 家机构分别签署了诉讼与非诉讼衔接工作机制合作协议，搭建了关于涉自贸区商事纠纷的多元化纠纷解决平台。对涉福建自贸区厦门片区的知识产权等商事纠纷，只要当事人同意，不管是诉前，还是诉中，都可以通过多元化纠纷解决平台，选择向这 6 家机构申请调处。达成调解协议的可以向自贸区法庭申请司法确认，赋予非诉调解协议法律执行力。若是调处不成，自贸区法庭则会及时启动诉讼程序，保障当事人的诉权。

6. 人才为基：强化自贸区知识产权人才培养与运用机制建设

在全国率先建立了知识产权专员制度，开展企业知识产权贯标、专利检索分析、企业知识产权实务等宣传培训，知识产权远程教育培训达到了上万人次。首推便民利民的知识产权公共服务包，整合政府管理部门、智库资源、专家人才、专业服务机构等多方资源，通过 12330 福建省知识产权综合服务热线向全社会提供知识产权全链条服务，这些资源率先向自贸区开放，设立自贸区、自创区 12330 知识产权综合服务热线呼叫分中心及全省知识产权公共服务包业务受理及处置分中心，受理知识产权分析评议、知识产权托管、企业知识产权管理贯标等服务，进一步优化自贸区知识产权公共服务供给。

7. 信用监管：着力构建自贸区知识产权诚信体系

由福建省知识产权局与省诚信促进会联合印发了《福建省开展知识产权诚信促进行动实施方案》，并利用自贸区大数据平台加强知识产权信用监管。根据公共信用信息平台的规范和要求，制定了知识产权公共信用信息目录，提取知识产权信用信息数据，形成知识产权信用“红黑”名单，通过公共信用信息平台实现了跨部门信息共享和公示。

8. 联合执法：深化知识产权行政执法协同体系

为促进司法保护与行政执法更加便捷、有效地衔接，福建省知识产权局牵头与省工商、版权及海关等部门联合制定《关于建立福建自贸试验区知识产权行政执法与海关保护协作机制的意见》。在意见的指导下，福州片区与福州海关等部门建立了自贸区知识产权行政执法与海关保护协调机制，对临时过境、贴牌加工出口和平行进口等行为的知识产权侵权判定进行深入研究，引进省知识产权维权援助中心受理线索以及侵权判定力量，及时处置自贸区内发生的知识产权违法案件。对接福州海关自贸区信息化建设一期工程，对海关执法中遇到的知识产权疑难案件快速做出侵权判定。建立联席会议制度和案件会商制度，共享执法信息，加强执法协作，提高片区知识产权行政执法与海关保护的协调性和便捷性。

9. 强化运营：建立促进创新驱动发展的知识产权运营体系

（1）强化专利投融资体系建设。福州片区大力推进企业专利质押融资及保险、风险投资、信托等金融服务，建立健全多元化、多层次、多渠道的专利投融资体系，建立科技型中小微企业专利权质押融资市场化风险补偿机制。稳步推进专利保险，扩大保险试点范围。目前，已有 6 家企业获得专利保险保费补贴 7 950 元；福建福光数码科技有限公司等 2 家企业的 3 项专利获得专利权质押贷款贴息 112.7 万元。

（2）加强海外知识产权合作，形成服务新动能。收集发布“一带一路”沿线国家知识产权保护状况，加强专利相关法律和规程培训，帮助自贸区企业在“一带一路”沿线国家进行专利布局，引导自贸区企业通过《专利合作条约》（PCT）和专利审查高速路（Patent Prosecution Highway，PPH）申请国外专利。

（3）大力开展专利导航产业发展创新计划，发挥知识产权在创新驱动发展中的战略支撑作用。针对福州片区打造产值千亿元规模的国家级物联网产业集群，厦门片区重点发展微电子与集成电路、软件与信息服务业、光电子、生物医药等产业集群的需要，以省市联动的方式启动“1+10”专利导航产业发展创新计划，即以 1 个重点产业加 10 个核心主导企业的组合模式开展产业专利导航。以政府公开招标购买社会服务的方式，吸引国内高端专业机构帮助把握重点产业链中关键技术领域的核心专利颁布，明晰产业发展方向、格局定位和升级路径，引导产业进行高水平的专利布局、储备、运营和保护，为产业转型升级提质增量提供支撑。

3.5.5 沪、津、粤、闽自贸区知识产权综合改革的启示

通过对沪、津、粤、闽自贸区知识产权综合改革建设的分析，我们可以看出 4 个自贸区建设内容、建设重点、建设措施并不完全相同，但从其建设实质来看，它们都体现了一些共性因素。

为进一步挖掘和分析这些共性因素，本部分从国务院办公厅印发的《知识产权综合管理改革试点总体方案》中的主要任务安排：建立高效的知识产权综合管理体

制、构建便民利民的知识产权公共服务体系、提升综合运用知识产权促进创新驱动发展的能力。入手对沪、津、粤、闽自贸区知识产权综合改革进行启示分析，找出共性因素，详见表 3-1。

为提升分析的科学性和客观性，本部分再从国际、国内和现实需求三个视角出发，对我国自贸区知识产权综合改革的关键因素及相关认知进行分析，如图 3-1 所示。

表 3-1 基于改革举措的沪、津、粤、闽自贸区知识产权综合改革共同点分析

	上海	天津	广东	福建	共同点
知识产权综合管理体制	构建“三合一”知识产权综合管理体制	构建协调型自贸区管理机构		先行先试探索建立知识产权“三合一”综合管理机制	强调“三合一”管理改革
			知识产权行政管理正处于探索期		
	构建高效的知识产权行政管理制度			探索网格化管理模式，提升知识产权管理效率	强调创新管理模式
	构建行政、司法与社会监督联合的知识产权保护大格局	构建知识产权行政、执法协同机制		建立多部门协抓共营的保护协作机制，“深化知识产权行政执法协同体系”	强调联合保护体系建设
		强化自贸区司法保护机制创新			
知识产权公共服务体系	构建知识产权纠纷多元化解决机制	构建自贸区“1+4”知识产权保护机制 注重与国际相接轨的纠纷解决机制建设	建立多元化知识产权纠纷解决和维权援助机制	探索建立多元化的知识产权纠纷解决机制	强调建立多元纠纷解决机制
	构建便捷化的知识产权服务体系	注重构建便利化的知识产权服务体系	加强社会化知识产权服务体系建设	运用“互联网＋知识产权”创新知识产权公共服务	强调便捷化服务体系建设
知识产权综合运用		注重构建高水平知识产权运营体系	构建新型知识产权运营机制	强化专利运营，支撑创新驱动发展	强调知识产权运营机构建设
	构建“投贷保易服”五位一体知识产权运用体系				
其他方面		构建京津冀一体化协同保护体系		创新自贸区知识产权诚信体系建设	
				构建自贸区知识产权人才培养与运用机制	

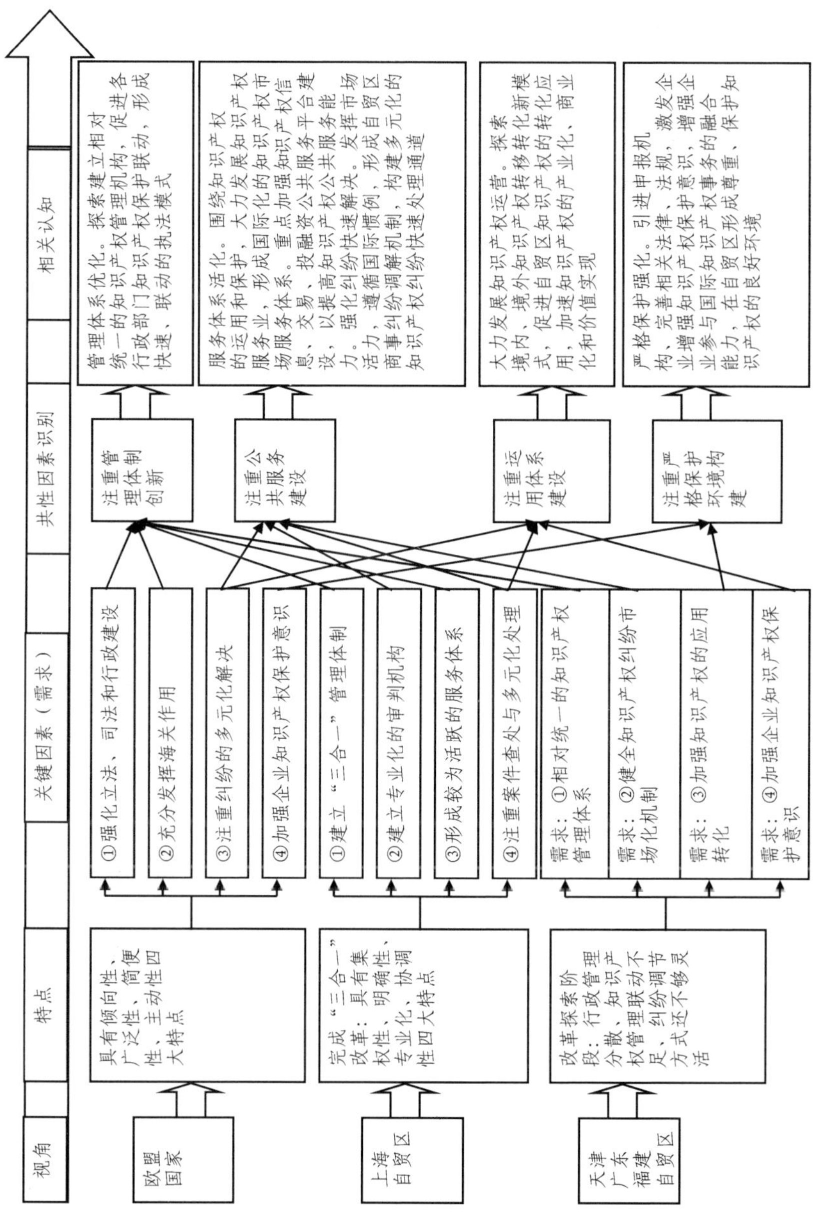

图 3-1　基于国际、国内和现实需求三维视角下
自贸区知识产权综合改革的关键因素及相关认知分析图

通过表 3-1 和图 3-1 的分析，我们发现沪、津、粤、闽自贸区知识产权综合改革共同点主要集中体现在管理体制创新、公共服务体系建设和运用体系建设 3 个方

面。围绕这 3 个方面，再结合沪、津、粤、闽自贸区知识产权建设实际，总结出以下建设经验与启示。

1. 自贸区知识产权管理体制创新方面的启示

（1）成立自贸区知识产权“三合一”管理机构势在必行。我国知识产权中的专利权、商标权和版权分属三个不同的行政管理机构管辖，管理较为分散，并且交叉执法极易导致知识产权行政执法效率低下。为此，上海自贸区在全国首先成立了自贸区知识产权局，改革后，自贸区知识产权局统一负责辖区内的专利、商标、版权等知识产权事务的行政管理、行政执法和公共服务工作，实现知识产权工作“发展统一规划、事务统一管理、执法统一行动”的行政管理模式及“一个部门管理、一个窗口服务、一支队伍执法”的工作运行机制。“三合一”知识产权管理机构的建立，显著提高了管理效能。2017 年 7 月，我国福建厦门、山东青岛、广东深圳、江苏苏州、上海徐汇区、四川成都 6 个地区纳入改革试点，纷纷开展知识产权综合管理改革试点工作。可以预见，未来全力推进自贸区知识产权行政管理和执法体制改革，形成权责一致、分工合理、决策科学、执行顺畅、监督有力的知识产权行政管理体制将是我国自贸区知识产权管理改革的主要方向。

（2）立法授权与法律确权是保证“三合一”知识产权管理机构正常运行的根本。上海自贸区知识产权管理机制能够有效运转从根本上看得益于其从法律上明确了上海自贸区知识产权局作为“专利权、商标权、著作权”的知识产权综合行政管理机构的行政主体资格，得益于知识产权局作为一个“三合一”知识产权综合行政管理机构的职能、权限、程序和责任的法定化。从上海的经验我们可以看出，只有通过高位阶立法的授权以及与授权相应的权力清单和责任清单的制定，才能明确厘清知识产权综合行政管理机构的职能权限、事态权限等，从而确保自贸区知识产权局“三合一”管理机构的正常运转。同时，还应注意及时建立知识产权局权力清单和责任清单的常态更新机制，这样在面对知识产权管理遇到的新问题时，可以通过常态更新机制，对权力清单和责任清单进行修改，以实现知识产权行政管理职权的确定性和灵活性的统一。

（3）构建知识产权行政保护的协调机制是形成知识产权大保护格局的必要前提。沪、津、粤、闽自贸区知识产权保护体制机制建设都提出了要加强知识产权管理部门联合保护的做法，例如，天津建立了知识产权保护工作协同机制，推动天津海关、知识产权局、工商局、法院、检察院、公安机关等建立协调联动工作体系，形成自贸区知识产权保护的司法与行政执法相协调的工作推动机制。同时，通过工作机制定期开展部门会商，推进联合执法、协同合作，建设高效的行政执法体系，实现信息共享、案件互通、执法高效的目标。

2. 自贸区知识产权公共服务体系建设方面的启示

（1）整合社会资源，构建便利化的服务体系是提升自贸区知识产权保护水平的重要保障。沪、津、粤、闽自贸区均将建设高水平的知识产权公共服务体系纳入其重点建设内容，包括制定激励知识产权创造的公共政策、搭建知识产权公共服务平台、营造社会知识产权文化、打造知识产权“一站式”综合服务窗口等，主要目的是为自贸区进驻单位提供从权利获得、实施转化与转让、融资到维权的一条龙式服务。从 4 个自贸区的建设经验看，引进高端和国际化知识产权服务机构入驻自贸区，已经成为自贸区快速形成规模优势、快速实现集聚效应、快速发挥辐射带动作用的最佳途径。再从自贸区的建设定位来看，自贸区本应是高水平、全链条知识产权服务聚集区，只有构建便利化的公共服务体系，才能为自贸区内外快速发展的企业、产业和经济社会提供前瞻性、战略性、实用性和国际化的高水平知识产权服务，才能实现和遵循国家对自贸区建设的初衷。综上可见，构建便利化的公共服务体系既是自贸区本身完善功能的需要，又是与国际接轨的必备条件。

（2）构建知识产权纠纷快速解决机制是优化自贸区知识产权保护环境的核心要素。自贸区相比一般区域具有涉外知识产权案件多、出口商品被诉案件多等特点，为此，沪、津、粤、闽 4 个自贸区都着重提出建立多元化的争端解决机制。在具体措施方面，天津自贸区、福建自贸区和广东自贸区重点建立“行政监管、司法审判、仲裁判决、商事调节”四位一体的知识产权纠纷解决机制，强调构建低成本、便利化的知识产权纠纷快速处理通道。这种做法为自贸区商事活动的参与者提供了多元、灵活、经济的纠纷解决方式，实现了涉自贸区商事纠纷处理的高效益和高效率，形成了可复制、可推广的经验模式，成为自贸区纠纷调解工作机制改革的新亮点。

3. 自贸区知识产权综合运用体系建设方面的启示

（1）建设高水平的知识产权运营平台是提升自贸区创新活力的重要内容。自贸区作为知识产权创造、运用、保护和管理的“战略高地”，应该具有更为活跃的知识产权要素市场，运营平台正是顺应了自贸区建设的需求，成为提升自贸区创新活力的最佳载体，沪、津、粤、闽四个自贸区都紧紧抓住这一核心，集中力量建立统一、高效的知识产权运营服务平台，努力搭建综合性区域知识产权交易中心，例如，天津提出建设华北知识产权运营中心，广东提出建设横琴国家知识产权运营平台、南方知识产权运营中心，福建提出建设“知创中国”知识产权运营平台等。

（2）降低知识产权金融门槛是知识产权与金融体系相结合的关键。沪、津、粤、闽都把自贸区作为政策先行地、试验田，提出推进知识产权与金融体系建设相融合的新举措，把知识产权质押融资改革作为自贸区知识产权建设的主要内容，希望进一步解决知识产权质押融资附加条件多、入门条件高等问题。例如，上海提出积极推动知识产权领域的投资、贷款、保险、交易、服务，构建新型知识产权价值实现模式；天津建立了知识产权质押融资市场化机制，按照自贸区企业发展需要，建立便捷、高效的知识产权融资质押审批流程，按照风险可控、商业可持续的原则，开展知识产权质押融资。总之，各自贸区均看到了知识产权能够翘动社会资金的重大利好，注重将知识产权与投融资紧密结合，这已逐渐成为自贸区发展的新亮点，进一步降低知识产权金融门槛成为自贸区知识产权金融改革的焦点。

3.6 我国自贸区知识产权综合改革的思路与目标

3.6.1 改革思路

建设自由贸易试验区是国家从全局出发做出的重大战略决策部署，《关于加快实施自由贸易区战略的若干意见》《“十三五”国家知识产权保护和运用规划》《知识产权综合管理改革试点总体方案》以及各自贸区总体方案等重要文件中都对自贸区知识产权工作提出了明确的要求。因此，我国自贸区建设首先要认真贯彻落实党中央、国务院的相关决策部署，紧扣创新发展需求，要突出知识产权体制机制创新，注重打通知识产权创造、运用、保护、管理和服务的全链条，注重提升知识产权质量和效益，推进建设“法治化、国际化、便利化”的自贸区营商环境，为自贸区快速发展提供强有力的保障。综上提出的我国自贸区知识产权综合改革的整体思路如下：围绕党中央、国务院对深化知识产权领域改革的重大决策部署，依据国际知识产权保护规则发展新趋势，借鉴国内外自贸区建设经验，注重与国外知识产权保护规则衔接，注重与国家“十三五”知识产权发展规划相衔接，站在国际战略高度，以制度创新为核心，着眼于政府职能转变，打通知识产权创造、运用、保护、管理、服务全链条，构建精简高效、合理统一的知识产权综合管理体制，形成权责清晰、运行高效的法制机制，构建知识产权纠纷多元化解决机制和便捷化的知识产权服务体系，营造公平、诚信、竞争有序的知识产权保护环境，有效发挥知识产权制度激励创新的保障作用，促进自贸区国际商贸的便利化发展，为自贸区实现创新驱动发展提供有力支撑。

3.6.2　建设目标

围绕国家发展战略部署，考虑自贸区知识产权建设初衷，这里将我国自贸区知识产权综合改革的整体目标概括为：把自贸区建设成为管理统一、责权明确、执法高效的知识产权体制机制改革先行区；建设成为具有市场导向、严格保护、与国际发展相接轨、具有国际竞争力的高水平知识产权保护示范区；建设成为要素密集、服务健全、运营高效、活力充沛的知识产权服务与运用集聚区。在我国知识产权强国建设、区域协同发展和经济转型发展中，自贸区知识产权综合改革要发挥示范引领作用。

3.7　深化我国自贸区知识产权综合改革的重点战略

参考沪、津、粤、闽自贸区与欧盟知识产权保护的实践做法和经验启示，结合对我国自贸区知识产权综合改革思路与目标的设定，重点从自贸区知识产权管理体制改革、公共服务体系建设和知识产权综合运用 3 个方面提出相关建议与措施。

3.7.1　自贸区知识产权管理体制改革方面

1. 加快推进建立相对统一的知识产权行政管理和执法机制

知识产权综合管理改革是党中央、国务院对深化知识产权领域改革做出的重大决策部署。结合当前形势，我国自贸区建设应积极推进知识产权行政管理机构改革，集成知识产权管理职能，将专利、商标、版权等职能整合到知识产权管理部门，建立集中统一、权责明确、上下协调、执行顺畅的知识产权行政管理体制，提高知识产权行政管理效能。改革应主要包含 3 个方面的内容：建立综合型的知识产权管理体制、构建统一的知识产权执法体系、明确权力和责任法律授权。

（1）行政管理改革方面。探索建立与国际接轨的自贸区知识产权行政管理和保护机制，成立集专利、商标、版权“三合一”的自贸区知识产权行政管理部门，指导、协调自贸区知识产权工作，履行专利、商标、版权等知识产权行政管理和保护职能，开展知识产权管理、保护、运用、规划、政策制定等，处理知识产权行政管理过程中遇到的主要问题。

（2）执法管理改革方面。专门成立自贸区知识产权综合执法队伍，加大与公安、海关的联动，完善线索通报、案件协办、联合执法、定期会商等衔接制度，建设高效的行政执法体系，加快实施对自贸区知识产权行政执法人员的联合培训，加快高素质执法人员培养。

（3）权力和责任法律授权方面。自贸区“三合一”知识产权管理机构要有明确的法律授权与保障，在职能上不仅要整合专利、商标行政管理权，还要承接省市相关部门下放的专利、商标、版权的行政管理权，要形成一份明确的权力和责任清单，划清自贸区知识产权行政管理的主要职能和责任，促进政府部门职能转变，明确规定行政部门的行政审批、行政许可事项等权限，强调行政部门在提供信息公共服务、促进运用等方面的职责；重点监督指导重点领域、重点产业、重大专项的知识产权工作；推动知识产权服务体系建设和人才的培养；研究涉外知识产权事项；组织国际合作交流等。同时，还要建立权力清单和责任清单的适时更新制度，以适应自贸区内知识产权行政保护的变化。

2. 构建行政司法执法机构协同联动机制

沪、津、粤、闽自贸区的建设经验告诉我们，加强自贸区的知识产权管理和执法联动是营造自贸区内良好知识产权环境的有效防线，是加强自贸区知识产权保护的有效手段。因此，建议我国自贸区建设要做到以下几点。

（1）加快构建知识产权保护行政执法的协同机制。建议大力加强自贸区与海关、知识产权局、工商局、法院、检察院、公安等行政执法机构的联动；在信息沟通、信息共享、执法、证据保全、案件备案、案件通报等方面，合力构建知识产权保护行政执法的协同机制，构筑严密的知识产权保护监管网络。

（2）加快构建知识产权信息共享的协同机制。建议由自贸区管委会、海关、质检、工商、税务、外汇等各部门共同构建知识产权信息共享平台，整合涵盖注册备案管理、行政许可管理、日常监管、应急管理、稽查执法、信用评定等信息系统，通过电子数据自动采集、交换和动态表单等方式，动态记载各自贸区注册企业知识产权信息并实现信息共享，避免重复采集、重复存放和重复加工，加快信息流通速度和提高信息准确性，方便各职能部门访问和获取数据，降低政府行政成本。

3.7.2 自贸区知识产权公共服务体系建设方面

1. 构建专业化、便利化的知识产权服务机制

自贸区对知识产权公共服务机制建设提出了更高的要求。建议加快知识产权服务业开放建设，在知识产权价值评估、融资、成果转化、维权援助等方面需要建立更加专业化、便利化的知识产权服务体系，使知识产权服务业从业人员数量和服务能力大幅提高，将自贸区建设成为服务自身、辐射周边的知识产权服务集聚区。

（1）建立“小核心大网络”知识产权服务体系集聚机制。整合全省、全市或更大范围内的法律、咨询、代理、评估、交易、托管、司法鉴定等知识产权服务机构，由各自贸区管理部门牵头建立知识产权服务机构网络化服务平台，创新知识产权服务方式，支持平台采用线上线下结合的服务模式，搭建自贸区知识产权人才信息共享平台，培养职业化的技术经纪人、专利代理人。建立自贸区知识产权专家库，成立知识产权专家团队，提升区域知识产权工作水平。依托自贸区统一服务平台向企业免费提供服务，依托各类行业和园区平台提供低成本服务。鼓励社会机构对知识产权信息进行深加工，形成“基本服务—专业服务—高端服务”相结合的服务结构，构建多层次、便利化的知识产权服务体系。同时，实施知识产权标准化管理计划，建立重点企业知识产权联络员制度，加强对自贸区企业的规范化管理。

（2）建立海外知识产权信息公共服务平台。自贸区是我国对外开放的窗口，自贸区企业“走出去”参与海外竞争的意愿较为强烈，因此，建议建立海外知识产权信息公共服务平台，探索对外知识产权合作服务的新模式，组建知识产权“走出去”的服务联盟，重点为自贸区企业“走出去”提供海外专利检索和分析、海外专利预警、企业在线知识产权信息管理和海外专利申请流程管理等服务，避免企业在“走出去”的过程中走弯路。同时，建议平台与国家知识产权局形成对接，联合国家知识产权局在线专利信息分析系统，争取将自身发展成为国家知识产权局区域专利信息服务中心、国家专利信息传播与利用基地建设单位。同时，建议服务平台与自贸区知识产权运营中心及其他交易市场联合，构建统一的知识产权服务运营体系。

（3）组建自贸区知识产权服务联盟。学习广东、福建经验，组建并发挥自贸区知识产权服务联盟作用，为重点产业、重点企业、重大经济科技活动等提供专利、商标、版权、科技、贸易、海关等知识产权服务。围绕新一代信息技术、智能制造、生物医药等重点产业领域建立一批分联盟，开展细分产业的专利信息和专利预警分析，指导产业、企业开展专利布局。鼓励联盟围绕重点产业延伸价值链，发展一批高质量专利。依托联盟规范知识产权服务标准，加快自贸区成为标准建设高地的步伐。

2. 建立多元化、便捷化、国际化的知识产权纠纷解决机制

随着自贸区的建设和发展，必定会产生大量的知识产权国际纠纷，多元化的知识产权纠纷解决机制是最佳解决途径，应积极学习上海经验，建立“行政、司法、仲裁、调解”四位一体的知识产权纠纷多元化解决机制。

（1）加强政府引导，建立自贸区知识产权纠纷处理专业机构。建议组建自贸区知识产权保护中心。由自贸区管委员协调牵头，由自贸区知识产权局、工商局、法院、检察院、公安、海关等管理部门以及执法单位和仲裁单位联合组建自贸区知识产权保护中心，同时，开通统一对外的保护热线，通过电话、网络、现场接待等方式接受市民和企事业单位知识产权保护方面的咨询和投诉，实行一个窗口对外、一口式受理，解决知识产权纠纷。建议推进自贸区快速维权机构建设。建设自贸区重点产业知识产权快速维权援助机构，为自贸区企业和个人提供有效的知识产权快速维权救济手段。搭建知识产权举报投诉互转和维权援助互通平台，形成便利化的举报与维权通道。同时，成立自贸区专利侵权判定咨询委员会，建立专利侵权判定联合咨询机制，提升自贸区处理重大、疑难专利侵权纠纷和假冒案件的执法能力。

（2）建立与国际接轨的知识产权仲裁机制。目前全世界有 150 多个国家支持仲裁裁决，仲裁结果具有较强的国际影响力。建议根据国际知识产权纠纷解决常用办法，引入国际仲裁机制，推进国内外知识产权仲裁机构开展合作。同时，完善我国自贸区国际商事仲裁的相关制度，构建自贸区仲裁机构、仲裁规则、仲裁司法审查意见“三位一体”的自贸区仲裁机制。

（3）大力推进独立第三方调解机制建设。政府部门往往人手紧张且工作范围具有局限性，这就使得利用独立第三方机构在自贸区开展知识产权工作，显得十分重要。另外，由于民间调解和中介调节方式效率高、耗费公共资源少，越来越受到企业的欢迎。例如，欧美日韩等国家绝大多数知识产权纠纷靠民间机构调解平息。鉴于此，我国自贸区建设应大力支持符合国际惯例的第三方知识产权民间调解机构和中介组织的建立，包括支持行业协会、商会及商事纠纷专业调解机构参与自贸区商事纠纷调解，鼓励社会化中介服务机构设立自贸区知识产权纠纷调解中心等；支持在自贸区法庭内建立司法与非诉讼纠纷解决的对接平台，建立自贸区纠纷特邀调解组织名册，探索建立自贸试验区知识产权诉讼与非诉讼相衔接的商事纠纷解决机制。

（4）推进建立灵活、便捷、专业的知识产权司法审判机制。当前知识产权审判机制和体制存在程序繁复、司法效率不高、判案标准不一等突出问题，从知识产权

司法保护的角度考虑，建立专门的知识产权审判机构能从根本上解决现有问题。因此，可考虑设立自贸区常驻知识产权案件受理机构，包括普通法院的知识产权法庭或专门法院的知识产权派出法庭或知识产权流动法庭，加强法庭的软硬件配置，提升审判能力建设，在案件审理上采用简易化程序。同时，还要注重健全自贸区知识产权审判工作机制。推进知识产权民事、刑事、行政案件的“三审合一”，促进知识产权审判资源的优化配置，加强审判力量配置，加大对知识产权、贸易和金融等案件的研究，编制《自贸区知识产权司法保护案例集》；制定《自由贸易试验区案件审判指引》，对知识产权案件的审理进行专门规定；同时，探索实施从相关行业及高校专家中选任专业人民陪审员，让其真正参与案件事实调查和案件审理。

3.7.3　自贸区知识产权综合运用方面

1. 加快建立开放、高效、灵活的知识产权运营机制

强化知识产权运营，有利于形成便利化、资本化的自贸区知识产权市场贸易新模式。建议在自贸区建立与国际惯例接轨、布局合理、功能齐备的多层次知识产权运营体系，为自贸区知识产权登记、查询、运用、转化、收购托管、交易流转等提供服务，拓展知识产权运营平台的功能，形成一个以知识产权交易为核心，知识产权运营咨询、分析咨询、司法鉴定及物联网服务为重要辅助功能的综合性区域知识产权交易中心，推动知识产权市场化发展。

（1）支持自贸区构建一批高水平知识产权运营平台。支持在自贸区企业、科研院所、知识产权服务机构中培育知识产权运营试点单位。鼓励自贸区民间资本通过成立基金、建立知识产权运营公司、搭建平台等方式参与知识产权运营。支持自贸区培育、引进一批海外知识产权运营机构。鼓励和支持技术转移机构开展知识产权运营，丰富知识产权价值实现的途径。

（2）支持知识产权运营平台发挥更大作用。支持依托自贸区知识产权运营平台组建自贸区知识产权运营联盟，形成跨区域、信息共享、梯度化的知识产权交易服务体系。支持自贸区重点产业依托运营平台或者平台骨干企业建立专利联盟或专利池，提高产业共同抵御风险的能力和知识产权运用能力。支持自贸区运营平台开展行业标准化建设，推动专利技术标准化、国内标准国际化。支持自贸区知识产权运营平台与周边区域知识产权要素资源高效流转、运用，推动区域知识产权市场一体化发展。

2. 加快建立新形式、多形态的知识产权金融机制

围绕自贸区知识产权金融政策创新，重点强化自贸区知识产权投融资功能建设，建立多元化多层次的知识产权金融服务机制，构建银行、融资担保、股权基金、保险、债权基金等一体化的知识产权金融服务体系，为入驻企业提供专利质押贷款、价值评估、出资入股、担保、证券化等多种金融服务，为企业带来更大的利益。

（1）要创新自贸区知识产权质押融资服务机制。按照自贸区企业发展需要，建立便捷、高效的知识产权融资质押审批流程，按照风险可控、商业可持续的原则，开展知识产权质押融资；建立知识产权质押融资的风险补偿机制，对银行开展知识产权质押融资业务创新的风险给予合理补偿，以减少知识产权质押融资的风险；推动自贸区保险机构规范服务流程，简化投保和理赔程序。

（2）要建立自贸区知识产权投融资服务联动体系。构建融资担保、债权基金、股权基金、银行、保险一体化的知识产权金融服务体系。建立适合自贸区特点的知识产权融资模式，引入风险投资等投融资机构，通过知识产权投资基金、集合信托基金、融资担保基金等多种基金和银行等融资机构的合作，提供募资、投资、孵化、运营一站式服务，支持自贸区内企业的知识产权创造、运用、保护和管理活动。鼓励自贸区内金融机构开展知识产权资产证券化服务，发行企业知识产权集合债券，探索专利许可收益权质押融资模式等，为市场主体提供多样化的知识产权金融服务。创新自贸区专利保险种类，重点推进专利执行保险、侵犯专利权责任保险、知识产权质押融资保险、知识产权综合责任保险等业务。

（3）注重探索“互联网＋金融＋知识产权”的融资新模式。探索建立知识产权银行和互联网知识产权金融平台，组建众筹投融资平台及股权众筹平台，实现众筹交易所化，形成“互联网＋金融＋知识产权”的知识产权和股权融资新模式。

（4）注重优化自贸区知识产权融资环境。建立自贸区知识产权价值评估标准，加快培育一批高水平知识产权评估机构，强化复合型知识产权评估人员的专业培训。开展自贸区知识产权金融服务需求调查，建立企业知识产权投融资项目数据库，搭建企业、金融机构和中介服务机构对接平台，定期举办知识产权项目推介会。引导知识产权评估、交易、担保、典当、拍卖、代理、法律及信息服务等机构进入自贸区知识产权金融服务市场，支持社会资本创办知识产权投融资经营和服务机构等。

3.7.4　改革路线图

依据总体思路、功能定位、建设目标和重点任务，按照“整体部署、分类推进”的指导思想，形成年度、目标、任务相配套的管理体制机制建设工作计划推进路线图，具体如图 3-2 所示。

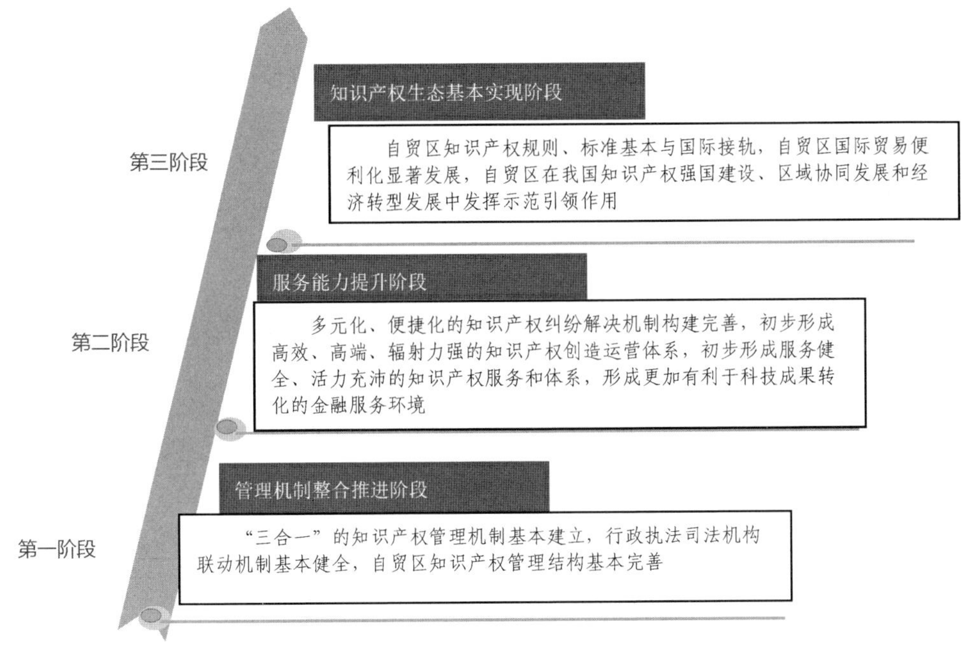

图 3-2　我国自贸区知识产权综合改单建设路线图

3.8　保障举措建议

（1）加强组织领导。成立由省领导挂帅的自贸区知识产权建设小组是顺利推进自贸区建设的先决条件。沪、津、粤、闽自贸区建设经验告诉我们，改变自贸区传统的管理体制机制难度很大，涉及面很广，只有高层推动才能确保改革顺利实施。比如，上海自贸区知识产权综合改革成立了由副市长挂帅的领导小组，推进自贸区管委会与浦东新区人民政府合署办公，统一承担自贸试验区的各项行政管理职能。福建自贸区也在省级层面成立了福建自贸区知识产权建设工作领导小组，同时，由福州、厦门、平潭三大片区管委会具体负责工作的落实。广东也成立了自贸试验区知识产权工作领导小组及其办公室。科学合理的改革领导结构能够有效协调各相关管理部门，科学平衡各部门利益，减少改革工作的阻力，保证工作的顺利推进。因此，推进我国其他自贸区知识产权综合改革可从以下几个层面入手。

①国家层面，加强部市会商，将自贸区知识产权建设纳入部市会商重要议题。建立国家知识产权局、省市知识产权局和自贸区管委会三级协同机制和定期例会制度，由国家知识产权局定期召开各地自贸区知识产权建设经验交流会。同时，建立知识产权、科技、金融等国家管理部门的自贸区建设联席会议制度，加强各部委在政策、信息、项目等方面的交流与协调。

②省级层面，推动成立由省市领导挂帅的自贸区知识产权管理机制建设领导小组。统筹领导自贸区知识产权建设工作，推动各相关部门建立协调联动的工作体系，形成自贸区知识产权保护的司法与行政执法相协调的工作推动机制。

（2）成立专家智库。由国家知识产权局牵头，各省市知识产权局配合，推进建立自贸区知识产权保护机制建设专家库，发挥智库作用，对自贸区知识产权管理机构建设、行政机构联动、审判机制改革、知识产权服务平台建设等开展专题研究，提出可行性建议，同时，对自贸区企业开展知识产权维权咨询、培训等服务。

（3）加强协调联动。推动我国自贸区相关行政机构建立知识产权联合执法的长效机制，并使联动机制以法规形式固定下来，通过法律法规约束联动执法行为，提高联动执法质量。加快推动自贸区管委会与各监管机构建立信息情报共享机制，推动构建自贸区知识产权侵权信息发布平台，加强在侵权货物认定、信息发布、信息共享等方面的联系和配合，缓解信息资源对各部门监管工作的掣肘，在自贸区形成打击侵权违法行为的最大合力，提高自贸区各知识产权监管机构在知识产权保护事务中的影响力。

（4）注重与国际接轨。探索建立与国际需求接轨的知识产权保护制度，重点研究建立自贸区“337 调查”制度，美国“337 条款”禁止一切不公平竞争行为或向美国出口的产品中有任何不公平贸易行为，自实施以来，其成为美国打压我国产品出口的新手段，而我国不少企业因为人才短缺、应诉成本过高，加之对知识产权问题的认识和应对能力不足，放弃应诉，最后不仅丢掉了市场，更丧失了发展前景。探索在自贸区建立“337 调查”制度不仅能够为我国自贸区企业减少被诉提供战略指导，而且能够将侵犯我国企业知识产权的进口商品挡在国门之外，有力地保护在中国境内注册的知识产权和中国境内企业的商业秘密。因此，建议由商务委、海关、知识产权局、工商局、出版局共同在自贸区成立类似“美国 337 调查机构”的我国自贸区“337调查机构”，主要调查自贸区进出口产品的专利、商标、版权、工业设计以及集成电路布图设计等侵犯知识产权的行为以及进口贸易中的侵犯商业秘密、假冒经营、虚假广告、违反《中华人民共和国反垄断法》的不公平竞争行为。

（5）提升维权意识。由国家知识产权局出台《强化我国自贸区知识产权宣传与培训办法》，各省市具体推进，重点加强对自贸区企业进行知识产权保护和维权工作方面的宣传和培训，培养企业的维权意识，培养企业超前占位意识，激发企业进行知识产权保护的主动性和积极性，引导企业制定知识产权保护长期规划，引导企业及时在国内和目标国注册专利和商标，及时在互联网建设中注册企业域名，及时开拓网络市场，树立自身品牌，发挥企业在知识产权保护过程中的主体作用。

（6）加强人才培养。出台《我国自贸区知识产权人才培育计划》，重点支持我国高校与世界知识产权组织合作，加强知识产权的人才培养，尽快培育一批通晓国内外知识产权制度和法律体系的专业人才。依托我国高校和相关培育机构，建立国际知识产权合作交流基地、高端知识产权人才培育基地等，为自贸区知识产权建设提供智力支撑。

说明：本章源于2016年笔者承担的国家知识产权局课题“深化我国自贸区知识产权管理体制机制研究”相关内容。当时，我国自贸区建设如火如荼，知识产权改革成为我国自贸区创新改革的重要任务，知识产权如何为自贸区创新发展赋能，改革的着力点在哪里，关键点在哪里，改革后的管理模式、运行模式应该是怎么样的，一系列问题引起了笔者的深思。基于此，笔者从我国沪、津、粤、闽自贸区知识产权改革的现实语境出发，结合我国知识产权建设实际和国际知识产权保护新规则，提出以制度创新为核心、以促进自贸区国际商贸便利化发展为目标，重点推进政府职能转变，打通知识产权创造、运用、保护、管理、服务全链条的建设思想和相关举措，希望能够为国家和我国各省市自贸区知识产权改革提供决策参考。

第 4 章 深化天津自贸区知识产权综合改革的对策与建议

4.1 引言

深化自贸区改革是国家的重大战略举措。2018 年 5 月，国务院印发《进一步深化中国（天津）自由贸易试验区改革开放方案》，正式拉开了天津自贸区改革的序幕。推进天津自贸区知识产权综合改革不仅有利于在纵向上打通自贸区知识产权创造、运用、保护、管理和服务的全链条，而且在横向上有利于自贸区发挥专利、商标、版权等知识产权保护的综合效应，更有利于天津与国际知识产权管理模式接轨，有利于天津快速融入世界经济发展主流。

深化综合改革对于天津自贸区构建便捷、高效、统一的知识产权管理体制具有重要意义。目前来看，天津自贸区知识产权行政管理比较分散，在知识产权行政体制的总体设置上，专利、商标、版权分开管理，并自成体系。其中，天津市滨海新区科技和工业创新委员会（现滨海新区市场监管局）行使专利行政管辖权，天津市滨海新区文化广播电视局行使著作权行政管辖权，天津市滨海新区市场监管局行使商标管辖权；在知识产权行政执法上，涉及公安、商务、农业、海关、工商等有关单位，这些单位各自依据法律法规进行不同环节的执法，这种分散的管理模式往往导致政策法规相互冲突、执法标准高低不一、管理盲区时有产生，也容易造成市场主体在寻求法律政策保护时无所适从。因此，深化天津自贸区知识产权综合改革，探索“三合一”管理体制，有利于实现自贸区对专利、商标、版权的统一管理，构建高效、便捷的管理机制，有利于为我国解决“多龙头”知识产权行政管理模式提供经验参考，能够为我国知识产权管理创新做出新尝试。

深化综合改革对于激发天津自贸区的创新创业活力具有重要推动作用。当前，随着第三次工业革命的崛起，天津要以全球化的视野，站在全球产业再分工、再布局的高度，抓住新一轮产业和技术革命带来的重大机遇。天津自贸区是货物进出口高度集中的地方，既具有便利化执法的要求，也具有专业化、高水平执法的要求，此时，推进天津自贸区知识产权综合改革，不仅能够显著促进自贸区企业在研发、生产、销售、进出口等关键环节增强知识产权保护和维权意识，而且有利于保护和培育一大批创新性强、国际竞争力强、产业影响力大的知识产权优势企业、专利工作示范企业、商标战略实施示范企业，从而全面激发天津自贸区的创新活力。

深化综合改革对于天津更快融入世界贸易新体系具有重要引导作用。人类的竞争实际上是经济利益的竞争，而经济利益的竞争归根到底是知识产权的竞争，也就是谁手中握有世界先进的科学技术的知识产权，那么谁将引领整个世界市场经济。当前，我国正处于发达国家主导的新的国际自由贸易体系包围圈之中，在全球贸易规则、格局的急剧变化中，国际贸易规则几乎没有一个是由我国主导的，我国参与制定知识产权规则的机会不多，话语权较少，有被边缘化的危险，此时，加强天津自贸区知识产权综合改革，探索形成自由贸易区建设的知识产权保护环境，对于天津提高知识产权保护标准，参与多边、双边的知识产权规则制定，促进天津加快与国际接轨极其有利。

4.2　天津自贸区知识产权发展现状与问题

4.2.1　发展现状

1. 建立具有统筹协调特色的管理模式

根据《中国（天津）自由贸易试验区管理办法》规定，大津成立了天津自贸区推进工作领导小组，同时，设立了自贸区管委会（现改为天津自贸试验区管理委员会办公室），自贸区管委会下设办公室、综合改革局、综合协调局、综合监管局及信息服务中心。天津自贸区综合执法具体则由 3 个片区负责，也就是天津东疆保税港区管委会、天津经济技术开发区管委会、天津空港管委会来负责，自贸区知识产权管理事务目前分别由 3 个管委会下属的天津东疆保税港区经济发展局、天津空港经济区科技和工业创新局、天津经济技术开发区科技和工业创新局管理。

2. 制定并实施知识产权联席会议制度

2018 年 7 月，由天津市滨海新区科技和工业创新委员会、天津市滨海新区市场监管局、天津市滨海新区文化广播电视局、天津自贸区 3 个片区管理委员会下属分管机构共同设立天津自贸区知识产权综合管理联席会议。联席会议下设办公室，办公室设在天津市滨海新区科技和工业创新委员会（2019 年 1 月，更名为滨海新区工业和信息化局）知识产权处，主要负责联席会议成员的日常联络工作。天津自贸区 3 个片区管理委员会下属分管机构，即天津东疆保税港区经济发展局、天津空港经济区科技和工业创新局、天津经济技术开发区科技和工业创新局，统一设立专利、商标、版权综合办事窗口，统一受理各片区内知识产权申报、咨询等相关业务。联席会议每半年召开一次，主要交流通报自贸区知识产权管理和运行等方面的工作情况，联席会议各成员单位每年均将本单位知识产权综合管理改革工作的当年总结、转年计划及相关统计数据报送联席会议办公室。

3. 保护体系不断健全，保护效能逐渐提高

2018 年 9 月，滨海新区获批中国（滨海新区）知识产权保护中心建设资质，保护中心的建设更好地承接了国家知识产权保护资源，构建起滨海新区重点产业专利快速审查、快速确权、快速维权的便捷通道，对整合滨海新区乃至京津冀地区知识产权创新资源起到重要的推动作用。结合专利商品市场秩序监管、维护专利权人权益等权责事项，滨海新区先后制定《滨海新区科委行政执法公示办法》《滨海新区科委行政执法全过程记录办法》《滨海新区科委重大行政执法决定法制审核办法》行政执法制度；加强专利行政执法队伍建设和执法人员能力培养，联合成立知识产权行政执法主体，开展了“雷雨”“天网”等专项行动。知识产权保护环境持续优化。

4. 知识产权运营和服务体系逐渐夯实，水平不断提升

滨海新区知识产权运营体系进一步健全，在新区“双创特区”挂牌运行华北知识产权运营中心，组建“1+*N*”知识产权运营模式，建成 13 家华北知识产权运营特色分中心。2017 年，华北知识产权运营中心促成专利交易 1 778 件，总金额 2 239 万元。在开发区成立国内首家公司制知识产权交易所——天津滨海国际知识产权交易所，创建天津药物研究院等 3 家国家级专利运营试点单位。在服务体系建设方面，以建设滨海高新区国家知识产权服务业聚集区为契机，打造国家知识产权服务业集聚区，先后引进中国知识产权保护协会等 18 家知识产权服务机构落户新区，初步建立起知识产权代理、评估、鉴定、交易、诉讼、援助、法律服务链条。

4.2.2 主要问题

天津自贸区作为国家批准设立的第二批自贸区之一，建设经验尚不足，受传统知识产权管理体制的制约，存在不少突出问题。

1. 行政管理分散，协调力度不足

受传统管理体制束缚，天津知识产权行政体制条块分割、管理分散。在行政设置上，知识产权局行使专利行政执法权，新闻出版局行使著作权行政执法权，工商局行使商标管辖权，即专利授权、商标注册、版权登记分开管理并自成体系；在知识产权行政执法方面，涉及公安、商务、文化、农业、海关、工商等 8 个部门，这些部门各自依据法律法规进行不同领域的执法，这种分散的管理模式往往导致政策法规相互冲突、执法标准高低不一、管理盲区时有产生，也容易造成企业、个人等在寻求法律政策保护时无所适从。

2. 体制机制不畅，职能发挥不够

天津设立了自贸区管理委员会，但该委员会并没有予以立法独立运行，主要是由市级相关部门抽调人员组成的“轻型”管委会，管委会设有办公室、综合改革局、综合协调局、综合监督局 4 个部门，主要承担与市级各行政主管部门之间的协调与沟通职能。自贸区所涵盖的天津港片区、天津机场片区和滨海新区中心商务片区 3 个片区的知识产权管理职能主要集中在各片区的科技主管部门，并没有独立的知识产权管理部门。总之，目前自贸区知识产权管理职能比较分散，知识产权管理职能未能得到有效发挥。

3. 纠纷调解途径单一，解决效果不佳

目前，天津自贸区知识产权纠纷主要通过法院主导的司法调解以及司法局管辖的人民调解方式进行，调解效率不高，且容易耗费大量公共资源，调解的结果也不易被各方所接纳。另外，与上海、深圳、北京相比，严重缺少协会、中介、民间团体等较为灵活、高效的第三方知识产权纠纷解决机构，市场化的调解方式远未建立。

4.3　天津自贸区知识产权综合管理改革的思路

全面贯彻党的十九大精神和市十一次党代会精神，深入学习贯彻习近平新时代中国特色社会主义思想，按照习近平总书记对天津工作“三个着力”重要要求，紧紧围绕建设“五个现代化天津”的奋斗目标，坚持创新驱动、统一高效、统筹联动的原则，深化知识产权领域改革，打通知识产权创造、运用、保护、管理、服务全链条，建立高效的知识产权综合管理体制，形成责权清晰、运行高效的法治机制，构建知识产权纠纷多元化解决机制和便捷化的知识产权服务体系，营造公平、诚信、竞争有序的知识产权保护环境，有效发挥知识产权制度激励创新的保障作用，促进自贸区国际商贸的便利化发展。

4.4 天津自贸区知识产权综合改革相关对策与建议

参考上海、福建自贸区与成都市郫都区知识产权改革的实践做法和经验启示，结合对天津自贸区知识产权综合改革思路与目标的设定，重点从自贸区知识产权管理体制改革、保护模式创新和服务布局优化 3 个方面提出相关建议与对策。

4.4.1 管理体制改革：加快建立相对统一的知识产权行政管理机制

知识产权综合管理改革是党中央、国务院对深化知识产权领域改革做出的重大决策部署。结合当前形势，天津应积极推进自贸区知识产权行政管理机构改革，集成知识产权管理职能，将专利、商标、版权等职能整合到知识产权管理部门，建立集中统一、权责明确、上下协调、执行顺畅的知识产权行政管理机制，提高知识产权行政管理效能。结合天津自贸区情况，下面提出两种管理改革方案。

1. 方案一：推进体制改革，切实推行机构重组，从根本上改变知识产权管理不统一问题

（1）在行政管理改革方面，推动专利、商标、版权实现“三合一”管理。打破现有体制框架，成立自贸区知识产权局。采用“同一机构、两块牌子”方式由滨海新区知识产权局挂牌成立自贸区知识产权局，把新区相关部门涉及的商标、版权管理职能整合在一起，由自贸区知识产权局统一管理。同时，自贸区知识产权局还需重点负责天津自贸区各片区开展知识产权管理、保护、运用、规划、政策制定等工作；协调各片区知识产权行政管理过程中遇到的主要问题；协调滨海新区综合执法局（改革后已撤销），促进自贸区知识产权综合执法工作开展。

（2）在执法管理改革方面，重设法律法规权限，构建知识产权统一执法机构。由滨海新区综合执法局专门成立自贸区知识产权行政执法部门（队伍），在目前具有的商标执法权的基础上，与新区知识产权局合作，新增加自贸区专利行政执法权限；与新区文化广播电视局、新区文化市场行政执法大队合作，新增加自贸区版权的行政执法权限，形成“三合一”的执法体系。

（3）在权力和责任法律授权方面，要有明确的权力和责任清单。自贸区“三合一”知识产权管理机构要有明确的法律授权与保障，在职能上不仅要整合专利、商标行政管理权，还要承接上级相关部门下放的专利、商标、版权的行政管理权，要形成一份明确的权力和责任清单，划清自贸区知识产权行政管理的主要职能和责任，促进政府部门职能转变，明确规定行政部门的行政审批、行政许可事项等权限，强调行政部门在提供信息公共服务、促进运用等方面的职责；重点监督指导重点领域、重点产业、重大专项的知识产权工作；推动知识产权服务体系建设和人才的培养；研究涉外知识产权事项；组织国际合作交流等。同时，还要建立权力清单和责任清单的适时更新制度，以适应区内知识产权行政保护的变化。

2. 方案二：在现有体制模式下，推进专利、商标、版权业务重组，实现知识产权管理服务“三合一”

（1）拟定《天津自贸区知识产权综合管理内部制度》，在天津自贸区实施知识产权综合管理联席会议制度，做到自贸区知识产权管理有体系、有制度、有任务。由天津市滨海新区科技和工业创新委员会（改革后更名为区工业和信息化局）、天津市滨海新区市场监管局、天津市滨海新区文化广播电视局、天津自贸区 3 个片区管理委员会下属分管机构共同拟定《天津自贸区知识产权综合管理内部制度》，建立天津自贸区知识产权综合管理联席会议制度。联席会议下设办公室，办公室设在天津市滨海新区科技和工业创新委员会知识产权处，主要负责联席会议例会筹备工作及贯彻落实联席会议决定事项。联席会议每半年召开一次，商讨知识产权综合管理改革过程中有关知识产权方面的重大问题，并提出决策性意见和建议。

（2）拟定《天津自贸区知识产权综合办事窗口建设方案》，在天津自贸区 3 个片区统一设立专利、商标、版权“三合一”综合办事窗口，做到岗到位、人到位、服务到位。由联席会议拟定《天津自贸区知识产权综合办事窗口建设方案》，推动天津自贸区 3 个片区的管理机构即天津东疆保税港区管委会、天津空港经济区管委会、天津经济技术开发区管委会，统一设立专利、商标、版权综合办事窗口，统一负责区域内市场主体专利申报、商标事宜、版权登记咨询和服务，负责国家、天津市、滨海新区各类专利资助政策、知识产权项目申报咨询等，实现知识产权“一窗口受理、一站式服务”。同时，明确窗口服务配备条件。确定知识产权综合服务窗口设在各片区行政服务大厅，明确办公面积，窗口要标有“知识产权综合服务”字样，并配有服务展示牌，窗口要设置工作人员，制定窗口管理工作手册，要进行上岗人员培训，完成窗口设立，同时还要进行定期联查，保障窗口工作有效运行。

4.4.2 保护模式创新：打造“四位一体”知识产权保护机制

激发市场活力，遵循国际惯例，采取行政、仲裁、司法等多种手段，构建自贸区“四位一体”知识产权纠纷解决机制。

1. 构建纠纷快速受理机制

依托中国（滨海新区）知识产权保护服务中心，建立自贸区知识产权纠纷快速受理部门，统一受理自贸区专利、商标、版权方面的纠纷，然后将纠纷案件转交到我市具体负责机构解决。同时，建立案件快速受理、分类、转交和最终处理的一体化程序，形成自贸区知识产权纠纷的快速解决通道。

2. 构建行政方式解决机制

由天津商务委、海关、知识产权局、工商局、出版局共同在自贸区成立类似“美国 337 调查机构”的天津版“337 调查机构”，主要调查自贸区进出口产品的专利、商标、版权、工业设计以及集成电路布图设计等侵犯知识产权的行为以及进口贸易中的侵犯商业秘密、假冒经营、虚假广告、违反《中华人民共和国反垄断法》的不公平竞争行为，凡是被认定侵权行为存在的进出口产品将交由天津市知识产权局知识产权保护行政执法大队统一处理。

3. 构建仲裁方式解决机制

在自贸区建立国际化的知识产权仲裁机构。考虑到目前全世界有 150 多个国家支持仲裁裁决，仲裁结果具有较强的国际影响力，因此，在自贸区建立与国际接轨的知识产权仲裁院，建议由中国国际贸易仲裁委员会发起，引入理事会机制，引进社会化专业人士建立自贸区知识产权仲裁委员会。同时，支持天津仲裁委员会在自贸区建设健全天津市知识产权国际仲裁院，形成快速处理涉及知识产权纠纷的绿色通道。

4. 构建司法方式解决机制

在自贸区设立知识产权流动司法庭，主要考虑到天津市滨海新区人民法院目前仅有版权、商标方面的审判服务，没有专利方面的审判服务，天津专利案件审判主要在天津知识产权法庭进行，因此，建议天津知识产权法庭在自贸区设立专门的知识产权流动司法庭，同时，加强法庭的软硬件配置，提升审判能力建设，在案件审理上采用简易化程序，提高处理效率。

4.4.3　服务布局优化：构建社会化、市场化公共服务高地

以提高知识产权公共服务能力、促进自贸区知识产权贸易便利化发展为目标，在知识产权价值评估、融资、成果转化、维权援助等方面建立更加专业化、便利化的知识产权服务机构，使天津自贸区成为我国沟通国内外贸易的前沿阵地、成为国际贸易的重要集聚区。

1. 发挥专业化知识产权运营机构带动作用

重点发挥华北知识产权运营中心、滨海新区知识产权交易所等机构的辐射作用，提升自贸区企业在生产和运营过程中应对知识产权问题的能力，促进企业自主创新成果的知识产权化、商业化、产业化，加速企业知识产权的资本化转化进程。

2. 在天津自贸区设立专门的知识产权融资服务中心

重点强化中心的知识产权投融资功能，为入驻企业提供知识产权融资、专利质押贷款、价值评估、出资入股、融资担保等服务，探索知识产权拍卖、保险、证券化等多种金融创新形式。

3. 下大力度吸引国内外专业化的知识产权维权服务机构

争取中国（天津）知识产权维权援助中心在自贸区设立分中心，争取引进一批高水平的知识产权维权服务企业，为自贸区企业提供知识产权维权指引、知识产权纠纷应对策略、专利侵权判定咨询、知识产权风险防范服务等，同时，还可为自贸区企业的重大研发、经贸、投资和技术转移等活动提供知识产权分析论证和预警服务等。

4.5　保障举措建议

发挥各部门的主动性和积极性是推进改革的重要保障，建议成立由市领导挂帅，由滨海新区政府、市知识产权局、新区知识产权局、新区市场监管局、新区综合执法局、新区文广电局、新区文化市场行政执法大队、天津自贸区管委会、天津自贸区天津港片区管委会、天津机场片区管委会、中心商务区管委会主要领导为成员的综合改革小组，统筹推进自贸区知识产权改革工作。同时，注重加强保护宣传工作，将知识产权保护政策与措施作为天津自贸区对外开放的重要内容，纳入自贸区品牌和招商环境宣传内容，营造浓厚的知识产权保护舆论氛围。

说明：本章源于2018年笔者承担的天津市滨海新区科技创新发展战略研究项目“深化天津自由贸易试验区知识产权综合改革研究”部分的内容。2018年5月，国务院印发《进一步深化中国（天津）自由贸易试验区改革开放方案》的通知，提出滨海新区要重点探索中国（天津）自由贸易试验区知识产权综合管理改革，尝试推行专利、商标、版权“三合一”管理，切实提高知识产权管理效率。以此为出发点，笔者开展了本章研究，相关研究内容被天津市滨海新区知识产权局采纳，并据此形成了《天津自贸区知识产权综合管理内部制度》等政策文件。

第三篇

论津知识产权保护

第 5 章
京津冀知识产权协同保护机制建设研究

5.1 引言

京津冀区域协同发展是党中央、国务院在新的历史条件下做出的重大决策部署。2015 年，中共中央政治局会议审议通过《京津冀协同发展规划纲要》，推动京津冀协同发展成为一项重大国家战略，这为京津冀区域知识产权发展指明了新的方向，也对其提出了新的要求。构建京津冀知识产权协同保护机制是促进京津冀协同发展的重要内容，是促进京津冀加快实施创新驱动发展战略、建设协同创新共同体的重要手段，是加快推动京津冀区域转型升级和全方位对外开放的重要动力。

本章在京津冀区域协同战略背景下，以国家全面推进京津冀创新改革试验区建设为契机，采取多种方式，运用系统化的思维模式，从行政、司法、执法、人才、政策等角度深入了解京津冀区域知识产权保护体制机制建设的现状和问题，对重点知识产权协同保护案例进行剖析，找出制约京津冀三地之间推进知识产权协同保护体制机制建设的痛点和难点，提出深化京津冀知识产权协同保护发展的战略和对策，为构建京津冀区域"严保护、大保护、快保护、同保护"格局奠定基础，为促进京津冀协同创新和经济高质量发展提供支撑。同时，加快形成可复制、可推广的改革经验，为我国推进跨区域知识产权保护体制机制建设提供参考和借鉴。

5.2 形势与意义

党的十八大以来，习近平总书记先后多次到京津冀地区考察调研，主持召开相关会议，对京津冀协同发展做出一系列重要论述，京津冀协同发展进入深水区。总体来看，京津冀协同发展作为我国经济转型升级的重大战略，无论是雄安新区建设提供的战略机遇也好，还是我国经济调整创造的宏观机遇也好，对知识产权保护在经济发展和转型中的作用的认识在不断加强。实际上，知识产权保护问题已逐渐成为制约三地创新要素自由流动的阻碍，加强京津冀知识产权协同保护机制建设已经成为京津冀协同发展的重要内容，成为营造京津冀良好创新环境的重要保障。现实情况要求我们必须加快京津冀区域知识产权的合作保护，这就要求我们必须按照统筹安排、平等互惠的原则，加强对京津冀区域知识产权管理部门、服务机构的统筹协调，在战略部署、政策制定、法治建设、人才培养和理念形成等方面实现协同，为构建该区域知识产权"大保护"格局提供科学、合理的解决方案，也为京津冀区域一体化发展进行积极探索。

早在 2012 年 10 月，为落实国家知识产权局《关于加强专利行政执法工作的决定》，京津冀三地签署了专利行政执法协作协议，切实推进跨省市执法协作，实现了对假冒专利案件的立案移送、专利侵权案件协同审理以及案件协助调查取证、协助送达等个案的处理。2014 年 1 月，在国家知识产权局指导下，京津冀三地政府签署了《华北地区专利行政执法协作调度中心工作协议》，大力推进跨地区专利行政执法协作，整合行政执法力量，提高工作效率，充分发挥专利行政执法的优势，服务地区经济社会发展。2015 年 4 月，中共中央政治局会议审议通过《京津冀协同发展规划纲要》，为京津冀区域知识产权发展指明了新方向、也对其提出了新要求。2016 年 7 月，国家知识产权局与京津冀三地政府签署了《关于知识产权促进京津冀协同发展合作会商议定书》，提出要统筹构建协同统一的知识产权制度环境和法规政策体系，严格京津冀一体化知识产权保护。2018 年 1 月，国家知识产权局、国家发展改革委、科学技术部、公安部等四部门联合印发《关于在全面创新改革试验区域深入推进知识产权保护体制机制改革的通知》，要求在京津冀等 8 个全面创新改革试验区域部署一批改革举措，包括积极探索知识产权保护新机制，新增改革举措要纳入全面创新改革试验重点任务，研究制定、细化落实工作方案等，力争在知识产权保护方面取得实质性突破，营造激励创新的良好氛围。

因此，在京津冀区域建立更深层次、更全方位、更高效率的知识产权保护体制机制势在必行，其必将对京津冀区域一体化发展起到重要推动作用。

（1）构建京津冀知识产权协同保护机制，将有助于京津冀知识产权行政、司法和执法资源的统一调配和优化配置，有助于推进京津冀协同创新共同体的构建。京津冀是我国创新资源最为集中的区域，汇聚了全国 1/4 以上的著名高校、1/3 的国家重点实验室和工程（技术）研究中心、2/3 以上的两院院士，建成了以中关村国家自主创新示范区为代表的 14 个国家高新区和经济技术开发区。京津冀协同发展的关键就在于“协同创新”，习近平总书记指出，京津冀协同发展的根本要靠创新驱动，要形成京津冀协同创新共同体。构建京津冀知识产权协同保护机制将有利于京津冀三地知识产权执法、司法、行政资源的统一调配，有利于知识产权保护行政资源的优化配置，对加快京津冀重点产业实施跨区域知识产权导航工程、联合培育京津冀知识产权密集型产业、打造京津冀协同创新共同体、打造“知识产权驱动创新、引领产业发展先行区”具有重要推动作用。

（2）构建京津冀知识产权协同保护机制，有助于京津冀成为知识产权强国的重要支撑点。李克强总理提出建设知识产权强国的宏伟目标，目前，我国制定实施了《深入实施国家知识产权战略行动计划（2014—2020 年）》，正实现由知识产权大国向知识产权强国的转变。京津冀知识产权资源十分丰富，用不到 3% 的国土面积创造了 10.9% 的 GDP，汇集了 29.9% 的有效专利和 46% 的有效发明专利。加快京津冀知识产权协同保护机制建设，构建跨区域知识产权协同保护联动的工作体系，将有效加强知识产权资源的保护力度，构建知识产权保护强区，提升区域共同收益能力，促进区域知识产权要素高效、快捷的流动，为知识产权强国建设提供重要支撑。

（3）在知识产权价值实现的趋势下，构建京津冀知识产权协同保护机制，有助于建设国家知识产权保护和运用综合示范区。我国知识产权运用能力不足，其市场价值没有得到充分体现。2016 年全国专利调查数据显示，国内高校授权专利实施率不足三成。党的十八届三中全会审议通过的《中共中央关于全面深化改革若干重大问题的决定》强调“加强知识产权保护和运用”。专利保护正在向更高标准迈进，企业对严格保护知识产权的呼声强烈，严格保护知识产权的社会价值取向逐步确立。加强京津冀知识产权协同保护体系建设，形成完善的跨区域知识产权保护和运营体系，促进区域知识产权一体化，对于营造良好的知识产权市场环境、法制环境、创建国家知识产权保护和应用综合示范区具有重要推动作用。

（4）在科技体制改革和创新驱动发展战略下，构建京津冀知识产权协同保护机制，将有助于京津冀区域推进建设知识产权改革示范引领区。我国知识产权发展还存在一些瓶颈：专利质量总体上还处在较低水平；维持时间明显偏短，国内发明专利平均维持年限为 5.7 年，外国在华专利维持平均年限是 8.9 年；侵权现象整体上还时有发生；公共和社会化保护能力不强等，制约了创新积极性。《中共中央 国务院关于深化体制机制改革加快实施创新驱动发展战略的若干意见》提出，要“让知识产权制度成为激励创新的基本保障”，全力推进知识产权领域改革。加快京津冀知识产权协同保护机制建设将进一步加强对跨区域知识产权侵权犯罪的打击力度，更有利于深化体制机制改革，构建中关村和天津自创区以及天津自贸区的严格的知识产权保护环境，并以此为样板在京津冀更多区域构建充满活力、富有效率、更加开放的知识产权保护体制机制，加快建设更多的知识产权改革示范引领区，促进京津冀区域产业快速发展。

5.3 理论研究进展

梳理相关研究文献发现，国内在跨区域知识产权保护体制机制改革与实践研究方面尚处于起步阶段，相关研究有待进一步深入。我国专家学者的研究视角主要集中在知识产权法制协同保护、知识产权司法审判协同、知识产权专项协议协同和创新主体协同保护 4 个方面。①在知识产权法制协同保护研究方面，吴天认为，法制协同是推进京津冀发展协同的重要基石，应采用“中央统筹、三地协商”的模式予以立法，要在京津冀范围内统一执法标准、协同法制体系，并认为只有从源头上统一了法律依据，才能够实现三地的法制协同保护；慕亚平、廖立颖认为，区域知识产权保护体系需要针对法律问题深入研究，在法律建设方面，注重立法、执法和司法的法制程序建设，完善的法律体系对区域知识产权战略的实现起着规范、促进和保障作用；郭斌构建了京津冀知识产权协同管理体系，提出京津冀知识产权协同保护应重点加强维权中心建设，加强“公检法”行刑衔接。②在知识产权司法审判协同研究方面，咸胜强、原晓爽借鉴北京知识产权法院改革的成功经验，认为要有效构建天津和河北知识产权专业审判机构和专业审判队伍，要通过推动京津冀专业化审判机构、审判队伍的均衡发展来促进京津冀司法保护水平的提升，这是保障京津冀协同发展的必由之路。③在知识产权专项协议协同研究方面，夏先良在海峡两岸暨港澳地区知识产权合作模式探讨会议上提出 3 种可选的模式，包括《欧洲专利公约》模式、《专利合作条约》模式和泛珠三角区域知识产权合作协议模式，并认为采取第三种模式比较符合我国国情。④在创新主体协同保护研究方面，文宁、陈鑫铭从复杂科学管理理论角度对区域知识产权协同保护体系进行了研究，提出区域知识产权协同保护要淡化部门概念、隶属概念、地域概念、行业概念，要重点建立企业与企业、企业与大学、企业与科研机构等创新主体之间的知识产权协同保护机制。

总体来看，近年来我国对跨区域知识产权保护体制机制研究的范围逐渐拓展，研究内容不断深入，取得了很多有理论价值和实践价值的成果，但是就现有文献研究现状而言，还存在一些不足。具体表现在以下 4 个方面。①缺少对跨区域知识产权保护体制机制建设的关键影响因素的识别与研究。跨区域知识产权保护具有广泛性、复杂性的特点，只有在深入探究知识产权保护体制机制的核心影响因素后，才能更科学、更合理地制定相应实施战略。②案例研究的深度还不够，缺少全面系统的挖掘，不能掌握跨区域知识产权协同保护的难点和痛点。③系统性研究不足。跨区域知识产权保护是要通过各部门、各个要素、各个服务机构协同配合才能完成的工程，不是某一方面的问题解决了就能够建设好的，因此还要系统深入研究。④实践战略与对策研究不足。文献研究过多地注重理论探讨，在理论如何更好地结合实际应用于实践、如何科学地推动实践方面，还缺乏具体抓手和实践战略。

5.4　京津冀知识产权协同保护机制基础分析

5.4.1　京津冀三地基本情况比较

北京，简称“京”，是中华人民共和国的首都、直辖市、国家中心城市、超大城市、国际大都市，全国政治中心、文化中心、国际交往中心、科技创新中心和综合交通枢纽。北京在 2018 年“国家中心城市指数”排名中居全国第一位，并在全球化与世界城市（GaWC）发布的《世界城市名册 2018》中位列世界一线城市第四位 。2016 年联合国发布的相关报告指出，北京人类发展指数居中国城市第二位 。2017 年，北京市居民人均可支配收入达到 57 230 元 ，住户存款总额和人均住户存款均居全国第一。2017 年，北京高新技术企业达到 20 183 家，数量居全国第一。

天津，简称“津”，别名津沽、津门等，是中华人民共和国直辖市、国家中心城市、超大城市、环渤海地区经济中心、首批沿海开放城市、综合交通枢纽，全国先进制造研发基地、北方国际航运核心区、金融创新运营示范区、改革开放先行区。天津位于华北平原海河五大支流汇流处，东临渤海，北依燕山，海河在城中蜿蜒而过，海河是天津的母亲河。天津滨海新区被誉为“中国经济第三增长极”。截至 2017 年末，天津市常住人口达 1 556.87 万人，社会消费品零售总额 5 729.67 亿元，居民人均可支配收入 37 022 元，高新技术企业达 4 093 家 。天津位居 2017 年“中国百强城市排行榜”排第 5 位，2018 年“国家中心城市指数”排名第 6 位、全球城市竞争力排行榜第 48 位。

河北省，简称“冀”，因位于黄河以北而得名，地处华北平原，东临渤海、内环京津，西为太行山，北为燕山，燕山以北为张北高原。截至2019年，河北下辖石家庄、唐山、秦皇岛、邯郸、邢台、保定、张家口、承德、沧州、廊坊、衡水等11个地级市，省会为石家庄。2017年，全省常住总人口7 519.52万，总面积18.88万平方千米，是中国唯一兼有高原、山地、丘陵、盆地、平原、草原和海滨的省份，属温带季风气候。河北省高速公路总里程达6 531千米。唐山港、黄骅港、秦皇岛港均跻身亿吨大港行列。2017年全省铁路、公路货物周转量居中国首位。2013年，京津冀一体化上升为重大国家战略。2017年，河北省生产总值实现35 964.0亿元。

从京津冀三地基本情况看，北京市、天津市和河北省总共拥有国土面积21.71万平方千米，仅占全国的2.2%，三地总人口10 672万，约占全国总人口的8%，而从三地完成的国内生产总值却达到6.1万亿元，占到全国GDP总量的10.9%。用2.2%的土地、8%的人口完成了约11%的GDP，体现出京津冀经济发展的活跃势头。

从京津冀三地产业发展角度看，京津冀地区专利资源聚集产业重点相似，京津冀的专利资源均高度集中于少数资本技术密集的行业。其中，通信设备计算机及其他电子设备制造业、仪器仪表制造业、专用设备制造业、化学原料和化学制品制造业、电气机械及器材制造业、金属制品业、医药制造业、电力热力生产供应业最为典型，2015年时，上述8个行业在京津冀三地均属排名前十的专利资源优势行业，分别占京津冀专利资源总量的67.1%、55.8%、50.4%，共集聚了三地54%的专利资源。

5.4.2 京津冀知识产权保护合作

近年来，京津冀知识产权保护进一步加强，京津冀贯彻落实“一局三地”知识产权合作协议，本市知识产权局与北京市知识产权局、河北省知识产权局共同签订《中国知识产权执法华北调度中心执法协作协议》，明确京津冀三地知识产权行政执法领域协作规则和操作办法；与北京市知识产权局、河北省知识产权局共同举办2017年京津冀“走出去”企业知识产权保护研讨会，促进了三地重点产业和高端服务业的交流与合作；与国家知识产权局专利复审委员会签订《合作备忘录》，建立专利审查绿色通道，为市高级人民法院解决审判中涉及的21项专利信息难题。中国（天津）知识产权维权援助中心联合北京市和河北省，共同发布了《京津冀

12330 知识产权保护联动服务推进计划（2017—2020）》，联合建立首家跨区域文创产业园区知识产权保护服务工作站——“京津 C92 文创产业园 12330 工作站”，形成了具有特色的跨区域文创企业知识产权服务模式。天津海关会同北京海关、石家庄海关共同商定《关于在“龙腾”行动中加强京津冀区域海关合作的推进意见》，初步形成了京津冀三地知识产权保护联防、联控工作体系。京津冀三地在河北省三河市联合召开 2017 年京津冀地理标志产品保护区域合作工作会，进一步加强了京津冀地理标志保护区域的务实合作。

为营造京津冀良好的知识产权协同发展环境，构建京津冀知识产权协同创新共同体，京津冀三地知识产权局联合举办“京津冀知识产权协同发展高层论坛”，2017 年 11 月的第三届高层论坛还签署了《京津冀“走出去”企业及服务机构牵手协议》和《京津冀生物医药知识产权联盟建设框架协议》。三地服务机构和重点产业通过进一步深化知识产权保护领域的合作与交流，共享知识产权保护高端服务，共建知识产权保护生态，全面推动了三地知识产权的协同保护发展。

5.4.3　京津冀专利发展情况比较

从京津冀三地专利发展条件来看，京津冀是我国知识产权资源最富集的区域之一，具备合作的产业基础，能够实现资源共用。2015 年时，京津冀地区专利的技术含量和专利密度明显高于全国平均水平，发明专利占比为 61.2%，显著高于全国 40% 的平均水平；每亿元生产总值的有效专利量达 7 件，显著高于全国 1.5 件的平均水平。

截至 2017 年底，北京市每万人口发明专利拥有量达 94.6 件，居全国首位；天津市 2017 年专利申请量达 18.3 万件，居全国第 6 位；河北省 2017 年的专利申请量则达到 6.13 万件，专利授权量为 3.53 万件，万人发明专利拥有量从 0.88 件增长到 2.88 件。可以说，围绕党中央、国务院的决策部署，“一局三地”知识产权工作者用短短几年来兢兢业业的探索，为京津冀协同发展战略提供了有力的“助推剂”，在推动京津冀成为知识产权强国建设的有力支撑点的同时，也为创新驱动发展战略的实施提供了不可或缺的核心动力。

5.4.4　京津冀专利服务机构比较

专利服务机构有政府机构和社会机构两大类，提供专利服务的政府机构包括国家知识产权局、专利审查协作北京中心、专利审查协作天津中心，各地的知识产权局、以各地专利审查协作中心及知识产权局为依托而成立的相关机构；社会机构主要是专利代理机构。

1. 提供专利服务的政府机构比较分析

京津冀地区提供专利服务的政府机构具有较强的地域特点，三地的知识产权局均能够提供专利服务。由于地理优势，北京市提供专利服务的政府机构有国家知识产权局和专利审查协作北京中心以及北京市知识产权局；天津市提供专利服务的政府机构主要包括专利审查协作天津中心以及以天津中心为依托而成立的天津市东丽区专利综合服务平台和华北知识产权运营中心；而河北省提供专利服务的政府机构仅有河北省知识产权局。可见，河北省提供专利服务的政府机构处于弱势，但三地具有共同的提供专利服务的政府机构，即京津冀知识产权发展联盟。联盟主要依托京津冀丰富的专家资源，定期面向京津冀三地企业开展知识产权风险防范培训。对有较大行业影响力的、在“走出去”过程中遇到困难的成员企业和企业联盟进行“一对一”的专业帮扶，助力京津冀企业国际化发展。可见，京津冀三地在专利服务上已形成了初步的协同。

2. 提供专利服务的社会机构比较分析

提供专利服务的社会机构主要指专利代理机构。从代理机构数量上看，截至2016 年底，京津冀三地的专利代理机构数量分别为：北京 444 家，占全国的 40%，天津 26 家，占全国的 2.3%，河北 21 家，占全国的 1.9%。在全国专利代理量排名前 100 名的专利代理机构中，北京有 36 家，天津 3 家，河北没有。可见，与北京相比，天津、河北两地专利服务业相对落后，尤其是河北，其企业知识产权人才缺乏，专利代理机构仅 21 家，仅占全国约 2%，执业代理人 95 人，占全国 0.97%，仅能提供较低端的代理服务。可以看出，与天津和河北相比，北京的代理机构具有较大优势。

在 2016 年度获评的 174 家星级专利代理机构中，五星级代理机构 7 家，北京获评 5 家，四星级代理机构 31 家，北京获评 18 家，另外北京还获评三星级、两星级及一星级代理机构各 13 家、10 家、5 家；而天津仅获评三星级、一星级机构各 1 家，河北获评两星级、一星级机构各 1 家。可见，从代理机构的数量及质量上看，北京都具有明显优势。

5.4.5 京津冀知识产权政策比较

京津冀三地都在健全完善地方专利政策体系。要想推动专利工作，专利政策先行非常关键，京津冀不断健全完善以专利为导向的专利促进和保护政策体系。如北京重新修订了《北京市专利保护和促进条例》；研究出台专利权质押贷款相关管理办法，规范银行和权利人专利权质押贷款行为，化解和控制双方风险；制定完善北京资助专利申请相关办法，促进北京专利成果进一步商用化的相关办法等一批政策文件。河北省先后制定出台了加强河北省战略新兴产业中专利等知识产权工作的意见、河北省专利事业发展战略年度推进计划等。京冀两地专利政策进一步完善，发挥出专利导向的作用和效果。京津冀三地出台的部分相关政策详见表 5-1。

表 5-1　京津冀三地出台的部分相关政策文件表

北京	天津	河北
《北京市“十三五”时期知识产权（专利）事业发展规划》	《天津市专利信息传播利用工作站实施办法（试行）》	《河北省专利条例》
《北京市专利资助金管理办法实施细则》	《天津市专利促进与保护条例》	《河北省知识产权优势培育工程专利奖评选办法》
《北京市举报假冒专利行为奖励办法》	《关于加强政府投入项目专利管理工作的实施意见》	《关于推进专利权作价出资入股补贴（试行）办法》
《北京市知识产权运营试点示范单位认定和管理办法》	《关于加强天津市重大高新技术产业化项目知识产权保护和管理工作的指导意见》	《打击侵犯知识产权和制售假冒伪劣商品年度工作安排》
《北京市加强知识产权纠纷多元调解工作的意见》	《天津市加强知识产权管理和保护促进技术创新的实施意见》	《河北省专利保险试点工作方案》
《加快发展首都知识产权服务业的实施意见》	《天津市专利奖评奖办法》	《河北省中小微企业知识产权战略推进工程实施方案》
《企业海外知识产权预警指导规程》	《天津市著名商标认定和保护办法》	《河北省优秀专利品牌产品培育工程实施方案》
《北京市专利行政委托执法办法》	《关于我市实施商标战略促进经济发展的意见》	《河北省电子商务领域专利行政执法维权专项行动工作方案》
《北京市大型商业零售经营单位知识产权保护指导规范》	《深入实施天津市知识产权战略行动计划（2016—2020 年）》	《河北省商品流通企业“无假冒专利示范单位”管理办法》
《北京市专利申请资助金管理暂行办法》	《关于加强自主创新，加快华苑产业区经济发展的若干意见》	《河北省知识产权优势企（事）业培育工程实施方案》
《侵犯知识产权刑事案件取证指引》	《关于充分发挥检察职能依法保障和促进创新驱动发展战略实施的意见》	《河北省人民政府关于加快知识产权强省建设的实施意见》
《北京市企业海外知识产权预警项目管理办法》	《关于依法保障企业家合法权益 营造创新创业发展良好法治环境的实施意见》	《河北省科技创新“十三五”规划》

5.5 京津冀知识产权保护合作亟待突破的问题

京津冀三地长期受狭隘发展的影响，北京富集的资源不但未能对天津、河北产生预期的辐射带动效应，反而虹吸了天津、河北大量的人力、智力、财力等创新资源要素，在过去基本形成了“大树底下不长草”的被动格局。在知识产权方面，京津冀三地之间缺乏京津冀区域相对统一的法制体系，同时，存在京津冀执法力度不平衡、司法尺度不一致、知识产权审判机构和审判队伍不均衡、知识产权人才培养体系不健全、知识产权资源共享力度差等问题。

5.5.1 京津冀知识产权协同保护的政府合作机制不完善

目前京津冀知识产权发展规划、知识产权政策和重大项目等在区域层面沟通协同的制度化程度较低，区域知识产权体系有待进一步健全。京津冀三地尚未制定专门的知识产权协同发展规划，三地的发展规划和行动计划也未进行有效衔接。京津冀三地之间知识产权项目布局协同不够，《2017 年全国专利实力状况报告》显示，京津两地承担国家级项目指数都是 60 多分，而河北只有 30 多分，河北与北京、天津的发展差距较大。京津冀三地的政策沟通协同不够，例如，专利资助政策存在地区差异、新技术新产品的政府采购政策存在区域歧视和地方保护现象等，这些都阻碍了知识产权资源的高效利用和优化配置。

5.5.2 京津冀缺乏协调区域内出现的问题的统一法律

从立法权限上看，虽然京津冀三个地区都有各自的立法权，但都属于地方立法，京津冀相对统一的立法还未出现，这就无法保障京津冀协同发展具有充足的法律供给。即使想要统一立法，也没有协同立法可以参考的正式法规条款，仅仅可参照中央政策、方针和规划进行立法。即使京津冀出台了一些联动政策，但在政策实践中缺少统一有效的区域管理和规划，这些政策很难统一落地和执行。例如，在《京津冀协同发展规划纲要》发布之后，三地先后制定了各自的文化产业发展纲要，但是京津冀三地政府没有制定指导整个区域协同发展的文件，更没有统一的知识产权保护政策，这都阻碍了京津冀文化产业的协同发展。这种现状要求京津冀协同立法要加快步伐，以便早日满足京津冀协同发展的法律需求。

5.5.3　京津冀知识产权保护行政执法力量难统一

目前，我国知识产权的行政执法部门大多为行政管理部门，比如，知识产权局负有专利和商标的行政管理权，专利和商标的执法权在市场监管部门；版权局主管著作权同时也有执法权，版权局现在归属于新闻出版广电总局。公安、海关、食品、药品监督、质量技术监督、文化、林业、农业、化工等机关也有一定的知识产权执法权。这种体制不仅弱化了执法的专业性和有效性，而且管理部门和执法部门同为一体，缺乏监督，不利于保护知识产权，更不利于组建京津冀相对统一的执法力量，即使组建成功，在具体执法过程中，综合进行管理调度、联合执法等也将是一项不小的工程。

5.6　京津冀知识产权协同保护建设路径思考

5.6.1　协同保护的构成要素分析

构建完整、严密、有效、高能的知识产权协同保护机制需要明确构建的目标及构建的要素，本部分研究的目的是打通京津冀三地之间知识产权保护的关键环节、突破瓶颈，进一步加强京津冀区域各行政主体之间的保护协作，为构建京津冀区域严保护、大保护、快保护、同保护格局奠定基础，为促进京津冀区域科技优势向知识产权优势转变、产业优势向经济优势转变提供支撑。在构成要素研究方面，综合前文的研究，这里将京津冀区域知识产权协同保护的要素构成分为“硬件”和“软件”2 个方面。

1. 硬件要素

（1）行政管理机构协同。从现阶段我国知识产权保护的途径看，行政保护和司法保护是主要途径，分别由我国相应的行政管理机关和司法机关实施。从这方面来看，京津冀知识产权协同保护主要应该是促进京津冀三地行政管理部门和司法部门的协同，只有这样，知识产权管理机构的协同才能从根本上实现京津冀知识产权保护的一体化，实现京津冀知识产权大保护格局。

（2）维权援助机构协同。维权援助机构为政府公益性公共服务机构，承担政府知识产权部门的工作职责，不仅为知识产权纠纷当事人提供援助服务，同时也为企事业单位和社会公众提供支持，接收、处理知识产权侵权、违法案件的举报投诉，提供知识产权相关咨询服务及推介服务，为符合条件的请求人提供知识产权维权援助，组织、参与专利纠纷案件的调解。从其功能来说，维权援助机构的协同是京津冀协同发展的重点。

（3）社会保护机构协同。现在，知识产权保护正在进入社会化大众保护阶段，单一的保护手段已经不能满足时代发展的需要，强调不同类型的行业社会调解及仲裁机构有序参与知识产权保护合作。从行政、司法和社会调解、仲裁等多途径构建保护知识产权的体制机制，增强区域协同处置各类知识产权纠纷的能力正是区域多元化知识产权保护的方向，因此，要强调社会保护机构的协同发展。

2. 软件要素

（1）法律制度协同。从协同保护的执法主体看，京津冀地区的知识产权协同保护应有明确的法律依据，法制协同是京津冀开展协同保护的基石，只有法制协同才能保证京津冀知识产权协同保护的客观性、持久性和科学性，只有通过国家法律制度的支撑与重大协同保护制度的设计，形成明确的制度框架，才能更好促进京津冀知识产权协同保护向纵深发展。

（2）战略与政策协同。战略与政策是顶层设计的指挥棒，只有顶层设计保持一致，顶层设计统一规划，才可能从宏观层面保持京津冀发展的协同。

（3）人才建设协同。无论成立专门的协同管理机构还是由其他部门代办具体事务，有关人员参与及组织机构的形成是整个协同管理工作开展的基础和平台，是知识产权协同保护的要素之一。

（4）发展理念协同。在协商基础上达成的组织间知识产权协同一致的发展理念，能保证知识产权协同保护在思想上、方向上、行动上具有统一性。

5.6.2 协同保护的建设原则分析

按照“统筹发展、开放共享、互帮互促、合作共赢”的发展宗旨，推动构建协同统一的知识产权保护制度环境和法规政策体系，促进三地创新要素自由合理流动，有效提升创新效率和创新收益，优化三地产业结构，助推“一基地三区”建设。京津冀知识产权协同保护要从提升知识产权创造能力和水平、推进京津冀知识产权协同运用、构建京津冀知识产权一体化保护体系、共享京津冀知识产权服务资源等方面努力，在建设过程中应着重遵守以下原则。

（1）服务京津冀国家纲要原则。就是要按照《京津冀协同发展规划纲要》确定的目标、方向、思路和重点，特别是围绕有序疏解北京非首都功能、优化提升首都核心功能，大力促进协同保护机制建设，统筹推进协同发展相关任务。按照中央对京津冀的不同定位，立足京津冀幅员辽阔、经济发展不平衡的现实基础，密切关注京津冀知识产权案件的特点和发展规律，合理配置司法资源，持续推进知识产权案件跨区域管辖与审理制度改革，用改革促进知识产权保护水平的共同提升，为京津冀地区创新、协同、绿色、开放、共享发展提供有力保障。

（2）坚持知识产权司法保护的主导作用原则。京津冀知识产权保护要立足知识产权行政和司法保护“双轨制”的制度现状。以三地知识产权战略领导小组为平台，努力实现三地知识产权行政执法和司法保护信息共享，强化司法审查和监督职能，切实去除地方保护主义，积极引导三地行政执法向司法标准看齐。既要严格保护知识产权权利人的利益，又要维护三地公平合理的竞争秩序，还要充分保障创新成果的合理利用和有效传播，形成行政执法和司法保护合力，共同推进京津冀协同发展、创新驱动发展。

（3）坚持注重京津冀知识产权案件管辖统筹协同原则。要注重顶层设计，按照最高人民法院出台的《最高人民法院关于为京津冀协同发展提供司法服务和保障的意见》，京津冀三地高级人民法院应在最高人民法院的指导下，对京津冀知识产权案件跨区域管辖与审理制度进行体系化、全局化布局，以审判资源的合理配置实现京津冀知识产权司法保护的平等互补、相辅相成、协同发展。

5.6.3　协同保护的整体建设思路

针对存在的共性需求，京津冀区域知识产权保护体制机制建设应坚持问题导向，坚持打通跨区域知识产权保护的关键环节、突破瓶颈，以促进京津冀知识产权行政、司法和执法资源的统一调配和优化配置为目标，从“硬件”和“软件”建设 2 个方面，重点围绕推进知识产权行政、司法与执法机构协同，推进维权援助机构协同，推进社会化保护机构协同，推进法制协同，推进顶层战略和政策协同，推进人才和理念协同等方面，提出京津冀知识产权协同保护的重点战略和重点工程，构建以法制协同为基础、战略与政策为指引、司法保护为核心、行政保护和行业保护为辅助、仲裁调解和司法援助为延伸、人才发展和理念宣传为保障的协同保护机制，为构建京津冀区域“严保护、大保护、快保护、同保护”格局奠定基础，为促进京津冀协同创新和经济高质量发展提供支撑。同时，加快形成可复制、可推广的改革经验，为我国推进跨区域知识产权保护体制机制改革提供参考和借鉴。京津冀知识产权协同保护整体思路架构如图 5-1 所示。

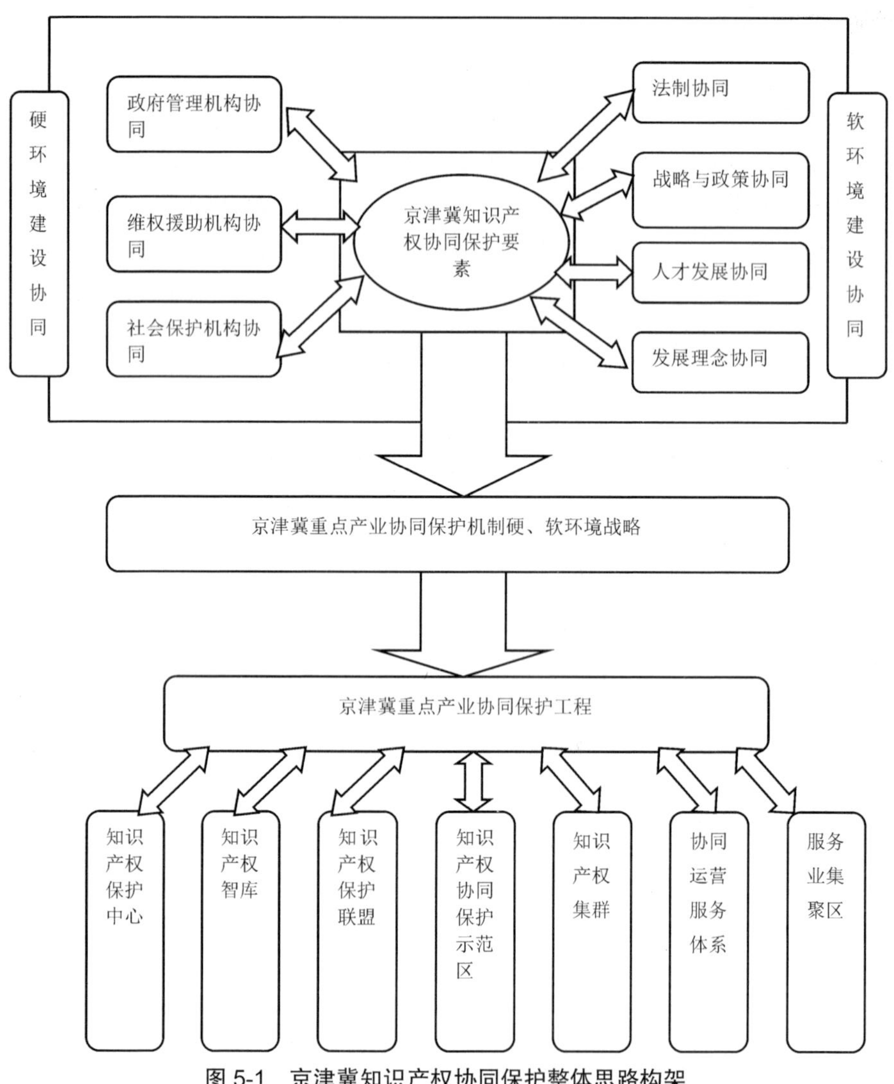

图 5-1 京津冀知识产权协同保护整体思路构架

5.7 京津冀知识产权协同保护机制“硬”环境建设重点战略

5.7.1 推进管理机构协同：构建知识产权行政与司法保护无缝衔接机制

京津冀知识产权协同保护必须在体制机制协同上深入改革，重塑现有行政与司法协同保护机制。通过建立京津冀区域统一的管理体系，推动行政、司法衔接制度建设，来破解固有沟通障碍与京津冀协同发展现状不平衡的问题。

1. 强化司法保护的主导作用，统一布局知识产权司法保护机构

司法保护在知识产权保护过程中发挥着主导作用，司法机关享有案件主管的优先权，人民法院的生效判决具有终局裁决的效力，即使行政机关拒不执行，当事人也可通过提起行政诉讼来维护其正当权益。在知识产权侵权案件的处理阶段，司法机关享有案件裁判的优先性效力。司法合作是知识产权协同保护的首要保障，也是协同保护机制的关键要素，这是司法本质属性和知识产权保护规律的内在要求。因此，如何在知识产权协同保护中发挥司法的核心作用，是协同保护机制构建的关键问题。

1）探索推进区域性知识产权法院和巡回审判法庭试点建设

（1）前期情况。京津冀区域内建立知识产权统一法治机构，前期已经进行了一些探索。2016 年 6 月，京津冀法院联席会议机制正式启动；探索建立跨区域知识产权案件集中在北京处理，积极推进知识产权民事、刑事、行政审判“三合一”试点工作。2016 年 12 月，最高人民法院积极推进成立京津冀技术类案件跨区域管辖工作领导小组，率先在京津冀推进知识产权法院案件审判体制改革。2016 年 11 月，国家知识产权局发出《关于开展知识产权快速协同保护工作的通知》，其中强调“推进完善行政与司法衔接机制”。国家知识产权局会同相关司法机关积极推进建立专利侵权案件行政调处前置制度、诉中委托调解制度和专利纠纷行政调解协议司法确认制度，并且加快推进建立知识产权巡回审判法庭的相关工作。

（2）建设设想。①建议整合北京知识产权法院、天津市第三中级人民法院暨天津知识产权法庭、河北省首家知识产权巡回法庭石家庄高新区人民法院等相关资源，在国家知识产权局的指导下建立属于京津冀的区域性知识产权法院，从法院结构、管辖、审判机制等方面深化法治改革，建立一审、上诉、法院登记处等专业的法院结构，明确“三审合一”的案件管辖权、审判权，实现法治机制的协同构建。②建议统一布局和建立区域知识产权巡回审判法庭。知识产权巡回审判法庭对京津冀区域乃至全国来说都是一个全新的尝试，从京津冀区域已有的法治改革经验来看，北京拥有天然的政策、经济和资源优势，并且有一些不错的成功案例。例如，北京海淀法院早在 2013 年就成立了全国首个知识产权派出法庭——中关村法庭，为推动我国知识产权司法保护提供了体制机制的创新性探索。因此，京津冀区域可尝试借鉴北京知识产权法院、海淀法院和中关村法庭的建设经验，在京津冀范围内统一布局一批知识产权巡回审判法庭，推进审判标准、审判模式、量刑判案等方面的统一。

2）探索推进京津冀区域互联网法院建设

随着数字经济的快速发展，知识产权的侵权行为已经从传统的线下全面蔓延至网络，网络侵权已经成为必须正视的严峻问题。尤其是京津冀区域的信息产业集聚带来众多网络环境下的知识产权司法问题，因此，除了构建传统的司法机制外，必须加快京津冀区域司法机制创新性改革。从 20 世纪 90 年代末，企业开始运用新技术改变复杂的全球供应链中的生产和采购方式，虚拟或信息层次具有规模报酬递增的经济网络特征，对这一层次的实践实行管辖控制是很困难的，因此必须强化对信息层次方面的管控。

建议学习杭州互联网法院诉讼平台建设模式，在京津冀区域探索设立互联网法院，通过线上流程的合理化建设、科学化引导，可有效疏解京津冀司法系统的办案压力，实现网络环境下京津冀知识产权司法保护的无差别化，进而探索新型的知识产权协同保护机制。在京津冀尝试设立区域性互联网法院不仅是京津冀发展的现实需求，更会对其他跨区域互联网法院的设立与司法机制创新改革有着重要的借鉴意义。

2. 加强执法协同保护机制建设，建立相对统一的行政执法体系

（1）前期基础。执法协作是对京津冀知识产权协同保护的实践检验，是京津冀区域构建协同保护机制的具体体现。在执法方面，京津冀三地已经有不少合作经验。2016 年 5 月，京津冀三地海关签署《京津冀海关加强知识产权保护执法协作的意见》，加强知识产权保护的执法协作。2016 年 10 月，京津冀三地的工商、市场监管部门签订了《京津冀商标保护区域合作备忘录》，实现著名商标“一地认定、区域共认、异地联保”机制并及时交换名录。2017 年 8 月，北京市知识产权局联合津、冀、沪、苏、鲁、粤、渝、川、鄂知识产权局开展 10 省市专利联合执法“雷霆”行动，在落实 10 省市执法协作协议的基础上，对知识产权的保护不断强化，改善了区域内营商环境。这些执法协作从根本上促进了京津冀区域知识产权的法治保护的一体化进程。但是，京津冀区域执法协作仍存在地区差别较大、行政壁垒严重、区域利益障碍多等诸多问题，这些问题背后隐藏着三地行政、利益以及经济、政治方面的不均衡发展，也迫切需要国家层面的推动来实现执法协同。

（2）相关经验。我国学者针对上述现象也做了相关建言。例如，周悦丽提出强化规划的法定性以约束并推进行政执法协同、成立国家层面的统一协同机构以提升执法协作效率、以协作框架协议为基础推动执法协同的实践发展等 3 个优化措施。也有一些学者认为，执法协作从根本上看，要重新塑造利益分配机制，划分行政职能，平衡三地长期以来的差异化发展现状，只有解决了以上两方面的问题，才能够推动立法的配套执行，实现法制的体系化改革。从实践层面来看，目前，在国际社会许多国家采取行政手段保护知识产权，并为此设立了相应机构。如美国是由专利商标局统一负责专利和商标的行政管理，国家版权办公室负责版权管理事务。韩国由知识产权局负责知识产权的行政管理。我国台湾地区则由智慧财产局负责相关的行政管理。这些保护知识产权的行政执法机构的共同点是将著作权、专利权、商标权等知识产权行政执法部门组合在一起，它们可以统一行动，提高工作效率。

建议：①在国家层面设立京津冀知识产权统一执法部门（或协同执法部门），统一负责区域执法（或协同区域执法工作），从顶层设计上转变知识产权多头管理现状，减少职责混淆、执法不到位或执法越位、执法错位等情况的发生；②将地方知识产权执法部门与知识产权管理部门分离，在三地分别设立京津冀知识产权执法委员会，具体由三地政府组织，联合地方知识产权局、工商局、版权局和市场监管局、海关、法院等部门组建，将其作为京津冀地区知识产权区域性常设执法机构，负责本区域日常知识产权执法工作；③建立京津冀执法信息资源共享机制。搭建京津冀知识产权信息查询系统、知识产权执法信息通报平台和知识产权人才信息储备系统，积极开展知识产权执法人员的交流、合作，通过平台协同，开展合作执法，开展信息互换、协作办案、联合宣传、会展维权、政策通报与咨询等，加强三地在立案协作、委托取证、联合执法、案件移送等方面的合作，逐步理顺知识产权执法体系，加强跨区域知识产权的宏观管理和统筹协同，加大对知识产权违法行为的联合打击力度。

5.7.2　推进维权援助机构协同：构建京津冀知识产权维权援助长效机制

1. 构建京津冀知识产权维权援助中心之间的合作交流机制

（1）打通京津冀知识产权举报投诉互转和维权援助互通渠道、搭公共服务平台。京津冀维权援助中心之间可以通过 12330 电话或网络直接联系，实行跨区域案件的远程移送。接受案件的中心应当坚持公平、开放的原则，积极配合案件的办理，对于难度较高的案件，维权中心应积极上报国家知识产权局，进一步由国家知识产权局协同其他中心办理，各个维权援助中心之间要加强交流与合作，形成长效、便捷的合作沟通机制。

（2）建立京津冀知识产权维权援助联席会议制度。构建三地维权援助机构信息沟通机制、合作会商机制，促进知识产权相关信息跨区域流畅传播，从根本上消除京津冀三地信息不对称所出现的“信息孤岛”问题，最大限度地保护权利人和当事人的合法利益。

（3）建立京津冀知识产权执法、维权援助与服务网络。支持京津冀重点产业维权援助中心与行业协会合作开展产业专利预警分析工作，通过专业化的预警分析结果配合本地知识产权管理部门解决专利纠纷案件，促进专利执法的开展。

2. 建立京津冀维权中心与不同主体之间的合作会商机制

（1）加强维权援助中心与行政执法主体的合作。维权援助中心要强化主动服务意识，主动加强与京津冀区域有关部门、行业和机构的合作，尤其要加强与新闻出版局、质量技术监督局、海关、农业、工商等部门的紧密合作。

（2）建立健全案件的移交处理机制。强化知识产权举报投诉职能，利用当地政府的知识产权协同机制，加强同有关部门的沟通协作，建立健全案件移交处理机制，进一步加大案件移交和督促办理的工作力度，对每一件举报投诉案件要实行全流程监督，案件处理情况和处理结果要及时反馈给举报人。

（3）建立健全司法救济和行政救济的对接机制。支持京津冀三地知识产权维权援助中心帮助司法机关设立知识产权维权援助联络员，搭建起知识产权局与法院、检察院之间相互协商、配合与信息沟通的协同工作机制，并对行政救济与司法救济的对接范围、对接原则、对接程序等内容进行明确规定，以便搭建行政执法与司法审判之间的桥梁，真正发挥知识产权维权援助中心的公共服务功能。

5.7.3　推进社会化保护机构协同：构建京津冀多元化知识产权保护体系

国家知识产权局在《关于开展知识产权快速协同保护工作的通知》（以下简称《通知》）中指出，“促进建立社会调解与仲裁机制”。国家在顶层设计中强调不同类型的行业社会调解及仲裁机构有序参与相关的知识产权保护合作，从行政、司法和社会调解、仲裁等多途径构建保护知识产权的体制机制，提高区域协同处置各类知识产权纠纷的能力。同时，《通知》还强调，要“依托一批重点产业知识产权保护中心，开展集快速审查、快速确权、快速维权于一体，审查确权、行政执法、维权援助、仲裁调解、司法衔接相联动的产业知识产权快速协同保护工作”。因此，建议京津冀三地政府加强协作，围绕北京、天津、河北大产业链发展特色，统一布局建设知识产权调解中心、仲裁中心、保护中心、律师事务所等社会化保护机构，构建京津冀多元化大保护体系。

5.8　京津冀知识产权协同保护机制“软”环境建设重点战略

5.8.1　强化法制基础协同：加快京津冀知识产权保护的立法统一

立法协同是京津冀区域知识产权协同保护的重要依据。从世界范围内来看，知识产权区域性合作保护的成功案例，也都是具备了完善而系统的法律体系。例如，欧盟的立法机构——欧洲议会和欧盟理事会，在 2017 年推出新版的版权改革法案，对公共平台及用户内容负责，设立版权审查制度，从源头上控制侵犯版权的现象，并对法律诉讼做出详尽的解释和规定。非洲地区工业产权组织（African Regional Industrial Property Organization，ARIPO）行政理事会讨论了《专利、实用新型和外观设计哈拉雷议定书》修正案，规定了专利、版权和设计的正常审查程序，完善了知识产权保护的法律依据。

京津冀协同发展不可避免地会影响多方利益，但这些影响必须通过行政立法权力的行使来化解。在这种化解中，知识产权必将在合作发展中发挥积极的作用，因此，知识产权合作保护要想获得最优的保护效果，就必须进行区域立法，在法制允许的框架内，统一京津冀区域的法律条文和政策依据，协同三地的法治措施，以取得有效、持续、系统的治理效果。

建议如下。①要构建知识产权保护法律网络。京津冀区域的差异化往往导致法制体系松散，立法话语权不均衡，在知识产权立法过程中，应当将京津冀考虑为一个整体，加强立法的整体性、系统化，在京津冀立法上实现整体共建，既要实现顶层设计的统筹安排，又要考虑三地的实际差异，三地政府基于平等互惠的立法协商，完善顶层法制体系设计，构建知识产权保护法律网络。②要注重京津冀协作区域知识产权保护法律的区域性立法特点。立法模式的选择直接关系着区域立法的效果，是对立法体制的重要探索与创新。目前，我国主要采取两种立法模式——国家设立专门区域协同立法机构、区域立法联席会，考虑到京津冀的特点，三地在很多方面进行了有益尝试，出台了一些相关建议和办法，建议应采用“中央统筹、三地协商”的模式予以立法，这样能更好地体现京津冀协作区域知识产权保护法律的区域性立法特点。

5.8.2 狠抓顶层设计协同：构建一体化知识产权保护战略与政策体系

国家和京津冀三地政府陆续出台多项决定、协议有效支持了战略与政策层面的联合创新，并且在协同管理体制上做出重要探索。2007 年，国家知识产权局为了有效保护环渤海地区的知识产权，推动京津冀三地达成合作保护机制，联合山东、辽宁两省签署了《环渤海地区知识产权保护合作协议》。十八届三中全会后，《中共中央关于全面深化改革若干重大问题的决定》发布，特地强调“加强知识产权运用和保护”，为推动京津冀区域乃至全国知识产权合作保护提供了政策支持。2014 年，国务院又出台《深入实施国家知识产权战略行动计划（2014—2020 年）》，要求“着力加强知识产权运用和保护”，建立由司法保护为主，行政保护和市场监管为辅的知识产权保护体系，提出了知识产权社会满意度的评价机制。2016 年，国务院出台的《2016 年深入实施国家知识产权战略加快建设知识产权强国推进计划》明确指出，探索建立区域协作知识产权保护机制，推动京津冀等地区建立跨地区、跨部门的协作机制，同时要求完善京津冀等地区海关区域执法合作。2017 年，京津冀人大协同立法工作会议将《京津冀人大立法项目协同办法》报送三地人大常委会审批。正是由于三地政府在立法政策、法治环境构建等法治理念上的创新性探索，京津冀才具备了政策和战略协同建设的基础条件。

建议如下。建立京津冀知识产权协同发展小组，实现京津冀知识产权战略规划和政策制定的协同。在国家京津冀协同发展领导小组下，由国家知识产权局会同京津冀相关部门成立京津冀知识产权发展小组，建立“一局三地”知识产权会商机制。建立京津冀知识产权轮值办公会议制度，加强三地城市、园区、协会、企业等各个层面之间的对接交流与合作。共同开展京津冀区域知识产权战略研究，共同编制京津冀知识产权发展规划、年度计划及项目表。建立区域知识产权政策共享和衔接平台，加强京津冀区域知识产权政策的协同与沟通。国家知识产权局等中央部委在资源布局、重点项目及扶持政策等方面给予重点倾斜。共同举办京津冀知识产权发展论坛，每年定期联合召开京津冀知识产权发展与保护状况新闻发布会等。

5.8.3 推动人才发展协同：加快知识产权人才合理流动与均衡匹配

人才是我国走向知识产权强国的软实力的体现，是京津冀区域知识产权协同保护的重要保障，关系着知识产权协同保护机长效发展机制的建设。

建议推进京津冀区域法治人员在案件审理过程中保持协同，建议充分利用北京知识产权法院的试点经验，包括中关村知识产权派出法庭的实际司法经验，来推动三地司法人员的协同。推进京津冀区域司法人员的联合培训，确保不同地区案件的司法尺度保持一致。同时，在培训中心的管辖、管理上，三地司法机关应当协同参与，在充分借鉴优秀司法经验的同时，要注重三地在司法现状上的差异性，对现有司法培训体制进行协同推进，降低三地司法人员水平参差不齐带来的法治不均衡现象。

目前，京津冀知识产权专门审判队伍水平建设存在很大差距，要想实现人才的协同发展就必须加快知识产权人才跨区域合理流动与均衡匹配。建议探索建立多形式、多渠道的京津冀知识产权人才联合培养机制，加强知识产权培训基地的共建共享，建立人才信息共享平台，统一知识产权人才职称制度，建立“一局三地”知识产权管理人员挂职制度，建立京津冀知识产权经理人俱乐部。加大知识产权金融协同，整合金融资源，共建京津冀知识产权质押处置平台，探索建立知识产权银行和互联网知识产权金融平台，成立知识产权投融资服务联盟。

5.8.4 强化发展理念协同：营造京津冀知识产权协同保护的环境氛围

机构与战略的协同只是完成基本框架的搭建，协同理念才是“灵魂”，京津冀三地政府只有树立协同保护的基本理念，建构区域一体化的保护体系，才能推动知识产权协同保护机制的长效运转。

1. 加强普法理念和立法、执法、司法的统一

普法理念的强化不是一项独立的工作，而是要有效融入法治体系的构建中，将普法贯穿到立法、执法、司法全过程，做到普法与立法、执法、司法的协同一致。一方面，普法宣传是对立法、执法、司法工作的外化体现，是现代法治的价值凝练，对于立法、执法、司法工作的有效开展具有巨大的促进作用。另一个方面，知识产权立法的现代化、一体化，不仅表现为法律理念、法律内容的制度安排，而且还表现为法律形式、法律外观的制度选择，即知识产权法典化，所以我们要加强法律理念的协同构建，为京津冀立法一体化提供软环境，为构建机制协同提供生存土壤。同时，在法治宣传中，三地应当积极利用“互联网 +”技术优势，整合传统媒体与微博、微信等新媒体平台，建立法治宣传媒体联盟，同时，组建京津冀普法宣讲团，走进知识产权行为主体，通过宣讲增强三地知识产权法治理念的协同化，发挥法治环境的影响力，形成全方位立体化的普法宣传网络体系。

2. 加强“大保护”环境规划与宣传

近几年，“大保护”格局的构建逐渐成为区域发展的主要方向，京津冀区域“大保护”格局的构建必不可少，“大保护”必须要首先建构“大保护”的合作框架。例如，欧盟为了构建统一的保护体系，推出《统一专利法院协议》用以在欧盟范围内统一司法保护机制，有效服务知识产权合作保护的大局。另外，为了审查编统一专利法院（Unified Patent Court，简称 UPC）的设立，《UPC 协议》还提出成立筹备委员会，其主要任务是统筹共建 UPC 的法定框架，包括程序性规则、法院财政、IT 和 HR 基础设施的法定程序。因此，京津冀知识产权保护理念的协同必须要通过法治体系来实现。保护理念的协同还需要国家层面的总体规划、三地政府的逐步推进，进而推动我国知识产权司法理念的现代化革新。

5.9 加快京津冀知识产权协同保护的重点推进工程

5.9.1 推进知识产权保护中心建设工程

国家知识产权局于 2016 年发布的《关于开展知识产权快速协同保护工作的通知》中提到，“在有条件地方的优势产业集聚区，依托一批知识产权保护中心，开展集快速审查、快速确权、快速维权于一体，审查确权、行政执法、维权援助、仲裁调解、司法衔接相联动的知识产权快速协同保护工作，并授予‘中国（××①·××②）知识产权保护中心’（①为具体‘地区’，②为具体‘产业’）称号”。因此，根据京津冀三地产业发展互补的特点，建议在京津冀区域内统一布局一批知识产权保护中心，切实完善知识产权保护体系，促进京津冀产业结构调整和转型升级。

5.9.2 实施知识产权智库建设工程

京津冀知识产权协同保护体系的有效构建，离不开我国科研群体的重要推动，他们对我国协同保护问题的智力支持是实现一体化保护的重要保障。因此，建议成立京津冀区域知识产权智库，具体可由国家知识产权局牵头，三地知识产权局配合，推进建立京津冀知识产权保护机制建设专家库，发挥智库作用，对京津冀知识产权管理机构建设、行政机构联动、审判机制改革、知识产权服务平台建设等开展专题研究，提出可行性建议，同时，对京津冀区域企业开展知识产权联合维权咨询、联合培训等服务。

5.9.3　推进京津冀知识产权保护联盟建设工程

由国家知识产权局牵头共建一批京津冀知识产权保护联盟，推动联盟依托京津冀丰富的专家资源，定期面向京津冀三地企业开展知识产权风险防范培训，培训内容主要围绕与我国商务往来密切的国家和地区的商业、政策、法律环境等方面可能存在的知识产权风险，培训方式主要包括论坛、讲座、沙龙等，并结合实际编制印发风险防范实务指南。同时，建议联盟对有较大行业影响力、在“走出去”过程中遇到困难的成员企业进行“一对一”的专业帮扶，组织相关领域的专家和知识产权专业人员与企业对接，为企业提供专家指导和具体解决方案，支撑京津冀企业的国际化发展。

5.9.4　实施知识产权协同保护示范区培育工程

共同建设一批知识产权协同发展园区。实现区域知识产权资源、政策和利益共享，重点推动天津自主创新示范区和自由贸易试验区知识产权体制机制创新，推动知识产权管理体制、运行机制、激励政策等方面开展先行先试，打造京津冀知识产权领航区。

共同建设一批知识产权特色产业园区。北京以中关村为核心、以各类产业集聚区为载体、以汇集各类高端知识产权资源为目标建设知识产权原创驱动型园区；天津以滨海高新区为核心、以市级高新区为载体、以促进知识产权转化运用为目标建设知识产权研发转化园区；河北以石家庄高新区、白洋淀科技园等为核心、以各类产业承接集聚区为载体、以专利技术产业化和产业升级为目标建设知识产权产业化园区。

5.9.5　实施优势知识产权集群培育工程

提高产业价值链，加快产业转型升级。建设京津冀支柱产业专利导航产业公共信息服务平台，建成国内领先的国家专利导航产业发展实验区。实施京津冀主导产业专利转移对接行动，加速与首都高校院所合作共建研发机构。设立知识产权密集型产业培育专项资金，围绕京津冀产业集聚区推行知识产权集群管理，建设一批知识产权密集型产业。发布京津冀战略性新兴知识产权动态信息，引导知识产权布局，构筑知识产权比较优势。

5.9.6 开展京津冀协同运营服务体系建设工程

组建京津冀知识产权交易联盟，形成跨区域、标准化、梯度化的知识产权交易服务体系。共同建立华北知识产权运营中心，打造一站式服务平台。加强京津冀企业与高校和科研院所的对接，探索以合作开展共性关键技术研发为手段、以知识产权利益分享为纽带、以研发机构为平台、以创新成果有效转化为目的的跨区域产学研合作机制。加快京津冀交易平台互联互通，举办区域专利技术交易会、优秀专利技术巡展等活动。

5.9.7 实施知识产权服务业集聚区培育工程

目前，苏州高新区——全国首个国家知识产权服务集聚区先行先试，已经取得了良好的效果。建议京津冀学习苏州经验，围绕特色园区或某个产业建设知识产权服务业集聚发展试验区。依托服务业集聚试验区，可重点加快京津冀知识产权服务业联盟建设，优化和创新知识产权金融产品，建立跨区域知识产权投融资服务联盟，建立跨区域知识产权保护体系，加大企业知识产权保护力度，共同开展知识产权预警分析，推动建立重大经济活动知识产权评议机制，联合推动企业进行知识产权海外预警，支持企业走出去，建立跨区域知识产权人才培养体系和一体化流动市场，加强知识产权人才队伍建设等。

说明：本章源于笔者2018年承担的天津市知识产权局研究课题“京津冀重点产业知识产权保护协调机制建设研究”（编号HT201821）的相关内容。京津冀知识产权协同保护是天津市知识产权工作的重点内容，也是京津冀协同发展的重要任务。2018年1月，国家知识产权局、国家发展改革委、科学技术部、公安部等四部委联合印发《关于在全面创新改革试验区域深入推进知识产权保护体制机制改革的通知》，要求在京津冀全面创新改革试验区探索知识产权保护新机制，天津市知识产权局要求强化京津冀知识产权保护工作，借此之机，笔者展开了本章研究工作，部分建议被市知识产权局采纳，希望本章的研究能够为京津冀区域构建“严保护、大保护、快保护、同保护”的一体化格局提供参考与借鉴。

第6章 天津打造知识产权保护高地的战略思考

6.1 引言

加强知识产权保护是保障我市经济制度有效运行、维护公平有序创新环境的基本需要，是依法切实维护好广大创新主体、市场主体与消费者的合法权益的重要手段。2017年7月17日，习近平总书记在中央财经领导小组第十六次会议上指出："产权保护特别是知识产权保护是塑造良好营商环境的重要方面。要完善知识产权保护相关法律法规，提高知识产权审查质量和审查效率。要加快新兴领域和业态知识产权保护制度建设。要加大知识产权侵权违法行为惩治力度，让侵权者付出沉重代价。要调动拥有知识产权的自然人和法人的积极性和主动性，提升产权意识，自觉运用法律武器依法维权。"2017年11月20日，习近平总书记主持召开十九届中央全面深化改革领导小组第一次会议，强调要树立保护知识产权就是保护创新的理念，优化科技创新法治环境。2018年11月5日，在首届中国国际进口博览会开幕式上，习近平主席提出："中国将保护外资企业合法权益，坚决依法惩处侵犯外商合法权益特别是侵犯知识产权行为，提高知识产权审查质量和审查效率，引入惩罚性赔偿制度，显著提高违法成本。"李克强总理于2017年11月22日主持召开国务院常务会议，指出要着力解决知识产权侵权成本低、维权成本高的问题。2016年，天津出台《关于加快推进知识产权强市建设的实施意见》，提出"创新知识产权保护机制"，"严厉打击侵犯知识产权犯罪"；2018年，天津市知识产权局印发的《天津市严格知识产权保护实施方案（2018—2020年）》提出，将天津打造成为全国知识产权严格保护最优城市和与国际接轨的知识产权保护高地。

6.2 天津知识产权保护现状

天津市委、市政府将实施最严格的知识产权保护、打造全国最优知识产权保护高地作为提升营商环境和发展质量的重要举措。全市知识产权系统全面贯彻党的十九大会议精神和习近平新时代中国特色社会主义思想，紧紧围绕建设“五个现代化天津”奋斗目标，着力构建“严保护、大保护、快保护、同保护”格局，推动知识产权保护工作取得跨越式发展，为深入实施创新驱动发展战略提供了有力支撑。目前，我市知识产权保护现状整体如下。

1. 知识产权行政保护力度逐年加大

2017 年，我市知识产权执法人员数达到 108 人，持续开展对重点产业、网络电商、食品药品等的专利行政执法行动。2017 年，我市共开展专利行政执法行动 40 余次，出动执法人员 650 余人次，检查商品 35.1 万件，立案查处各类专利行政案件 651 件。从各类专利行政案件立案数量来看，2015—2017 年表现出明显递增态势，年均增长率达到 25.17%（表 6-1）。

2015—2017 年，我市组织实施了一系列商标专用权专项整治、商标侵权“溯源”行动、保护外商注册商标等若干专项整治行动。2017 年，我市共查处“双打”违法案件 466 件，罚款 621.2 万元，相比 2015 年，我市违法案件和罚款额度年均率增长分别为 58.37%、25.83%（表 6-1）。

从公安机关破获侵权假冒类案件数量来看，2017 年共破获侵权假冒类案件 240 起，抓获各类侵权假冒犯罪嫌疑人 319 人，涉案金额 12 119.09 万元，同比增长 118.18%、54.85%、45.78%（表 6-1）。2017 年侦破的夏某等销售假冒品牌钢管案等大要案件，获得了市领导的充分肯定。

表 6-1 2015—2017 年天津市知识产权行政保护情况表

行政保护指标 \ 年份	2015 年	2016 年	2017 年	年均增长率（%）
立案各类专利行政案件（件）	433	578	651	25.17
全年出动专利执法人员（人次）	500	500	650	15.00
市市场监管委“双打”违法案件（件）	215	644	466	58.37
市市场监管委“双打”罚款金额（万元）	409.6	1 305.9	621.2	25.83
破获侵权假冒类案件（起）	—	110	240	—
抓获各类侵权假冒犯罪嫌疑人（人）	—	206	319	—

续表

行政保护指标＼年份	2015 年	2016 年	2017 年	年均增长率（%）
侵权假冒类案件涉案总金额（百万元）	170	83	121	-14.41
版权侵权案件（件）	11	4	4	-31.82
查处商标侵权案件数量（个）	215	491	466	10.23
联合执法次数（次）	4	6	6	50.00

2. 知识产权司法案件受理和审结量逐年递增

2017 年，我市共有天津市高级人民法院，第一、第二、第三中级人民法院，滨海新区法院 5 家法院设立了知识产权审判庭，知识产权法官人数达到 45 人，近三年年均增幅 10%。

在司法保护知识产权过程中，我市法院以民事审判为基础，刑事审判和行政审判为两翼，制裁和打击各类知识产权侵权行为。2017 年，我市法院共新收各类知识产权案件 2 716 件，审结 2 621 件，比 2016 年分别提升 13.8% 和 10.3%。其中，新收和审结知识产权民事案件 2 579 和 2 486 件，同比上升 10.1% 和 6.3%，新收技术类民事案件 250 件，同比上升 171.7%。新收著作权民事案件 1 977 件，同比上升 12.3%，占新收知识产权民事案件总量的 76.7%。新收和审结知识产权刑事案件均为 134 件，同比上升 55.8% 和 67.5%。新收知识产权行政案件 3 件，比 2016 年多 2 件，审结 1 件。我市知识产权司法保护实力有所提升。2015—2017 年，我市知识产权司法保护主要指标情况详见表 6-2。

表 6-2　2015—2017 年天津市知识产权司法保护主要指标表

司法保护指标＼年份	2015 年	2016 年	2017 年	年均增长率（%）
法院新收知识产权案件（件）	1 908	2 388	2 716	21.17
——其中民事案件（件）	1 887	2 342	2 579	18.34
法院审结知识产权案件（件）	1 927	2 376	2 621	18.01
——其中民事案件（件）	1 899	2 339	2 486	15.46
法院知识产权案件审结率（%）	101.00	99.50	96.50	-2.22
批准逮捕侵犯知识产权和制售假冒伪劣商品类犯罪案件（件）	38	41	74	47.37
批准逮捕侵犯知识产权和制售假冒伪劣商品类犯罪人（人）	60	70	107	39.17

续表

司法保护指标 \ 年份	2015 年	2016 年	2017 年	年均增长率（%）
提起公诉侵犯知识产权和制售假冒伪劣商品类犯罪案件（件）	43	50	99	65.12
提起公诉侵犯知识产权和制售假冒伪劣商品类犯罪人（人）	79	98	180	63.92

3. 企业知识产权保护实力不断增强

2017 年，我市推动 3 585 家企业实现专利申请零突破，全市有专利的企业数达 12 204 家，分别比 2016 年提升 9.9% 和 30.6%。企业专利申请比例、企业有效专利比重、拥有专利的企业数量、知识产权示范企业数量、入选国家知识产权优势企业试点数量都呈现出逐年增加趋势。2017 年，我市累计推进 145 家企业围绕主营产品和关键技术开展专利布局，培育专利密集产品（技术）207 项，布局专利 5 586 件，共培育出 414 家专利密集企业和 532 项专利密集产品。部分企业运用知识产权制度构建了专利网和注册了防御商标，企业知识产权自身保护能力不断提升。海鸥表业在巴塞尔钟表博览会知识产权纠纷中胜诉，成为首个打赢国际知识产权诉讼的中国钟表企业。

4. 全市知识产权保护氛围逐渐浓厚

近年来，我市大力弘扬知识产权文化，加强知识产权宣传与培训工作，着力营造社会知识产权保护氛围。2017 年，我市有专利代理服务机构 35 家，近三年，年均增长 11.92%；具有职业资格的专利代理服务机构从业人员达 391 人，近三年，年均增长 15.37%；近三年知识产权人才培训 1 万人次，整体呈现增长趋势；知识产权宣传工作开展 1 200 次，年均增长 20%。同时，深入开展知识产权维权援助服务，2017 年，成立 12330 知识产权维权援助分中心，共设工作站 8 个，全年受理知识产权举报、投诉、咨询案件 4 260 件，在全国 76 个知识产权维权援助和举报投诉中心工作绩效考核排名中位居全国第三。

6.3 天津知识产权保护面临的主要问题

1. 企业知识产权保护意识不强

2017 年，我市拥有专利的企业数量达到 12 204 家，但仅占我市企业主体（42 万户）的 2.91%，占我市科技型中小企业数量（96 939 家）的 12.59%。对我市 49 家上市公司进行的调查显示，近 50% 的企业无专利申请和专利授权，近 40% 的企业无有效专利，拥有有效专利过百件的上市企业仅有 7 家，拥有有效发明专利过百件的上市公司仅有 3 家，上市公司的专利实力亟待提高。另外，企业知识产权管理能力仍然薄弱，从对我市重点企业的调研中发现，单独设立了知识产权管理机构的企业占比不足 50%，30% 的企业知识产权管理由其他部门兼管，20% 的企业没有制定知识产权相关管理办法，多数企业在创造、生产、经营和管理过程中，还不具备运用专利制度的能力和水平，企业不重视对专利信息的利用，造成低水平重复研究或容易陷入专利的“雷区”。

2. 知识产权行政和司法保护力度不足

我市知识产权行政与司法保护力度虽有较大幅度的提升，但与国内先进地区相比，差距较大。如，2016 年我市知识产权行政保护指数在全国排名第 13 位，2017 年排名第 15 位。在知识产权司法保护方面，2016 年，我市司法保护指数在全国排名第 20 位，2017 年排名第 18 位，如图 6-1 所示。

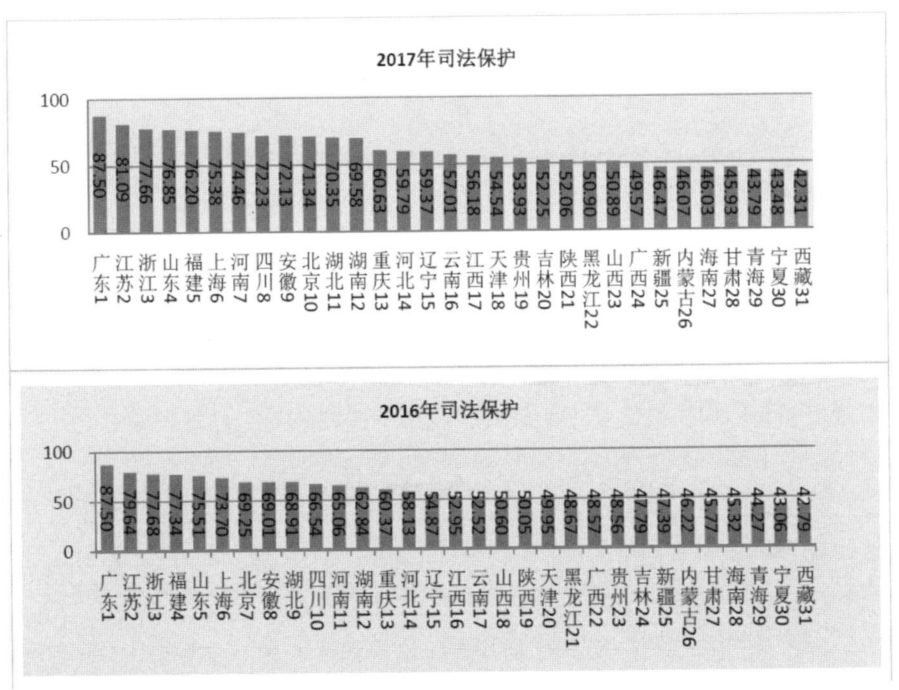

图 6-1　2016 年、2017 年我国不同地区知识产权司法保护指数排序

（数据来源：《2016 年中国知识产权发展状况评价报告》《2017 年中国知识产权发展状况评价报告》）

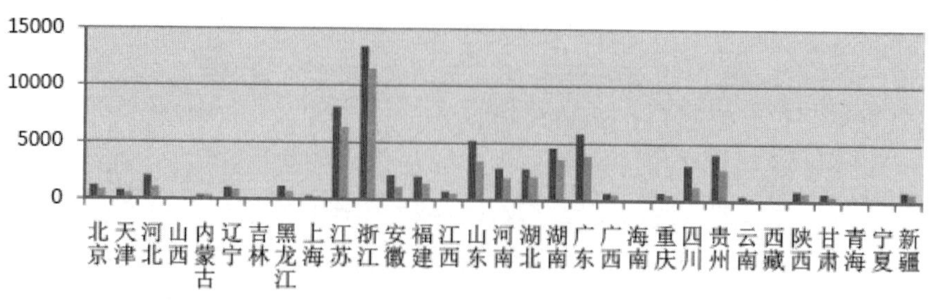

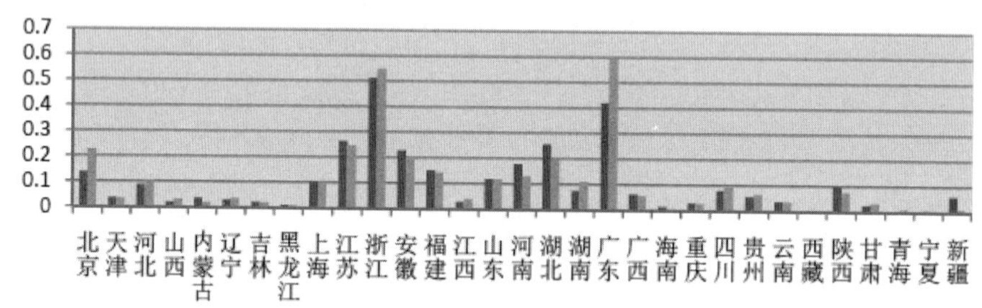

图 6-2 2016 年、2017 年专利、商标行政执法案件量

（数据来源:《2016 年中国知识产权发展状况评价报告》《2017 年中国知识产权发展状况评价报告》）

从行政执法案件来看，2015 年、2016 年，我市专利侵权和其他纠纷结案量指标居北京、上海和重庆之后，且差距较大。2016 年相比 2015 年，北京、上海和重庆专利侵权和其他纠纷结案量增幅较大，我市呈递减趋势，详见表 6-3。

表 6-3 2015 年、2016 年全国直辖市专利行政执法部分指标

类别 \ 地区 \ 年份	2015 年				2016 年			
	北京	上海	天津	重庆	北京	上海	天津	重庆
专利侵权纠纷和其他纠纷结案量（件）	107	136	98	146	229	200	90	330
查处假冒专利案件结案量（件）	551	42	333	210	598	57	459	237
合计（件）	658	178	431	356	827	257	549	567

从行政执法条件来看，我市因缺乏对专利侵权判赔权和主动查处权的设定，存

在无法及时、有效遏制侵权活动，无法有效制止群体侵权、反复侵权和链条式侵权行为的情况。同时，还存在知识产权执法专项经费不足、执法人员不足、执法着装不统一、执法车辆和执法设备落后等问题。

从司法案件来看，2016 年，天津知识产权各类案件受理量仅为北京的 8.3%、上海的 21.3%、重庆的 51.2%；天津知识产权各类案件结案量仅为北京的 8.8%、上海的 20.9%、重庆的 56.1%。2017 年天津知识产权各类案件受理量为北京的 6.6%、上海的 17.2%、重庆的 43.5%；天津知识产权各类案件结案量仅为北京的 7.0%、上海的 16.7%、重庆的 45.0%，详见表 6-4。

表 6-4　2016、2017 年全国直辖市知识产权各类案件受理量、结案量

类别 \ 地区 \ 年份	2016 年				2017 年			
	北京	上海	天津	重庆	北京	上海	天津	重庆
知识产权各类案件受理量（件）	28 875	11 231	2 388	4 666	41 320	15 809	2 716	6 248
知识产权各类案件结案量（件）	27 006	11 349	2 376	4 236	37 522	15 715	2 621	5 818
结案率（%）	93.5	101.1	99.5	90.8	90.8	99.4	96.5	93.1

从司法保护力量来看，尽管不断提升知识产权审判队伍的综合素质，但是与知识产权保护需求和权利人的要求相比，我市还存在审判效率不高、审判资源分散、审判效果不优等问题。

3. 海外知识产权布局不够、保护不足

尽管如天津九安医疗电子股份有限公司、天津中新药业集团股份有限公司等企业在海外新产品研发、市场推广方面投入较多，但能够从战略层面重视国际化发展的企业不多，专利投入更是少之又少，企业面向海外的 PCT 专利数量相比同类省市偏低，2016 年我市申请国际 PCT 专利仅有 153 件，申请量仅占上海（1 560 件）的 9.8%，北京（6 651 件）的 2.3%，广东（23 574 件）的不到 1%，位居全国第 14 位，境外商标注册量也仅有 224 件。本市企业国际化发展意识和能力不足，“走出去”存在较大风险。

4. 知识产权维权成本高、赔偿低

从维权成本看，企业维权要付出较多的人力、物力和财力，包括人员和诉讼成本等，对于很多中小企业都是沉重的负担。

从维权赔偿看，往往由于原告无法就“因被侵权所受到的实际损失”或“侵权人因侵权所获得的利益”进行举证，故只能按照《中华人民共和国专利法》第六十五条的规定，适用法定赔偿标准确定赔偿数额，我市知识产权侵权赔偿平均不足 5

万元，对判决的赔偿额的统计分析显示，其中 1 万以下的占 81%，1 万 ~5 万的占 11%，5 万 ~10 万的占 4%，10 万以上的占 4%。相比北京，2016 年，北京知识产权法院专利侵权案件平均赔偿数额为 141 万元，商标侵权案件平均赔偿数额为 165 万元，著作权侵权案件平均赔偿数额为 45.8 万元；相比上海，浦东新区知识产权案件标的额在 100 万元以上的案件有 67 件，其中，超过 1 000 万元的有 13 件，标的额最高的达 9 000 万元。

5. 网络知识产权案件增多、监管不足

“十三五”以来，我市电商平台侵权案件呈爆发式增长，互联网假冒侵权问题比较突出，以网络著作权纠纷案件为例，天津二中院受理该类案件量年增 20%，但是这类案件侵权证据难以固定、容易转移，行政机关取证难，在新形势下，如何有效打击网络知识产权侵权案件，对行政和司法机关来说是亟待破解的难题。

6. 知识产权大案要案震慑作用不明显

2017 年，我市破获了假冒钢管公司商标侵权案件等大案要案。相关案件也在天津主要媒体上进行了报道，但是从发挥的作用来看，其引起的震慑效果、震慑作用还不够明显，从处罚的力度来看，力度也不够大，手段也不够多，没有充分发挥出知识产权大案、要案的警示教育作用。

7. 知识产权大宣传效果不显著

虽然我市每年公布天津市知识产权保护经典案例、开展“4・26”知识产权宣传活动、发布《天津市知识产权保护状况白皮书》《天津法院知识产权司法保护状况》等，但是缺少国家层面、京津冀层面的联合宣传，大宣传、大保护、大联合的环境氛围仍旧不够浓厚，天津强化知识产权保护的声音仍旧没有突破地域限制，仍旧没有引起国家层面的高度重视，天津知识产权保护在全国范围内的知晓度和影响力还远远不够。

6.4 天津知识产权保护高地评价指标的选取

6.4.1 国外、国内知识产权保护评价体系设置情况

1. 国外评价知识产权保护强度的主要指标

知识产权保护强度指标诞生于 20 世纪 90 年代，国外最具影响力的是 Ginarte、Park 提出的判定方法，该方法将知识产权保护强度指标划分为 5 个一级指标，每个一级指标下又设若干二级指标。一级指标分值为 0~1，二级指标的分值采取简单算

术平均数，即用可得分二级指标的数量与指标总个数相除，最后将所有一级指标的得分相加即可算出一国知识产权保护强度的得分。

Seyoum 对知识产权保护的评价使用美国商会的最低标准，他利用专家调查的方法将知识产权保护因子按 0~3 的等级进行划分，在他的分析中设定了专利、版权、商业秘密和商标 4 个变量。

Sherwood 结合个人经验和专家调查提出了第三种知识产权保护的评价方法，他以意大利、法国等 18 个国家为例，把 18 个国家的知识产权保护得分范围划为 0~103，主要评价因子包括执法力度指标、行政管理指标、实体法指标（包括专利、版权、商标、商业秘密、植物新品种）、国际条约指标和公共义务指标，其评价的条件来自美国商会的指南，但相关权重和每个国家的得分，是参考专家调查后依据个人经验判断得出的。

综上，国际知识产权保护强度指标主要考虑知识产权保护范围、知识产权保护条款数量、执法力度、行政管理、区域知识产权拥有数量 5 个方面的指标。

2. 我国国家知识产权局关于知识产权保护强度的指标

国家知识产权局知识产权研究发展中心在对全国不同地区知识产权保护强度指数进行测算时，设计了 3 个一级指标，16 个二级指标，详见表 6-5。

表 6-5　国家知识产权局对知识产权保护强度指标的设定

一级指标	二级指标（单位）
司法保护	法院新收知识产权一审案件量
	法院审结知识产权一审案件量
	法院知识产权案件平均结案率
	法院知识产权案件平均赔偿额
	检察机关批准逮捕涉及侵犯知识产权犯罪案件数
	检察机关批准逮捕涉及侵犯知识产权犯罪人数
	提起公诉的涉及侵犯知识产权犯罪案件数
	提起公诉的涉及侵犯知识产权犯罪人数
行政保护	专利行政保护指数
	商标行政保护指数
	版权行政保护指数
	知识产权海关行政保护指数

续表

一级指标	二级指标（单位）
保护效果	研发投入强度
	当年申请专利的规模以上工业企业比例
	注册商标续展率
	专有权利使用费和特许费

在计算知识产权保护强度得分时，3 个一级指标按照相等权重平均分配，各二级指标权重在一级指标权重额度下平均分配，以此计算知识产权保护强度得分。根据国家知识产权保护强度指数结果显示，天津市 2015 年、2016 年、2017 年保护指数得分分别为 65.31、59.94、62.13，在全国分别排第 10、13、14 位（图 6-3），整体位于第三梯队。

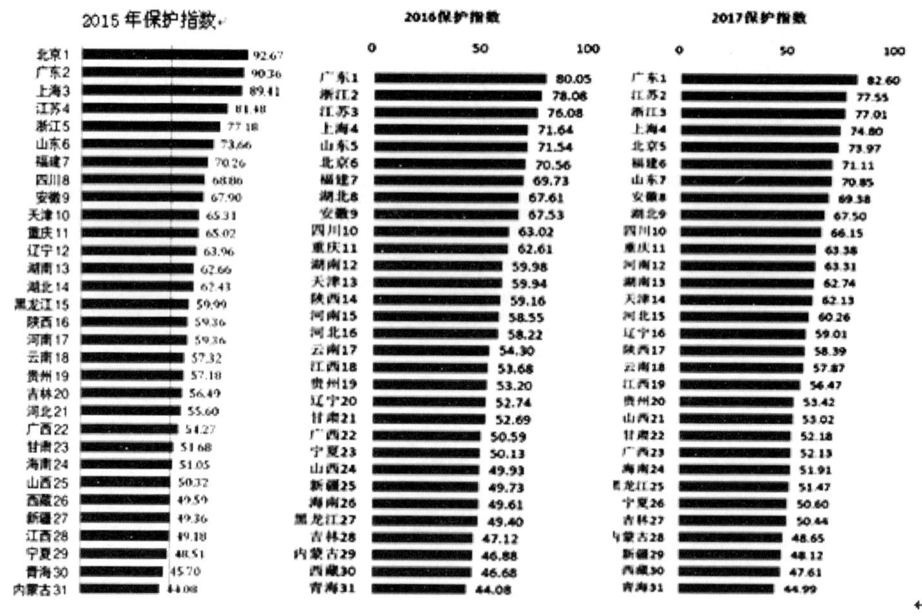

图 6-3　全国各地区知识产权保护发展指数比较

在行政执法方面，与北京、上海等直辖市相比，天津市 2015 年、2016 年专利侵权和其他纠纷结案量排名靠后，结案量少于其他三市，同时在其他三市 2016 年数据相比 2015 年数据有所增长情况下，我市 2016 年相比 2015 年数据有所降低。

在查处假冒专利案件结案量指标方面，我市排名较靠前，结案量明显高于上海、重庆，2016 年相比 2015 年增幅也较大，详见表 6-3。

在司法保护层面，我市 2016 年、2017 年知识产权各类案件受理量、结案量与其他直辖市相比均有较大差距，两项指标远远低于北京、上海，甚至不到北京的 1/10，与重庆相比也有较大差距，详见表 6-4。

3.《中国知识产权指数报告》关于知识产权保护强度的指标

由我国第三方中介机构主编的、目前在全国具有较强影响力的《中国知识产权指数报告》① 对知识产权保护指数进行测算时，共设置了 4 个一级指标，9 个二级指标，详见表 6-6，并对各省市保护指标进行了排名。按照《中国知识产权指数报告》的设定对我国知识产权保护指数相关指标进行测算，2017 年，我市知识产权保护指数在全国排名第 14 位，其中，专利行政执法指数在全国排名第 19 位，商标行政执法指数在全国排名第 21 位，行政执法服务能力指数在全国排名第 9 位，司法保护能力指数在全国排名第 19 位。

表 6-6 《中国知识产权指数报告》对知识产权保护指标的设定

一级指标	二级指标（单位）	2017 年天津排名
司法保护能力指数	知识产权一审结案量	20 名之后
专利行政执法指数	专利侵权和其他纠纷结案量	20 名之后
	查处专利假冒案件结案量	20 名之后
商标行政执法指数	查处商标违法案件总数	第 12 名
	查处商标违法案件案值	20 名之后
行政执法服务能力指数	执法人员素质	20 名之后
	执法人员数量	第 5 名
	执法经费支持	第 8 名
	接听咨询投诉电话量	20 名之后

6.4.2　天津市知识产权保护高地评价指标的选取与计算

1. 指标体系主要功能与设计原则

（1）功能定位。天津市知识产权保护高地评价指标体系的主要功能体现在 4 个

① 王正志主编，该书在国内知识产权界具有较强影响力。

方面：一是客观评价天津市知识产权保护的真实水平，为评价知识产权保护做出科学依据；二是为天津市打造知识产权保护高地提供数据支撑，力争为领导决策提供重要参考；三是通过对指标体系的分析找出天津市知识产权保护的薄弱环节，有针对性地提高知识产权保护水平；四是为提高天津知识产权保护水平提供相关对策与建议。

（2）设计原则。在编制指标体系的过程中主要遵循科学性原则、目标性原则、客观性原则、可行性原则、可比性原则。科学性原则：指标体系能够较准确地反映天津知识产权保护工作绩效。目标性原则：指标体系主要用于对天津知识产权保护工作绩效进行评价。客观性原则：选取的指标都能够依据统计数据得出客观的指标值。可行性原则：指标的数据来源具有可获得性。可比性原则：评价指标体系应具有横向和纵向的可比性。

2. 主要指标的选取与依据

天津市在构建知识产权保护强度指标体系时，借鉴国家知识产权局研究的知识产权保护强度指标体系和《中国知识产权指数报告》关于知识产权保护强度的指标，结合天津实际情况，形成了由 4 个一级指标、33 个二级指标组成的天津市知识产权保护强度指标体系原始表（表 6-7）。在此基础上，经过研讨，考虑天津实际情况和指标设置原则，形成了天津市知识产权保护强度指标体系，由 3 个一级指标、18 个二级指标组成，详见表 6-8。

表 6-7　天津市知识产权保护强度指标体系原始表

一级指标	二级指标		负责单位	指标来源	选择
司法保护	法院新收知识产权一审案件量		天津市高级人民法院	国家知识产权局、《天津市知识产权保护白皮书》	√
	法院审结知识产权一审案件量		天津市高级人民法院	《中国知识产权指数报告》、国家知识产权局、《天津市知识产权保护白皮书》	√
	法院知识产权案件平均结案率		天津市高级人民法院	国家知识产权局	×
	法院知识产权案件平均赔偿额		天津市高级人民法院	国家知识产权局	√
	检察机关批准逮捕涉及侵犯知识产权犯罪案件数		天津市检察院	国家知识产权局、白皮书	√
	检察机关批准逮捕涉及侵犯知识产权犯罪人数		天津市检察院	国家知识产权局、白皮书	√
	提起公诉的涉及侵犯知识产权犯罪案件数		天津市检察院	国家知识产权局、白皮书	√
	提起公诉的涉及侵犯知识产权犯罪人数		天津市检察院	国家知识产权局	×
行政保护	专利行政保护指数	立案查处专利行政案件	天津市知识产权局	《天津市知识产权保护白皮书》	×
		当年全市专利侵权纠纷结案数量	天津市知识产权局	国家知识产权局、《中国知识产权指数报告》	√
		其他知识产权纠纷结案数量	天津市知识产权局	国家知识产权局、《中国知识产权指数报告》	√
		查处假冒专利案件量	天津市知识产权局	国家知识产权局	×
	商标行政保护指数	当年查处商标一般违法与侵权假冒案件量	天津市市场监督管理委员会	国家知识产权局、《中国知识产权指数报告》、《天津市知识产权保护白皮书》	√
		查处商标违法案件罚款金额	天津市市场监督管理委员会	国家知识产权局、《中国知识产权指数报告》、《天津市知识产权保护白皮书》	√

续表

一级指标	二级指标		负责单位	指标来源	选择
行政保护	版权行政保护指数	查处侵权盗版案件数量	市版权局	《天津市知识产权保护白皮书》	√
		当年版权行政处罚数量和版权案件移送数量	市版权局	国家知识产权局	×
		销毁侵权盗版及非法出版物数量	天津市文化市场行政执法总队	《天津市知识产权保护白皮书》	×
		收缴盗版品数量	天津市文化市场行政执法总队	国家知识产权局	√
	知识产权海关行政保护指数	海关进行知识产权备案的案件数量	天津海关	国家知识产权局	×
		查获涉外侵权案件	天津海关	《天津市知识产权保护白皮书》	√
		查获涉外侵权案值	天津海关	《天津市知识产权保护白皮书》	√
	行政执法服务能力指数	执法人员素质	天津市知识产权局	《中国知识产权指数报告》	×
		执法人员数量	天津市知识产权局	《中国知识产权指数报告》	√
		执法经费支持	天津市知识产权局	《中国知识产权指数报告》	×
		接听咨询投诉电话量	天津市知识产权局	《中国知识产权指数报告》	√
社会保护	商标代理机构数量		中国商标网	中国商标网	×
	专利代理机构数量		市知识产权局	天津市知识产权局	√
	专利代理机构人员数量		市知识产权局	天津市知识产权局	√
	每万人律师人数		《天津年鉴》	《天津年鉴》	×
保护效果	研发投入强度		天津市科委	国家知识产权局	×
	当年申请专利的规模以上工业企业比例		天津工业和信息化委员会	国家知识产权局	×
	注册商标续展率		天津市市场监督管理委员会	国家知识产权局	×
	专有权利使用费和特许费		天津市知识产权局	国家知识产权局	×

表 6-8　天津市知识产权保护强度指标体系

<table>
<tr><th>一级指标</th><th colspan="2">二级指标</th><th>负责单位</th><th>指标来源</th></tr>
<tr><td rowspan="6">司法保护</td><td colspan="2">法院新收知识产权案件量</td><td>天津市高级人民法院</td><td>国家知识产权局、《天津市知识产权保护白皮书》</td></tr>
<tr><td colspan="2">法院审结知识产权案件量</td><td>天津市高级人民法院</td><td>《中国知识产权指数报告》、国家知识产权局、《天津市知识产权保护白皮书》</td></tr>
<tr><td colspan="2">法院知识产权案件平均赔偿额</td><td>天津市高级人民法院</td><td>国家知识产权局</td></tr>
<tr><td colspan="2">检察机关批准逮捕涉及侵犯知识产权犯罪案件数</td><td>天津市检察院</td><td>国家知识产权局、《天津市知识产权保护白皮书》</td></tr>
<tr><td colspan="2">检察机关批准逮捕涉及侵犯知识产权犯罪人数</td><td>天津市检察院</td><td>国家知识产权局、《天津市知识产权保护白皮书》</td></tr>
<tr><td colspan="2">提起公诉的涉及侵犯知识产权犯罪案件数</td><td>天津市检察院</td><td>国家知识产权局、《天津市知识产权保护白皮书》</td></tr>
<tr><td rowspan="10">行政保护</td><td rowspan="2">专利行政保护指数</td><td>当年全市专利侵权纠纷结案数量</td><td>天津市知识产权局</td><td>国家知识产权局、中国知识产权指数报告</td></tr>
<tr><td>其他知识产权纠纷结案数量</td><td>天津市知识产权局</td><td>国家知识产权局、《中国知识产权指数报告》</td></tr>
<tr><td rowspan="2">商标行政保护指数</td><td>当年查处商标一般违法与侵权假冒案件量</td><td>天津市市场监督管理委员会</td><td>国家知识产权局、《中国知识产权指数报告》、《天津市知识产权保护白皮书》</td></tr>
<tr><td>查处商标违法案件罚款金额</td><td>天津市市场监督管理委员会</td><td>国家知识产权局、《中国知识产权指数报告》、《天津市知识产权保护白皮书》</td></tr>
<tr><td rowspan="2">版权行政保护指数</td><td>查处侵权盗版案件数量</td><td>版权局</td><td>《天津市知识产权保护白皮书》</td></tr>
<tr><td>收缴盗版品数量</td><td>天津市文化市场行政执法总队</td><td>国家知识产权局</td></tr>
<tr><td rowspan="2">海关行政保护指数</td><td>查获涉外侵权案件</td><td>天津海关</td><td>《天津市知识产权保护白皮书》</td></tr>
<tr><td>查获涉外侵权案值</td><td>天津海关</td><td>《天津市知识产权保护白皮书》</td></tr>
<tr><td rowspan="2">行政执法服务能力指数</td><td>执法人员数量</td><td>天津市知识产权局</td><td>《中国知识产权指数报告》</td></tr>
<tr><td>接听咨询投诉电话量</td><td>天津市知识产权局</td><td>《中国知识产权指数报告》</td></tr>
<tr><td rowspan="2">社会保护</td><td colspan="2">专利代理机构数量</td><td>天津市知识产权局</td><td>天津市知识产权局</td></tr>
<tr><td colspan="2">专利代理机构人员数量</td><td>天津市知识产权局</td><td>天津市知识产权局</td></tr>
</table>

3. 数据获取与综合指数的计算

1）数据获取方法

天津市知识产权保护强度指标体系的数据来源于市高级人民法院、市检察院、市知识产权局、市市场监督管理委员会、市版权局、天津海关等部门的行政记录，国家知识产权局、中国商标网等的官方数据，以及《天津市知识产权保护状况白皮书》《天津市知识产权发展状况白皮书》《天津年鉴》《中国律师年鉴》等中的统计数据。这些数据来源的稳定保证了数据的权威性和科学性。

2）综合指数计算方法

对数据进行 Min-Max 标准化处理：每一个二级指标数据对应一个序列，即 x_1，x_2，…，x_n，对每一个序列数据分别进行无纲量处理，即 $y_i=\dfrac{x_i-\min x_i}{\max x_i-\min x_i}$，其中 x_i 表示第 i 个二级指标对应的数据序列，$\min x_i$ 表示第 i 项数据序列的最小值，$\max x_i$ 表示第 i 项数据序列的最大值，y_i 表示进行 Min-Max 处理后的数据序列。

用变异系数法确定指标权重：通过计算各指标原始数据序列的平均值和标准差，得到变异系数：$Vi=\dfrac{\delta_i}{\overline{x}_i}(i=1,2,\cdots,n)$，其中 V_i 是第 i 项指标的变异系数，δ_i 是第 i 项指标的标准差，$\overline{x}_i$ 是第 i 项指标的平均值。各项指标权重为 $W_i=\dfrac{V_i}{\sum_{i=1}^{n}V_i}$。

综合指数：标准化后的数据与对应的指标权重的乘积即为该指标对应的指数，相同年份的指标指数加和即可计算出该年份知识产权保护强度综合指数。

6.5 天津知识产权保护高地建设的内涵与目标

6.5.1 天津知识产权保护高地建设的内涵思考

知识产权保护高地建设是在知识产权强国建设背景下，落实《国务院关于新形势下加快知识产权强国建设的若干意见》的重要举措。

根据国家知识产权局知识产权发展研究中心的相关研究，知识产权保护高地的内涵是指在全球或者全国创新网络体系中处于枢纽地位和发挥引擎作用的城市或地区，其能够因地制宜发挥区位优势，积极实施更加严格的知识产权保护制度，健全知识产权保护体系，提升知识产权保护能力，使知识产权侵权易发、多发现象明显改观，使知识产权制度激励创新的保障作用有效发挥，是能够为我国知识产权保护制度提供样板和示范的区域。

笔者认为天津知识产权保护高地建设要全面贯彻习近平新时代中国特色社会主义思想，全面贯彻党的十九大精神，按照习近平总书记对天津提出的“三个着力”的重要要求，坚持“产业第一、企业家老大”理念，以服务企业为出发点，以制度创新为落脚点、以管理创新为突破点，以严保护、大保护、快保护、同保护为核心点，着力破除体制机制障碍，突破知识产权保护法律约束，畅通知识产权保护渠道，严厉打击侵犯知识产权刑事犯罪，严厉查处侵犯商业秘密行为，形成贯通知识产权价值全链条的保护体系，推动知识产权与产业升级相融合，打造全国知识产权严格保护最优城市和与国际接轨的知识产权保护高地。

6.5.2　天津知识产权保护高地建设的目标设定

天津知识产权保护高地建设的目标是深化天津知识产权综合改革，着力营造国际化、市场化、法治化的营商环境，把天津知识产权保护高地建设成为全国知识产权改革的试验田，形成符合国际化、市场化、法治化要求的知识产权保护体系，让知识产权成为推动天津创新发展的重要力量。经过估算，要想实现以上目标，笔者认为到 2020 年，天津至少要做到以下几点，详见表 6-9。

表 6-9　天津市知识产权保护高地建设指标数值估算及设置

一级指标	二级指标	目标（2020 年）	设定依据	指标来源
司法保护	提起公诉的涉及侵犯知识产权犯罪案件数	达到 200 件	天津 2017 年为 99 件，约为 2016 年的 2 倍	借鉴国家知识产权局提出的知识产权保护强度指标体系中的指标
	法院知识产权案件结案率	达到 99%	2017 年天津结案率为 96.5%，北京为 90.8%，上海为 99.4%，重庆为 93.1%	借鉴国家知识产权局提出的知识产权保护强度指标体系中的指标
行政保护	查处专利假冒案件结案量	达到 600 件	2016 年北京为 598 件、上海为 57 件、天津为 459 件、重庆为 273 件。2017 年北京为 964 件、上海为 74 件、天津为 307 件、重庆为 536 件。天津预计三年后达到 600 件 / 年	借鉴《天津市知识产权保护状况白皮书》中的指标
	查处商标一般违法与侵权假冒案件量	达到 600 件	2017 年天津为 466 件、2016 年为 491 件	借鉴《中国知识产权指数报告》中的指标
	执法人员数量	达到 150 人	2017 年北京为 73 人、上海为 51 人、天津为 89 人、重庆为 150 人	借鉴《中国知识产权指数报告》中的指标
	接听咨询投诉电话量	达到 6 000 个	2017 年为 4 260 个、2016 年为 4 500 个、2015 年为 4 260 个	借鉴《中国知识产权指数报告》中的指标

续表

一级指标	二级指标	目标（2020 年）	设定依据	指标来源
社会保护	专利代理机构数量	达到 100 个	2017 年为 35 个、2016 年为 32 个	借鉴《天津市知识产权保护状况白皮书》中的指标
	专利代理服务机构从业人员数	达到 1 000 人	2017 年为 391 人、2016 年为 364 人（2017 年北京从业人员 6 659 人、上海 1 169 人、重庆 174 人）	借鉴《天津市知识产权保护状况白皮书》中的指标

（1）司法保护主导作用更加突出。提起公诉的涉及侵犯知识产权犯罪案件数达到 200 件，法院知识产权案件结案率达到 99%。

（2）行政保护职能更加完善。查处专利假冒案件结案量达到 1 000 件，查处商标一般违法与侵权假冒案件量达到 600 件，执法人员数量达到 200 人，接听咨询投诉电话量达到 6 000 个。

（3）社会化知识产权保护氛围更加浓厚。专利代理机构数量达到 100 个，专利代理服务机构从业人员达到 1 000 个。

6.6 天津打造知识产权保护高地的重点战略

6.6.1 强化知识产权保护工作的统筹与协调

（1）建立纵横联动的知识产权保护工作机制。优化天津市知识产权战略领导小组职能，一方面完善市级各部门知识产权保护联席会议制度，强化知识产权战略领导小组的统筹和协调机制建设。另一方面建立市、区两级部门知识产权保护联席会议制度，形成纵横联动的知识产权行政保护体系，充分发挥各部门依法保护知识产权的作用。知识产权战略领导小组要组织、协调和推进知识产权战略纲要的落实，建立战略领导小组成员单位工作信息交流和定期通报机制，及时分享各自在知识产权保护工作中的经验和典型案例，共同推动跨部门、跨地区的知识产权保护工作。

（2）加强各部门对知识产权相关法律法规落实情况的检查与监督。知识产权战略领导小组要充分认识知识产权保护工作在科技、经济和社会发展中的重要作用，要加强对各部门的日常监督和重点检查，不定期地组织市、区知识产权行政管理部门和科技、经济、文化、新闻出版、广播电视、公安等有关部门，对各区、各部门贯彻实施知识产权规划、计划和执行项目情况进行联合检查，督促解决有法不依、执法不严和对侵权盗版行为处罚不力的现象，切实保障知识产权法律的有效实施。

（3）推动建立知识产权信息情报共享机制。推动各部门联合构建知识产权案件信息互通、证据共享机制，加强对侵权行为的联合认定、联合发布、证据保全、案件备案、案件通报等方面的协同，缓解信息不对称对各部门监管工作的掣肘。同时，探索建立知识产权诚信管理机制，将侵权行为纳入社会信用评价体系，加大对知识产权侵权行为、失信行为的约束和惩处，在市、区两级层面形成打击侵权违法行为的最大合力。

6.6.2　加大知识产权司法与行政保护力度

（1）推进建立便捷、专业的知识产权司法审判机制。借鉴北京、上海、广州模式，在已经成立的知识产权法庭的基础上，探索建立天津知识产权法院，进一步扩大其服务范围，使其成为辐射华北地区、环渤海区域的知识产权审判机构。深入推进知识产权审判“三合一”工作，建立健全“三级联动、三审合一”的知识产权审判模式，提高知识产权司法保护的整体效能。探索实施加倍惩罚性赔偿措施，显著加大赔偿力度，提高侵权代价，形成震慑效应。探索从相关行业及高校专家中选任专业人民陪审员，着力提高知识产权司法审判的专业化水平和法官业务能力，不断推进法院知识产权审判体系和审判能力的现代化。重点督办一些典型案件，曝光一批大案要案，对知识产权案件要做到有案必查，切实维护企业的合法权益。

（2）加大知识产权行政执法保护力度。完善市、区两级行政执法队伍，提升其知识产权行政执法能力，严厉查处和打击各种知识产权违法行为，及时有效地处理各类知识产权侵权案件，保护知识产权权利人及消费者的合法权益。重点开展执法专项行动，重点查办跨区域、大规模和社会反响强烈的侵权案件，加大对各类专业市场、电子商务平台、展览展会场所的市场监管和行政执法力度，同时，加大对行政执法案件的宣传和通报、曝光力度。建立重大案件报告制度，定期发布知识产权保护状况白皮书。加强知识产权法制建设，研究制定知识产权保护的地方性法规，明确知识产权执法责任，规范执法行为，提高执法水平和效率。加强进出口贸易中的知识产权保护工作，对侵权货物、物品依法严格实施知识产权边境保护措施，制止侵权、盗版产品进出口。

6.6.3 推进企事业单位知识产权保护能力建设

（1）推进企事业单位建立健全知识产权管理体系。加强对企事业单位的引导，鼓励企业制定专门的知识产权管理办法，促进企事业单位把知识产权工作纳入研究开发、技术创造、技术改造、技术贸易、成果转化、生产经营等各项工作中。实施企业知识产权战略推进计划，引导企业充分利用专利文献信息制定正确的技术创新策略，确定研究方向和技术路线，提高研究开发的起点、水平、质量和效率。加强企业督导，引导企业对取得的技术创新成果及时申请专利、注册商标、申请集成电路布图设计登记及植物新品种保护，依法取得知识产权。

（2）推进企事业单位实施知识产权强企工程。大力度推进企业专利消零行动，培育企业知识产权保护意识。支持企事业单位培育高价值核心专利，力争在智能制造、航空航天、新一代信息技术等领域形成一批拥有自主知识产权的核心技术。大力推行《企业知识产权管理规范》国家标准，优先将科技型中小企业纳入各类知识产权试点、示范工作。推动我市国际自主品牌建设工作，支持我市企事业单位开展境外商标注册、专利申请、产品认证和管理体系认证，培育一批具有较强国际竞争力的自主品牌。鼓励企事业单位在海内外并购、股权流转、对外投资等活动中加强知识产权管理，全面提升企事业单位知识产权管理能力。

（3）支持企事业单位建立健全商业秘密保护制度。成立专家服务团队，开展保密宣传教育活动，帮助企事业单位制定技术秘密管理制度，帮助企事业单位开展包括设计、程序、产品配方、制作工艺等技术信息的保密工作。支持企事业单位加强包括管理诀窍、客户名单、货源情报、产销策略、招投标标底及标书内容等经营信息的保密工作。支持企事业单位加强对科技人员流动中的知识产权特别是技术秘密的保护和管理工作。

6.6.4 修改和完善知识产权法律法规条款

（1）启动专利法规的相关修订工作。结合国家《中华人民共和国专利法》的修定工作，根据新时期知识产权保护特点和需要，进一步修改和完善《天津市专利促进与保护条例》，及时修改过时、保护力度不强的条款。以知识产权司法保护为主，进一步明确各部门职责和管辖范围、侵权行为认定标准、纠纷投诉处理流程、证据采集和保存等内容，增强法律法规的可操作性。

（2）探索建立惩罚性大额度赔偿制度。建立对专利权、著作权等知识产权侵权惩罚性赔偿制度，对侵害知识产权的行为要加倍惩罚，让侵权者付出难以承受的代价。借鉴深圳加大侵权惩罚力度的经验，在天津探索设立惩罚性赔偿金，对恶意侵权人及明知属于他人知识产权的、五年内侵犯他人同一知识产权三次以上的、侵权情节严重或造成恶劣社会影响的侵权人，规定除赔偿损失外，建议还要支付 3 倍于赔偿损失的惩罚性赔偿金，充分发挥法律的威慑作用。

6.6.5　实施企业“走出去”知识产权护航工程

（1）发挥天津自贸区改革先行优势，探索建立中国版“337 调查”制度。美国“337 条款”禁止一切不公平竞争行为或向美国出口的产品中有任何不公平贸易行为，自实施以来，其已成为美国打压我国产品出口的新手段，同样，探索在天津自贸区建立中国版“337 调查”制度能够为天津企业减少被诉提供指导战略，能够将侵犯我国企业知识产权的进口商品挡在国门之外。因此，建议由市商务委、海关、知识产权局、市市场监管、出版局共同在天津自贸区成立类似“美国 337 调查”机构的中国版“337 调查”机构，调查自贸区进出口产品的专利、商标、版权、工业设计以及集成电路布图设计等侵犯知识产权的行为以及进口贸易中的侵犯商业秘密、假冒经营、虚假广告、违反反垄断法不公平竞争行为。

（2）建立“走出去”企业数据库，开展“走出去”激发式培训。构建数据库，定期向入库企业提供知识产权信息或介绍适宜的海外技术合作项目，拓宽“走出去”企业的海外知识产权视野。组建一支有资信、有经验的国际性专业化的知识产权服务团队，发挥京津冀知识产权发展联盟作用，开展对“走出去”企业家的激发式培训，为企业提供海外专利预警、专利保护以及法律、维权、展会、政治、文化等方面的战略咨询与发展规划帮扶，增强企业风险防范能力。

（3）建设“走出去”企业保护服务集聚区。围绕自创区、自贸区，探索出台《天津市“走出去”企业海外知识产权保护集聚区建设办法》，重点支持集聚区所属园区开展专利导航工程，支持集聚区龙头企业建立企业海外专利保护试点，重点面向集聚区开展海外知识产权保护培训，注重发挥集聚区示范辐射效应，带动天津乃至整个京津冀区域知识产权保护水平迈上新台阶。

6.6.6　加强对新领域、新业态知识产权的监督管理

（1）持续加大网络侵权盗版打击力度。持续开展“剑网行动”，完善打击网络侵权盗版的快速反应机制，加强对网络（手机）文学、音乐、影视、游戏等重点领

域的著作权监测监管。对互联网平台、电商平台存在的商标侵权、山寨现象加大执法力度，对以商业利润为目的的山寨厂商严惩不贷，对涉嫌抄袭正牌产品商标与外包装的厂商命其加速整改，对侵权行为较严重的企业，则要依法予以关停与取缔。建立侵权违规举报中心，接受并鼓励群众举报违法违规事件，增强群众打击侵权行为的参与度。

（2）建立网络知识产权案件动态监管机制。依托网信办、公安网监等业务部门，突破“属地管理”的限制，建立互联网平台监管网络，查处从事违反国家法律法规的活动。建立各部门数据共享机制，整合资源，对侵权行为实施动态监管，对侵权线索实现可追溯。针对高发的网络版权侵权事件，建立互联网不良信息举报网络平台，为网民举报网络平台违法违规行为提供便利。

（3）探索建立互联网法院，实施案件网上审理。借鉴北京和杭州经验，建立互联网法院，构建相对统一的互联网法院办案平台，实现原被告异地开庭，提升各类互联网案件的审理效率，降低被侵权人的维权难度。

6.6.7 建立重点产业与重点园区专利导航与保护预警机制

围绕我市重点产业、自创区、自贸区等重点园区，加强战略引导，全面梳理和分析产业关键领域全球专利布局情况，以全球视野研判我市重点产业、重点园区创新发展的方向和保护路径，突破国外关键技术封锁，建立有效支撑产业发展的专利导航决策机制和专利保护预警机制，大幅度提高我市自主知识产权创造能力。支持我市企业在境外设立研发机构，开展自主知识产权联合研发，加紧在国外展开知识产权保护布局，建成海外知识产权保护预警机制。

6.6.8 建立管理规范、服务优质的知识产权服务体系

（1）加快建设中国（滨海新区）知识产权保护中心，打造快审快维服务体系。加快推进保护中心实体建设，开通专利快速申请、快速审查、快速维权等服务功能，建立举报投诉快速反应机制，实现快速移交、快速办理、快速反馈。支持中心与司法机构、行政机构、社会各类调解机构及仲裁服务机构加强合作，加快形成司法、行政、仲裁、中介等综合性、一体化知识产权保护体系，为各类市场主体提供便捷、高效、低成本的维权渠道。

（2）支持专业化、品牌化知识产权服务机构建设。支持滨海高新区、华明高新区等建设知识产权服务业聚集区，引进一批国内外高端知识产权服务机构，实施知

识产权服务品牌机构培育工作，形成市场化、规模化、专业化、国际化的知识产权服务体系，推动将滨海新区建成国家知识产权示范城区。

（3）助力知识产权行业协会、中介机构有序发展。发挥行业协会在知识产权保护工作中的作用，制定行业协会知识产权管理制度，建立行业内知识产权保护自律规则、技术贸易活动中的知识产权保护规则等。建立行业知识产权自我协调、自我保护、自我约束、自我发展机制，提高会员单位知识产权创造、运用和保护水平。制定和完善知识产权中介机构的管理制度，加强知识产权中介服务机构的监督管理。加强知识产权民事、行政、刑事案件的鉴定工作，为知识产权保护工作提供必要的技术支撑。

（4）支持重点产业、领域、企业专利数据和文献检索平台建设。建立重点领域、重点产业专利数据库和专利文献检索平台，加强对专利信息的二次开发与综合利用，围绕天津自贸区、自创区、京津创新共同体、知识产权示范园区、高新园区的二次创业等进行专利技术信息服务和跟踪，强化产业知识产权的系统化布局与保护。支持各大中型企业、高新技术企业特别是建有重点实验室、工程中心、企业技术中心等研发机构的企业，根据自身特点和条件，建立与主导产品及关键技术相关的专利信息数据库，充分利用专利信息资源开展技术创新，助推企业做好知识产权保护。

6.6.9　实施知识产权人才培养和轮训计划

（1）加强紧缺和高端知识产权人才的培养和引进。支持天津大学、天津工业大学等高校与世界知识产权组织合作，共建知识产权学院，加强知识产权紧缺人才培养，尽快培育一批通晓国内外知识产权制度和法律体系的专业人才。依托天津高校和相关培育机构，建立知识产权合作交流基地、高端知识产权人才培育基地等，为天津知识产权建设提供智力支撑。面向天津重点行业、重点企业、重点高校的发展需求，实施全球知识产权人才招聘行动，汇聚一批领军型知识产权人才。

（2）实施全市知识产权人员轮训计划。知识产权行政管理部门要会同有关部门认真制定和实施全市知识产权人才轮训计划，争取在两年内，使各级行政领导、企业领导和科技教育工作者普遍轮训一遍。经济、科技、文化、新闻出版部门要重点加强对科研机构、大中型企业的管理人员、科技人员的知识产权保护和管理的教育培训工作。各级党校、行政学院（校）要将知识产权培训纳入干部培训的日常教学课程。人事行政管理部门要将知识产权法律知识培训列入干部和科技人员继续教育的内容。教育行政管理部门应积极创造条件在教育机构中开展知识产权教育，高校应逐步开设与知识产权相关的课程和专业。

（3）加强知识产权对创新创造的激励作用。将获得专利等知识产权的数量和质量作为科技人员、经营管理人员绩效考核、职称评定、职级晋升的重要指标，让知识、技术作为生产要素参与分配和奖励，切实保障科技人员创造性劳动价值的实现。

6.6.10 加强知识产权宣传，营造良好保护氛围

（1）实施知识产权普法计划，营造良好法治环境。加快制定《天津市知识产权普法计划》，各经济、科技、教育、文化、新闻出版等部门要结合普法计划的实施和依法治市的工作要求，利用各种工作渠道和宣传媒介，采取多种形式，深入开展知识产权宣传活动，提高全社会的知识产权法律意识。新闻单位要加强对知识产权工作的报道，做好舆论监督和导向工作。企事业单位要把知识产权法律纳入本单位的普法宣传计划，提高经营管理人员和科技人员保护知识产权的意识。

（2）建立知识产权大宣传工作格局，树立知识产权严保护国际大都市形象。进一步加强部市会商，强化京津冀知识产权协同发展，以宣传知识产权战略实施为主线，以提高知识产权保护能力为重点，持续加大京津冀知识产权联合执法力度、联合宣传力度，持续加大与国家知识产权管理部门的战略合作力度。坚定不移地按照市委书记李鸿忠“要让案件上电视、上平台”的要求，充分利用微信、网络、电视、报纸、广播等多种宣传媒介，定期发布知识产权保护成效、宣传知识产权典型案件，敲响侵权必究的警钟，有力震慑违法犯罪份子，为全市营造严格的知识产权保护氛围，为企事业单位营造良好的营商环境，真正树立天津知识产权严保护的国际大都市形象。

说明：党的十九大报告明确指出，要“倡导创新文化，强化知识产权创造、保护、运用”。2018 年，天津市政府印发《天津市严格知识产权保护实施方案（2018—2020 年）》，提出将天津打造成为全国知识产权严格保护最优城市，但是怎样才算是严格保护？最优的标准是什么？怎样达到这些标准？一系列问题引起了笔者的思考，随后，由笔者主笔，任立业工程师重点参与，共同完成了本章内容的研究，希望能够为相关部门提供决策参考。

第 7 章

天津加强涉外知识产权保护的重点对策研究

7.1 引言

当前，全球有 70% 以上的各类贸易保护主义措施针对我国，国外企业利用我国企业知识产权保护不足的特点，对我国涉外企业设置了各类知识产权障碍和陷阱[①]，然而我国大部分企业尚未建立专门的技术研发部门和相关的知识产权保护制度，对知识产权的重要性缺乏足够的认识，不懂得如何把经营战略的重心放到知识产权法律保护的基点上来，特别是在涉外经济活动中不重视对知识产权雷区的规避与权利的维护。在维权能力不足、应对诉讼经验缺乏的形势下，我国涉外企业知识产权保护成为我们不得不重点关注的问题。

在作为国际港口大城市的天津，越来越多的科技型企业开始“走出去”进行海外战略布局，其中，做好海外知识产权保护尤为重要。怎样帮助涉外企业做好海外知识产权保护成为当前我市面临的一个重要议题。

7.2 涉外知识产权保护发展概况

涉外知识产权是指企业或法人等主体依据法律的规定，对其从事的智力创作或创新活动所产生的智力成果在涉外经济活动中所享有的专有权利，主要包括工业产权和版权两个部分。由于经济全球化的不断深入发展及知识经济与信息经济在国际经济发展中的重要作用，对国际贸易和国际投资中涉外知识产权的保护也就日渐迫切和重要。但是，由于知识产权的无形性、专有性、地域性、期限性及可复制性等特征，以及各国知识产权法律制度发展的不平衡，使涉外知识产权保护面临着巨大的挑战。

---

① 张红辉，周一行. “走出去”背景下企业知识产权海外维权援助问题研究［J］. 知识产权，2017(1):83-85.

7.2.1 国际涉外知识产权保护趋势

现行的国际知识产权保护是在世界贸易组织（World Trade Organization，WTO）体系下，形成的以《与贸易有关知识产权协议》（TRIPS）为综合保护，世界知识产权组织（World Intellectual Property Organization，WIPO）所管辖的公约，即《巴黎公约》《伯尔尼公约》《世界版权公约》和《罗马公约》等公约并存的国际知识产权保护体系。涉外知识产权保护在国际贸易中的作用愈来愈重要，但国际法中与之相关的规定却很少。《联合国国际货物销售合同公约》第 41 条、第 42 条和第 43 条规定了国际货物买卖中侵犯他人知识产权的情形及其相应的法律责任，但 1985 年联合国国际技术转让行动守则会议拟定的《国际技术转让行动守则（草案）》只侧重于对转让合同双方权利和义务的规定，对转让技术中相关的知识产权保护，仅在第 2 条第 2 款第 8 中项规定：“承认工业产权的保护由国内法授予。”目前，WIPO 所管辖的公约及 TRIPS 协议中都没有关于在国际技术转让中对知识产权保护的条款，故对国际技术转让中的涉外知识产权的保护只能由国内法调整。而各国对知识产权保护程度不同严重限制了国际技术贸易的发展。发展中国家对知识产权的保护水平较低，影响到高新技术、商品和服务的引进，使其不能从国际技术革新中受惠。发达国家常常利用对知识产权的保护来限制国际技术贸易，使涉外知识产权保护成为一项新的贸易壁垒。如为了防止知识产权传播到国外，其对技术、资本、货物的出口实施限制，为限制可能会损害国内贸易的相关的知识产权的进口，它们在边境上禁止进口或阻止这种进口货物在国内商业渠道销售。当然，这种利用涉外知识产权保护来限制国际贸易的做法，将随着世界贸易组织相关体制的不断完善而消减。但因知识产权保护具有地域性，其还必须通过多边或双边协议形成知识产权国际保护制度，再通过国内法规具体实施。因此，在国际贸易中对涉外知识产权的保护，各国主要是根据国际知识产权保护制度不断完善本国相关的立法，从而加强执法力度。

美国的涉外知识产权保护机制最为典型，美国专利界认为凡是太阳底下的东西都可以申请专利，这句话体现了美国对于知识产权极其维护的态度。美国两百多年来已经形成了一套有效维护自身利益的知识产权保护体系，在保护过程中甚至将涉外知识产权保护作为一项重要的外交政策。美国企业在海外遭遇知识产权纠纷时，美国政府就会千方百计地利用各种双边、多边谈判机制，全力维护美国企业知识产权权益。如美国《综合贸易竞争法》中的“特殊 301 条款”，美国制定这个条款的目的是为本国企业境外知识产权提供保护。“特殊 301 条款”内容中有两个标准:“未能充分而有效地保护知识产权的外国”和“拒绝了依赖于知识产权的美国人公平而平等的市场准入机会”。美国依据这两个标准对没有有效保护其海外企业知识产权的国家进行贸易制裁。美国制定的这一条款对其企业境外知识产权保护起到了重要的作用。此外，当企业在境外遇到一时难以解决的知识产权纠纷时，美国驻当地机构可通过外交途径与当地国政府进行交涉。美国专利商标局也会在对外贸易密切、知识产权纠纷频发的国家和地区驻外使馆派遣知识产权专员，专门负责与当地国政府、企业等进行与知识产权有关的事务的协调，为驻外企业提供知识产权维权援助。美国政府还集中公布了美国保护知识产权的政府资源信息，美国专利商标局专门设置了免费热线，专利商标局的专家通过热线帮助权利人制定处理海外知识产权问题的策略。

作为专利制度的发源地，英国则侧重于寻求知识垄断和流动的平衡。在其长期的发展中不断鼓励创新，推动技术的转化，英国非常重视知识产权保护体系的完善与发展，同时强调利用知识产权平衡其保护水平和知识的流动性。近年来，英国专利局对知识产权的保护形成了新的特点：以消费者为中心和快速反应。英国还积极与欧盟及世界知识产权组织合作，为建立统一的欧洲专利体系做出了不少贡献。

作为依托知识产权而崛起的韩国，同样也十分注重保护自己在海外的知识产权。2006 年，韩国就颁布了专门的法律规定，政府对国内的企业及个人涉及海外的知识产权纠纷时给予审判及诉讼费用的补贴援助。韩国现已形成了以企业为主，政府、行业协会及驻外经商机构共同参与的海外知识产权维权联动机制。

7.2.2 我国涉外知识产权保护面临的新形势

目前来看，对于知识产权保护，我国是相对落后的，在法律方面的保护起步较晚。改革开放以来，我国也加快了保护知识产权的步伐，在短短的几十年内，陆续颁布并实施了《中华人民共和国商标法》《中华人民共和国专利法》《中华人民共和国著作权法》《计算机软件保护条例》等法律法规，先后加入了《巴黎公约》《马德里协定》《伯尔尼公约》《世界版权公约》等，形成了较为完善的知识产权法律保护体系。但是从客观角度分析，我国知识产权法律体系编制还不够科学，没有有效贯彻结构优化原则，缺乏统一的法典化安排；从立法程序上来看，透明度太低，没有公开征求意见的程序。同时，法律规定的对侵犯知识产权的赔偿额度也不高，惩罚力度不大。因此，我国对于企业知识产权的保护力度还是不够的。

在我国知识产权的法律保护体系不断完善的同时，更重要的是将法律保护有力地贯彻执行到位。虽然我国已有了较为完善的保护知识产权的法律法规，但是从司法角度而言，我国的司法保护力度还有待加强。入世后，涉外知识产权纠纷案件越来越多，我们承担的保护知识产权的国际义务也越来越重。如何在司法实践中对知识产权进行适度保护是在知识产权案件审判中我们需要考虑的问题。我国司法机关现阶段对于侵犯企业知识产权的行为执法不严的现象较为严重，这也阻碍了我国知识产权保护体系的发展。

同时，在我国的发展实践当中，绝大部分企业对于知识产权方面的保护意识非常不够，对企业知识产权保护方面的基本知识也了解有限，对于知识产权的确权工作缺乏重视，以致企业知识产权的流失严重。例如，在商标的保护方面，我国许多企业的驰名商标在国外被抢注，这也是由于我国企业没有品牌意识、没有注重对商标的保护所造成的。在专利方面也同样如此，许多企业对专利的研发投入大量的资金和技术，却忽视了对专利的保护，存在着没有为核心技术申请专利的现象，导致了企业无形财产的流失。

为此，我国一些学者，例如潘灿君等人提出了一些我国涉外知识产权的保护机制的构建路径。一是加强我国优势产品和传统优势产业的海外品牌保护。支持拥有优势产品的企业和传统优势产业的企业建立“进攻型”知识产权保护机制，建立和完善国家海外知识产权保护机制，重点借鉴西方发达国家的经验，让企业尽快熟悉和掌握与贸易有关的知识产权协定和其他国际条约规则，加强与贸易有关的知识产权争端处理机制和机构建设，保护我国海外知识产权；完善对外知识产权谈判工作，利用双边和多边谈判等方式保护我国海外知识产权；尽快完善海外知识产权保护的法律制度，积极参与知识产权国际规则的制定和修改，并联合其他发展中国家共同致力于与贸易有关的知识产权规则设定。二是加强规模企业或集群产业在走向国际市场过程中的知识产权保护机制建设。我国企业在参与国际贸易过程中涉外知识产权纠纷激增，尤其是规模企业和集群产业在走向海外市场时面临突然发生的海外知识产权纠纷往往不能有效应对，缺乏快速应对手段，往往陷入被动，错失胜诉的机会。究其原因，主要是我国企业对国外知识产权法律制度等知识的不了解，对涉外司法程序的不了解，对境外中介机构的运行规则等相关知识的缺乏等。另外，相当一部分企业都缺乏知识产权的预警机制，没有能力去预测企业和自己所处行业可能会出现的知识产权纠纷，这就使得很多知识产权纠纷本来可以提前预防或者消灭在萌芽阶段，结果却演变成企业的“灾难”。三是建立系统化的涉外知识产业援助服务体系。建议国家和行业协会在经济发展趋势和特色经济基础上建立一种完善的海外知识产权援助机制，积极发挥对被诉企业的支持和协调作用，如及时掌握信息，共商对策；为企业设立应对诉讼的互助基金，构建专门的法律服务平台，通过各种形式让企业熟悉国外知识产权维护法律制度、知识产权国际条约及相关知识，提升企业应对海外知识产权诉讼能力。

7.2.3　天津涉外知识产权保护新动向

2014 年，京津冀协同发展上升为重大国家战略，京津冀三地定位得到科学调整：北京为全国政治中心、文化中心、国际交往中心和科技创新中心；天津为全国先进制造研发基地、北方国际航运核心区、金融创新运营示范区和改革先行示范区；河北为全国现代商贸物流重要基地、产业转型升级试验区、新型城镇化与城乡统筹示范区、京津冀生态环境支撑区。天津逐渐走向新动能的转型升级。2017 年，世界智能大会在天津举行，中国新一代人工智能发展战略研究院落户天津，以人工智能为代表的各种高端产业在天津加速聚集，高技术（制造业）产业增加值增长 10.4%，快于全市 8.1 个百分点。天津第三产业结构更趋合理，2017 年第三产业生产总值突破万亿元，占比已从 2016 年的 54% 提高到 58%；民营经济活力进一步增强，当年新注册民营市场主体超过 22 万户，同比增长近四成。与此同时，碳纤维增强复合材料和光纤等高附加值、高技术含量的新产品生产增长较快。天津进入高质量发展新时代，随之而来的是更多关于知识产权保护的需求，特别是涉外知识产权领域逐渐出现一些新动向。

（1）涉外知识产权案件呈多发态势。天津市近几年来大力推动创新驱动发展，新旧动能转换进一步加快，加快建设国家自主创新示范区。《天津市 2018 年政府工作报告》中指出，五年来，天津引进清华大学高端装备研究院等高水平研发机构 88 家，科技型企业发展到 9.7 万家，规模超亿元企业 4 200 家，加强与“一带一路”沿线国家投资贸易合作，项目投资增长 1.3 倍，在津投资世界 500 强企业达到 167 家，国内 500 强企业 224 家。技术的提升和涉外活动的频繁导致涉外知识产权案件多发。同时，部分天津企业依靠高新技术提高经济竞争力的愿望强烈，在短时间内不能充分拥有自主知识产权的情况下，容易发生通过侵犯他人的知识产权来提高自身竞争力的情况。特别是自行车、橡胶制品等产品，模仿、跟风成为产生知识产权纠纷的主要原因，涉外知识产权案件频发。

（2）涉外知识产权权利人往往有备而来。在进入正式的行政程序或司法程序之前，涉外知识产权权利人往往已经委托知识产权代理人或律师，对国内侵权人的侵权事实进行了长时间的跟踪调查，收集了翔实的证据材料，一旦向行政机关投诉或者向法院起诉，一击即中。近年来的实践表明，涉外知识产权案件的权利人常常选择一个地方作为突破口，用取得胜诉的行政处理决定书或法院判决书作为他们在全国范围内进行全面维权的样板。面对这样的情况，天津市知识产权保护部门需要严格按照法定程序，在认真查明案件事实与证据的基础上公正地处理案件。凡是侵权事实清楚、证据确凿的，应支持涉外知识产权人的合法请求，切实维护其合法权利；而对于证据不足的、滥用知识产权的当事人的不合理请求，也应依法给予驳回。

（3）涉外知识产权案件影响大。涉外知识产权案件的权利一方当事人往往是国际知名度较高的国外大公司，案件的国际影响大。案件能否得到正确、及时处理，不仅对案件当事人在我国、我市的投资有极大影响，而且对关注我国、我市投资环境的大量外国投资者也有极大的影响。天津海鸥表业集团作为业界翘楚，面对接二连三的知识产权投诉的胜诉，显示了天津知识产权工作的深厚底蕴，也让世界更加关注这个品牌。

7.3 加强涉外企业知识产权保护的重要性

知识产权作为人们从事智力活动而形成的无形财产，是知识财富和精神权益的法律体现。知识产权不仅能给权利人带来巨大的无形财产，更是企业核心竞争力的体现。企业要适应现代社会的发展，要做大做强，就必须重视知识产权的重要性，保护好自己的知识产权。然而由于我国处于社会主义初级阶段，经济实力、科技水平以及各方面的发展与发达国家相比都存在着较大的差距，因此，在知识产权的保护方面也与发达国家有着明显的差距。国家知识产权局数据显示，截至 2017 年 12 月，我国 3 种专利（发明专利、实用新型专利、外观设计专利）有效总量突破 600 万件，其中国内有 30% 的专利权人遭遇过侵权纠纷，且仅有 10% 的权利人采取了维权措施。虽然从数量上而言，我国也称得上是专利大国了，但是由于缺少真正体现科技创新的专利申请，因此从综合指标而言，我国还达不到专利强国的程度。由于我国企业在一些高新技术领域还处于弱势，且对知识产权的保护准备和经验都不足，处境较为被动，因此在国际市场上陷于外企的专利包围之中、市场之外。我国出口产品多以传统产业产品为主，缺乏自己的核心技术，无品牌意识，所以没有自己的知识产权，仅仅能满足出口数量，在价格方面却远不能满足利益需求。更有许多著名企业辛苦创建出自己的品牌、研发出自己的科技成果后，却因未及时注册商标、申请专利而被他人抢注，抢先申请专利，本属于自己的品牌和成果却被禁止使用，因而造成无形资产的严重流失，同时也使得我国企业不断遭受着海外企业知识产权浪潮的强力冲击。我国企业步入国际市场使得我国有了更多的发展机遇，却也面临了更多的挑战，特别是知识产权国际化发展所带来的挑战。我国企业要在国际市场上立于不败之地，就必须在涉外经济活动中重视并加强知识产权保护，既不侵犯他人权利，也要保护好自己的知识产权，不让企业的无形资产遭到侵犯。在政府对企业进行引导与支持的同时，企业自身也要形成自己的知识产权战略体制，这样我国企业才能在国际市场上更好地发展下去。

（1）加强涉外知识产权保护是当前我国法治社会建设的需要。涉外法律工作是社会主义法治建设的重要组成部分，是顺利推进对外开放事业的重要保障。党的十八届四中全会通过的《中共中央关于全面推进依法治国若干重大问题的决定》（以下简称《决定》）就新形势下加强涉外法律工作做出了重要部署，反映了新一届中央领导集体的国际视野和使命担当，对于更好统筹国内国际两个大局、更好维护和运用我国发展的重要战略机遇期、更好实现我国和平发展的战略目标，对于建设中国特色社会主义法治体系、建设社会主义法治国家，都具有重要意义。

（2）加强涉外知识产权保护是天津全面深化改革的需要。加强涉外知识产权保护已经成为发展高科技、实现产业化、增强国家综合竞争能力的战略选择。知识产权推动了人类创新史上的重大飞跃，使人类发展进入了创新的快车道。因为知识产权制度本身蕴含着三个重要机制，即新型的产权安排机制、创新激励机制和有效的市场机制。首先，知识产权是一种新型的产权安排机制，它通过赋予创新成果财产权，明确了创新主体对创新成果拥有合法的支配权和使用权。其次，知识产权是一种创新激励机制，它通过依法保护创新者的合法权益，激发人们的创新热情，实现了创新投入与创新回报的良性循环。再次，知识产权是一种有效的市场机制，它是人们针对知识产权无形性特点制定的许可转让规则，使知识产权在市场环境下可以顺利实现转移转化，产生效益，推动发展。在天津全面深化改革的路径中，企业必须走创新发展之路。而加强知识产权涉外保护能够保证企业的经营安全。企业通过科技研发，生产出适合市场需求的产品并独享知识产权带来的市场利益，免于知识产权的流失，规避侵权风险，保证经营安全，提高产品市场附加值，提升企业形象，增强市场竞争力。

（3）加强涉外知识产权保护是企业发展的需要。这几年出现大量商标被抢注案件，如“老干妈”“洽洽”“王致和”“英雄”“五粮液”“志高”“阿诗玛”“红梅”“红塔山”“云烟”“狗不理”“大红袍”“龙井茶”“碧螺春”“信阳毛尖”“大宝”“丰收”，而动态随机储存半导体、墨盒、显示器、芯片、汽车产品、接地故障断路器、硒鼓、自动媒体库设备也频繁遭遇“美国 337 调查”。如果不及时申请海外商标注册，将可能导致商标被他人抢注，从而被拒之于某些重要的国家和地区市场之外，无法按计划拓展海外业务，或被索取高额许可费或转让费，大大增加了经营成本，并且延误了有利的商业机会。不及时申请海外专利授权，也将可能导致该专利丧失新颖性，再也无法获得保护，相关重要技术成为免费使用的社会财富，竞争对手不费一分一毫即可享用企业花费巨额经费得来的研发成果，从而丧失占据市场的有力武器，失去赖以制约同行的技术基础。

7.4 天津涉外知识产权保护现状、问题与需求

7.4.1 天津涉外知识产权保护现状

近年，随着我市知识产权保护力度的显著加大，专利综合实力位居全国第 7 位，专利行政保护的条件建设、案件调处、执法协作、展会执法、维权援助等保护情况得到了全面提升。为做好涉外企业服务，天津在滨海新区中心商务区成立了滨海新区知识产权保护服务中心和天津仲裁委员会知识产权国际仲裁中心。另外，天津科技型中小企业海外知识产权保护意识不断加强，一些代表性的企业已经建立了比较完善的知识产权保护体系，具备了一定的抵御知识产权风险的能力，国际化运营经验显著提高。

为深入了解天津涉外企业知识产权保护的现状，2017 年，课题组对天津 213 家科技型企业进行了问卷调查，其中有意向开展或已开展海外业务的科技型中小企业有 92 家，占全部参与问卷调查的企业的 43.2%，课题组还以这 92 家涉外企业为样本数据，开展现状分析。

1. 从整体状况看

销售收入过亿元的企业是天津涉外企业主力军。在参与调研的企业中，注册资金在 5 000 万元及以下的企业有 49 家，注册资金在 5 000 万元~10 000 万元的企业有 18 家，注册资金在 1 亿元及以上的企业有 25 家。从企业销售规模看，销售收入

在亿元以上企业 48 家，占涉外企业总数的 52.2%，其中，上市企业有 4 家。

企业的科技含量越高，"走出去"意愿越强烈。在天津涉外企业中，高新技术企业数量较多，占总调研企业的 72.8%，这表明科技含量较高的企业参与国际竞争的意愿也较强烈，同时，这也与天津近年来大力发展高新技术企业密切相关。天津不同类型的参与调研的涉外企业情况详见表 7-1。

表 7-1　在参与调研的企业中天津不同类型的涉外企业的情况

企业类型	企业数量（家）	占总数比例	国外专利申请量（件）
高新技术企业	67	72.8%	68
小巨人企业	44	47.8%	49
上市企业	4	4.3%	636

注：天士力控股集团有限公司作为上市企业申请了 623 件海外专利。

2. 从区域分布看

滨海新区是我市涉外企业主要集聚区。随着我市科技型中小企业的发展壮大，企业"走出去"参与国际竞争的意愿愈发强烈，其海外知识产权保护意识不断加强、保护力度显著加大。从统计的 92 家样本企业数据看（表 7-2），在此次统计的 9 个区中，滨海新区有意愿或已经"走出去"的科技型企业数量最多，占涉外企业总数的 34.78%，这与近年来滨海新区开发开放、国家自贸区建设密不可分，其余依次为北辰区、西青区、武清区、东丽区、河东区、津南区、南开区和宁河区，分别占比为 19.57%、17.39%、8.70%、7.61%、4.35%、4.35%、2.17% 和 1.09%。

北辰区是我市涉外知识产权保护力度最强区。从海外专利申请数量来看，92 家样本企业共申请海外专利 692 件，平均每家 7.5 件；从专利申请企业所属区来看，北辰区最多，达到 634 件，占申请总量的 91.6%，其次依次为滨海新区、武清区、西青区和东丽区，北辰区申请量较多主要由于天士力控股集团有限公司申请了大量海外专利，达到 623 件。从涉外企业国际化发展需求角度看，96% 的企业认为有需求，其中，26% 的企业认为具有较多需求，可见涉外企业对海外知识产权保护的意识逐渐增强。另外，调研中，一些代表性的企业已经建立了比较完善的知识产权保护体系，具备了一定的抵御知识产权风险的能力，国际化运营经验显著提高。

表 7-2 天津涉外科技型企业区域分布及相关情况

排名	注册区域	企业数量（家）	国外专利申请量（件）	有无国际化发展需求（家）		
				较多	一般	较少
1	北辰区	18	634	7	10	1
2	滨海新区	32	54	11	20	1
3	武清区	8	2	3	4	1
4	西青区	16	1	2	14	0
5	东丽区	7	1	1	6	0
6	河东区	4	0	0	4	0
7	津南区	4	0	0	3	1
8	南开区	2	0	0	2	0
9	宁河区	1	0	0	1	0
小计		92	692	24	64	4

注：天士力控股集团有限公司作为北辰区企业申请了 623 件海外专利。

3. 从领域分布看

高端设备制造、新材料和电子信息领域企业“走出去”意愿较强。我市高端设备制造、新材料和电子信息 3 个领域具有“走出去”意愿的企业分别占参与调研企业的总数的 30.4%、20.7% 和 10.9%，领域分布整体向高新技术产业延伸，专利申请主要是为了保护海外产品创新和先进技术的应用；排在第 5 至 9 位的依次为生物与新医药、新能源及节能、高技术服务、资源与环境、建筑，详见表 7-3，涉外企业的领域分布格局基本与我市战略新兴产业研发活动特征一致，同时，也与我市建设先进制造业研发基地、打造具有国际影响力的产业创新中心的发展定位紧密相关。

表 7-3 天津涉外科技型企业领域分布及相关情况

排名	领域	企业数量（家）	国外专利申请量（件）
1	高端设备制造	28	16
2	新材料	19	8
3	其他	12	3
4	电子信息	10	5
5	生物与新医药	9	659

续表

排名	领域	企业数量（家）	国外专利申请量（件）
6	新能源及节能	6	0
7	高技术服务	5	1
8	资源与环境	2	0
9	建筑	1	0
合计		92	692

注：天士力控股集团有限公司作为生物医药企业申请了 623 件海外专利。

生物与新医药领域涉外知识产权保护强度最大。95% 的海外专利主要集中在生物与新医药领域，已经表现出较强的集聚性。从该领域海外专利申请国别来看，涉及美、英、德、法、印、韩、日多个国家，分布比较广泛；该领域的海外专利诉讼的企业也较多，共有 5 家，占涉外企业总数的 5.43%。

4. 从企业类型看

我市涉外企业涉及高新技术企业、小巨人企业和上市企业等多种类型，其中，高新技术企业数量较多，达到 67 家，占总数的 72.8%，这与我市近年来大力发展高新技术企业密切相关。从海外专利申请数量来看，我市上市企业海外专利申请数量最多，达到 636 件，占海外专利申请总量的 91.9%，平均每家上市企业申请量达到 159 件，详见表 7-1。

7.4.2　天津加强涉外企业知识产权保护面临的主要问题与需求

1. 面临的主要问题

（1）不熟悉海外知识产权法律。从调研情况来看，我市涉外企业普遍面临不熟悉产品输出地的知识产权相关法律，面临知识产权标准等非关税壁垒，缺乏权威专业机构的指导，遭遇海外知识产权诉讼，缺乏专业化的知识产权运营团队等各种问题，其中，50% 的涉外企业都面临不熟悉产品输出地的知识产权相关法律的问题，这也是涉外企业在海外面临的主要问题、共性问题。

（2）高水平专业化的海外知识产权服务机构少。我市为涉外企业提供知识产权保护、侵权纠纷调解、维权等服务的专业机构很少，38.04% 的参与调研的涉外企业缺乏专业化的知识产权运营团队，35.87% 的参与调研的涉外企业缺乏权威机构的指导，并且我市绝大多数知识产权服务机构的服务水平远未达到国际服务水准要求，许多服务机构甚至还从未接触过海外知识产权保护案件。

（3）知识产权政策支撑条件不足。我市尚未明确出台服务于涉外企业的知识产权保护政策。目前的政策主要支持企业海外知识产权申请方面，对于海外维权、诉讼等还没有明确的政策文件支持，缺乏对涉外企业进行海外知识产权保护的系统化支持的政策布局。

参与调研的涉外科技型企业面临的主要问题详见表 7-4。

表 7-4　天津参与调研的涉外科技型企业面临的主要问题统计表

序号	面临问题的企业数量 / 企业所属领域	不熟悉产品输出地的知识产权相关法律	面临知识产权标准等非关税壁垒	缺乏权威专业机构的指导	遭遇海外知识产权诉讼	缺乏专业化的知识产权运营团队
1	高端设备制造	15	6	8	2	9
2	新材料	10	3	6	0	6
3	其他	7	2	6	0	4
4	电子信息	4	2	5	0	5
5	生物与新医药	5	2	3	0	5
6	新能源及节能	2	0	1	1	1
7	高技术服务	1	0	2	0	3
8	资源与环境	1	1	2	0	1
9	建筑	1	1	0	0	1
合计		46	17	33	3	35
占参与调研的涉外企业比例（%）		50.00	18.48	35.87	3.26	38.04

2. 企业的主要需求

如表 7-2 所示，从涉外企业国际化发展需求角度看，96% 的企业认为有需求，其中，26% 的企业认为具有较多需求，可见涉外企业对海外知识产权保护的意识逐渐增强。

（1）企业对专业机构的咨询服务的需求尤为迫切。在 92 家参与问卷调查的涉外企业中，当被问及目前迫切需要解决的问题时，50% 的企业认为是需要专业机构的咨询服务，占比最多，其他按照需求强度，从强到弱依次为海外知识产权保护培训服务、专业化的知识产权人才引进、知识产权保护信息服务、知识产权海外申请代理、知识产权海外预警战略制定、知识产权海外运营管理服务（表 7-5）。可见，专业机构的咨询服务是涉外企业最为关注的发展因素。

（2）不同领域的企业需求重点差异较大。如表 7-5 所示，高端设备制造领域企业的主要需求是海外知识产权保护培训服务和专业机构的咨询服务，这两项需求占到该领域企业所有需求量的 48.9%；新材料领域企业的主要需求是海外知识产权保护培训服务、专业机构的咨询服务和专业化的知识产权人才引进，这 3 项需求占到该领域企业所有需求量的 61.4%；电子信息领域企业的主要需求是专业机构的咨询服务和专业化的知识产权人才引进，这两项需求占到该领域企业所有需求量的 50.0%；生物与新医药领域企业的主要需求是海外知识产权保护培训服务和专业机构的咨询服务，这两项需求占到该领域企业所有需求量的 68.8%；高技术服务领域企业的主要需求是专业机构的咨询服务，占到该领域企业所有需求量的 33.3%；资源与环境领域企业面临的主要需求是专业机构的咨询服务和专业化的知识产权人才引进，这两项需求占到该领域企业所有需求量的 44.4%。

表 7-5　天津参与调研的“走出去”科技型企业主要需求统计表

序号	具有需求的企业数量 / 企业所属领域	海外知识产权保护培训服务	专业机构的咨询服务	知识产权海外申请代理	知识产权海外预警战略制定	知识产权海外运营管理服务	专业化的知识产权人才引进	知识产权保护信息递推服务
1	高端设备制造	11	11	3	4	1	5	10
2	新材料	9	9	5	4	2	9	6
3	其他	2	5	4	1	1	3	3
4	电子信息	4	6	2	2	1	6	3
5	生物与新医药	5	6	1	1	1	1	1
6	新能源及节能		4	0	0	1	2	1
7	高技术服务	1	3	1	1	1	1	1
8	资源与环境	1	2	1	1	1	2	1
9	建筑					1		1
合计		33	46	17	14	10	29	27
占参与调研的涉外企业比例（%）		35.87	50.00	18.48	15.22	10.87	31.52	29.35

（3）部分座谈企业的其他需求意愿。在与几家涉外企业的座谈中，企业还提出

了一些意见与需求，主要有：①希望进一步加强对涉外企业海外专利申请的资助支持额度，减少海外专利申请负担；②希望与国内高校、科研院所加强合作，开展知识产权人才联合培养，共建研究生实习基地、博士后工作站等，解决目前企业海外知识产权人才短缺的问题；③希望放宽对涉外高新技术企业认定、技术先进型企业认定等的条件限制，进一步降低企业的税负。

7.5 典型企业的涉外知识产权保护经验与启示

7.5.1 天津某医疗器械公司涉外知识产权保护经验分析

天津某医疗器械公司集研发、生产、国内外销售于一体，自从 1995 年在天津南开新技术产业园区建厂以来，已经成功推广包括电子血压计、电子体温计、远红外测温仪、血糖测量仪等生理参数测试仪器以及低频治疗仪、多路低频治疗仪、远红外加热仪、手持按摩仪等保健器材，占据着全球家庭医疗保健工程（Home Health Care Engineerin，HHCE）相关医疗仪器重要份额，仅电子血压计一个单品就已进入世界六强，公司涉外知识产权保护经验较为丰富。

1. 注重企业专利管理工作

企业自主开发的产品，在正式立项前，需要了解背景技术，进行相关技术点的查新检索，同时对相关专利进行规避设计；确认技术方案后，积极组织专利人员和研发人员进行专利挖掘，争取在目标市场进行专利保护；在产品正式上市前，需要再次确认目标市场的专利侵权风险，即通常人们所说的自由实施（freedom to operate，以下简称 FTO）专利检索，即通过专利检索与分析评估专利侵权风险。

2. 形成了多元化企业海外专利申请策略

该企业向国外申请专利，一般 3~5 个国家用《巴黎公约》的方式，费用相对 PCT 要低一些；计划进入 5 个以上的国家会或地区一般用 PCT 方式。该企业的专利保护策略主要有 5 种：①保护现有的专利产品；②防止竞争对手抄袭；③确定专利保护的范围涵盖自己的产品；④分析产品的改良变更；⑤保护的范围不能太狭窄。针对在美国进行销售的专利产品，该企业专利权人要给产品标注专利号等信息，以用于警示和告知他人，有明确标注的产品在发生侵权纠纷时，比较容易获得经济赔偿。在美国专利申请的文件撰写过程中，该企业摘要部分一般少写优点和好处，因为该企业认为在后续的审查或者发生纠纷时优点或好处会限制审查意见的答复及侵权判定。产品出口美国前，该企业会请有资质的事务所出具法律意见书，一份法律意见书的费用基本上为 2 万 ~6 万美金，出于对节省费用的考虑，企业建有自己的专业知识产权队伍。对于欧洲专利申请，该企业在检索报告公开后的 8 个月内会提交实审请求，语言为英德法语；根据该企业经验，在专利申请时，PCT 申请文件权利要求不允许多引多，而欧洲专利申请则允许多引多。对于日本的专利申请，根据该企业经验，专利类型及保护期限：外观，自注册日起 20 年；实用新型，自申请日起 10 年；发明，自申请日起 20 年，但是医药类的发明专利，可以延长 5 年。日本专利申请可以以英文送件，但在 2 个月内要补充日语的翻译文本。对于加拿大的专利申请，根据该企业经验，PCT 进入加拿大，最迟可以在 42 个月内进入加拿大，一般情况下，若美国授权，加拿大也会授权，申请文件支持英法文，必须在 5 年内提交实质审查。

3. 企业海外参展经验丰富，应对海外诉讼科学严谨

通过对该企业的调研发现，为了避免在国际展会上遇到知识产权纠纷，该企业会提前了解和熟悉参展国相关的知识产权法律，一般向参展国的法律咨询机构或律师咨询，有时也利用互联网进行检索，了解参展国的知识产权保护法律体系和知识产权法的执法机构和执法程序，以便规避知识产权纠纷，减少损失。赴国外参展时，该企业认为一定要带好企业营业执照、产品的有关书面材料、产品专利证书、专利许可证书、注册商标证书等文件（电子档或复印件均可）。如果展品在以前发生过产权纠纷而被法院或权威机构证实没有产生侵权行为的相关证明，也最好一并带上。如果再次发生知识产权纠纷，这些文件就可以作为不侵权的证据材料。

4. 企业对律师函的处理科学有效

该企业接到专利权人的侵权律师函后，一般会认真对待，仔细弄明白律师函的具体内容，确认所谓的侵权行为是否是真实存在的。具体应对步骤如下。第一步，保持冷静，该企业认为，收到律师函后就开始恐慌，以为收到律师函就意味着巨额赔偿，就想着主动去找对方和解，那就落入了对方的圈套，冷静之后保持头脑清醒进入第二步。第二步，看看对方说的侵权产品自己是否生产，若根本不生产，那就可以对其置之不理，大家不要以为这种情况不存在，很多国外的“专利蟑螂”公司经常会采取广撒网群发的模式，发函前并没有对你的产品进行详细了解，反正发个律师函对于他们来说，只是个邮件群发功能而已。若是本企业确实生产律师函中提到的产品，那就进入第三步。第三步，仔细分析对方律师函中提到的专利文件，为防止对方有后手，最好对对方所有的专利进行检索、下载、分析。若分析的结果是技术方案不同，或技术方案相同但其专利权失效，可以继续采取置之不理策略，也可以回函给对方。若确实自己的技术方案落入对方专利的权利要求的保护范围，且对方专利又在权利有效期内，就进入第四步。第四步，确认对方专利是在哪个国家申请的，是不是我们的目标市场国，若不是我们的目标市场国，也不存在海关过境，那目前对我们不存在威胁，但是，以后要将该公司列入重点监测对象，一方面监测该公司后续的专利公开情况，另一方面监测该公司具有优先权的专利在其他国家的布局情况，也就是说现在我们的产品不侵权，但并不代表以后也不会侵权。若确实存在侵权行为，那就进入第五步。第五步，专利诉讼的应对策略，这时候就要聘请专业律师一起进入备战状态，企业知识产权部门需要尽快找到可以作为无效使用的证据材料，针对对方提出的专利迅速提出无效请求，法务部门可以采取管辖区异议等策略为寻找无效证据拖延时间。

总之，面对越来越多的专利蟑螂，涉外企业一定要克服恐惧心理，擦亮眼睛，理智应对。一方面要学会未雨绸缪，尽量在研发阶段就避免可能会发生的侵权行为；另一方面要攻防兼备，在提高自身研发能力、培养自己的专业技术人员的同时，积极寻求外援。总之，只有依靠专业的知识产权人才和丰富的实战经验，才能确保企业海外业务的蓬勃健康发展。

7.5.2 天津某西药制药集团公司涉外知识产权保护经验分析

天津某西药制药集团公司是 2001 年 10 月经天津市委、市政府批准成立的，为政府授权经营、管理和监督的直属企业、国有独资公司，是天津市重点支持的 14 家大型企业集团之一。该公司实施“高科技加规模经济”发展战略，培养自主技术进步、技术创新的核心能力。1993 年以来，其创新的 160 多项新工艺、40 多种新产品全部投入生产，46 项新产品、新工艺获得国家级、部级和市技术进步奖励；新产品、新工艺每年创造的价值均占其当年工业总产值和销售利润的 70% 以上。企业主要生产经营：皮质激素类原料药及制剂产品、氨基酸类原料及制剂、化工原料、心血管药物以及保健食品等三百余个品种，是全国皮质激素原料药骨干生产企业和出口型企业。

该企业作为每年出口额、销售额过亿美元的企业，知识产权问题是该企业无法回避的问题。该企业认为跨越海外知识产权门槛，从理念上要重新对知识与产权进行定位，具体表现为法律体系、判断标准、赔偿原则等方面的区别。该企业作为一家以仿制药生产为主的企业，提前进行了商标海外布局，先后在欧美等发达国家和非洲、东南亚等的传统市场申请了商标，并获得了批准。在 2013 年 10 月的马来西亚药品展会中，当地有企业提出该企业产品存在商标侵权问题，申请禁制其参展，但由于企业提前注册了商标，通过与展会方沟通，避免了被动。企业知识产权负责人总结了他的几点认识，具体如下。

1. 法律体系不同往往会造成知识产权意识冲突

国外知识产权根据国家发展状况形成了多种法律规则，例如美国药品专利链接制度中的 Bolar 例外（Bolar exception）制度、药品专利期限延长制度等，其形成了较为完善的法律体系。另外，国际上的法律体系主要分为英美法系和大陆法系，两种法律体系存在较大的差异。英美法系的主要特点是注重法典的延续性，以判例法为主要形式；而大陆法系则以法条为主要形式。我国目前的法律体系主要模仿德国，属于大陆法系。

中华人民共和国成立时受到苏联的影响，没有确立知识产权保护的法律体系，直至“文革”结束后，在 20 世纪 80 年代才初步形成了以《中华人民共和国专利法》《中华人民共和国商标法》为基础的知识产权法律体系，至今才四十年。同时，受我国经济、科技发展水平的影响，我国知识产权保护法律制度在完善程度、便捷程度、保护力度等方面与欧美发达国家存在较大的差距。

由于法律体系上的差距，我国企业在进入国际市场时往往就存在法律意识上的差距，在没有了解当地法律的情况下，易受到当地法律的惩罚。例如 2006 年 10 月，世界制药原料展览会在法国巴黎召开，法国内政部反侵权部门以于展会期间公开出售利莫那班，而这是赛诺菲—安万特集团的专利产品，事涉侵权的理由逮捕了 6 名中国贸易企业代表。这一事件成了当时轰动一时的中国药商“专利门”事件。据报道，中国医疗保健品进出口商会人士曾评价说“毫无顾忌地在展览会上销售人家的专利产品，这确实是一种无知”。

从表面上看，造成这一问题的原因是国内企业的知识产权意识差，但从深层次上看则反映了国内法律制度设计、执法程度等方面与国际上的不同。对于欧美企业而言，当它们感觉受到伤害，就会要求政府进行干预，从而容易发生国与国之间的贸易摩擦。这种法律上的不同，需要国内企业不断进行调整和适应，遵守目标国的法律，提高知识产权意识，加强知识产权方面的应对能力，避免受到伤害。

天津某西药制药集团每年出口额超过 1 亿美元，多次参加国外各种展会，通过对参展当地的知识产权法律制度的了解，提前进行知识产权检索，将存在风险的产品及时进行更换，十余年来从未出现过知识产权制裁的情况。

2. 判断标准不同容易造成权利冲突

由于法律体系设计、国家历史渊源、民族习惯等存在不同，国内外在知识产权方面的判断标准也存在不同，这造成了同一件知识产权产品在不同国家授权与否、授权范围方面存在较大的差距。例如对专利创造性的定义，中国和美国有不同的表述，中国专利创造性要求专利与现有技术相比具有“突出的实质性特点”和“显著的进步”。美国则要求该发明对于本领域普通技术人员是非显而易见性的。具体而言，对“本领域技术人员”的规定，中国和美国存在差别。中国对本领域技术人员的规定是其知晓发明日之前的相关技术，“并且具有应用该日期之前常规实验手段的能力，但他不具有创造能力”。而美国在 KSR 案之后将对“本领域普通技术人员”的规定调整为具有普通的创造力，能对现有技术进行一定的组合。另外，美国联邦巡回上诉法院（the United States Court of Appeals for the Federal Circuit，CAFC）在之后的司法实践中提出了“教导—启示—动机”方法（teaching-suggestion-motivation（TSM）test），即如果现有多份技术文献的内容给出了明确的教导和启示，使该领域的普通技术人员有动机将它们结合起来得到该新技术，则权利要求中所请求保护的产品或方法应当被认定为具有显而易见性。而在我国，这种方式在具体审查、无效宣告及行政诉讼中还没有完全被接受。

在专利侵权判定方面，国内外也存在一定的不同。一国的专利保护水平和专利侵权判定标准往往是与其经济和科技发展水平相适应的。一般情况下，技术水平低的国家，对专利保护范围的认定较为狭窄，而技术水平高的国家，对专利保护范围的认定则较宽泛。例如，日本在其技术落后的时候，通过限制专利的保护范围，学习和利用外国的先进技术；而其技术发展后，则宽泛地认定专利的保护范围。美国由于其科技水平较高，对专利保护范围的认定就比较宽泛。例如，美国《专利法》规定的专利间接侵权制度，使专利权的保护客体从专利产品延伸到非专利产品，扩大了专利权的范围，强化了专利在市场经济竞争中的垄断权。

外观知识产权方面也存在类似的问题，欧美对因外观造成的混淆判断较为宽泛，从而使得希望通过“傍名牌”的方式生产的产品受到较为严重的打击。而国内对于这方面的认定还相对狭窄，对于“傍名牌”的产品打击力度偏弱。由于文化、生活习惯等的差异，中文、外文商标在国内与国际上的判断标准也存在一定的差异，至于商标反淡化的标准方面，差距就更大。

这些判断标准的不同，就造成了我国与欧美国家之间存在知识产权权利认定方面的区别。想当然地认为，在中国没有知识产权风险，在海外就不存在知识产权风险，这种想法反而会造成较大的知识产权风险。

3. 赔偿原则不同容易造成维权、侵权意识存在差距

赔偿原则是知识产权体系中重要的原则之一，正义公平不仅需要写在法律中，还需要被诉讼双方、被社会充分感受到。我国现阶段的知识产权侵权损害赔偿原则主要是基于民法侵权赔偿的填平原则，即损失多少就赔付多少。而英美等国家的知识产权侵权损害赔偿原则主要采用惩罚性赔偿，这起源于惩罚性判例法，它是相对于补偿性赔偿而设立的普遍运用于侵权行为法中的一种原则。

一般认为，惩罚性赔偿是基于行为人主观恶意或不道德行为而实施的惩罚，以对其他人造成一种威慑。惩罚性赔偿和补偿性赔偿是相对的概念，应该都属于损害性赔偿的范畴，其侧重点在于对侵权者的惩罚。相较于补偿性赔偿而言，惩罚性赔偿不仅具备对被侵权人补偿的功能还具备对侵权人惩罚的功能，其对专利权人的保护力度更大，并可对潜在侵权人产生足够的威慑力。在美国，惩罚性赔偿以制裁侵权人的侵权行为和震慑潜在的侵权者为目的。在英美法系中，惩罚性赔偿有时还可以用于实际损失难以计算或是没有实际损害的案件中。

在欧美国家，对知识产权侵权的赔偿力度较大，侵权方往往需要付出比获得的利益更多的赔偿，例如《美国法典》第 35 卷第 284 节关于专利侵权损害赔偿金的规定：法院判决的损害赔偿金应当足以补偿因侵权所带来的损失，……但无论以哪种方式，法院均可追加损害赔偿金最高至陪审团所确定的或法院所估算的金额的 3 倍。这使得专利侵权成本明显提高。2016 年 12 月，特拉华州的陪审团做出裁断，认定吉列德的丙型肝炎治疗药物 Sovaldi（通用名 Sofosbuvir，译名“索非布韦”）和 Harvoni（通用名 Ledipasvir/Sofosbuvir，译名“雷迪帕韦 / 索非布韦”）构成对默克专利权的侵犯，判决吉列德支付给默克 25.4 亿美元的专利损害赔偿金。

由于我国对知识产权侵权的判定存在举证难、判决赔偿低等问题，国内企业主动进行知识产权诉讼的较少，不利于企业充分保护自己的权利，同时侵权方也没有受到深刻的教训，持续性、多次侵权情况多发。这种习惯往往体现在企业的海外经营中，会造成企业知识产权利益受损，企业也会因存在侥幸心理而要承担高额赔偿。

7.5.3　天津某民营中药集团涉外知识产权保护经验分析

天津某民营中药集团是一家以中药为主的现代生物医药企业，产业涉及现代中药、生物药和化学药。其拳头产品已申报美国食品药品监督管理局（Food and Drug

Administration，FDA）新药。该集团秉承“产品出口，专利先行”的原则，提前做好专利布局。以下以其拳头产品在美国的专利保护为例，介绍中药天然药物在美国的专利保护模式、途径以及可借鉴的要素。

在正式申报美国 FDA 前，该集团围绕该产品核心处方和工艺等技术申请了美国的专利保护。美国 FDA 要求，创新药应将核心专利列入其“桔皮书”。“桔皮书”是一种 FDA 的公开出版物。对于列入“桔皮书”的创新药，在有效专利保护期间内，FDA 不能直接批准仿制药上市，除非仿制药申请人向法院提起诉讼并被判决专利无效或者使用的技术不构成专利侵权。对于专利的类型，可以列入“桔皮书”的专利只包括两类专利，一类是产品专利，另一类是制药用途专利，制备方法等其他专利不能列入其中。对于创新药来说，一种药品在美国上市不仅意味着要通过 FDA 的行政审批，还要获得适当的产品专利保护。为此，该集团于 2002 年在美国提交了三件专利申请，涉及产品的处方和提取物等方面。由于对技术方案理解的不同，从 2002 年到 2011 年期间，美国专利商标局（United States Patent and Trademark Office，USPTO）3 次驳回了产品专利的申请，该集团通过继续审查请求获得了继续审查的机会。为了获得产品的专利保护，该集团领导聘请美国律师，并与之就后续如何克服存在的缺陷进行深入分析。签订合同后，邀请美国律师 2 次到公司与技术人员当面沟通最终的技术方案是否能保护实际产品，同时确定了修改的技术方案。同时，于 2012 年两次约审查员进行了会晤，解释了权利要求的修改原则以及创造性的问题。最终，该案历经 10 年，更换了 3 家代理机构，终于获得了满意的专利授权保护范围。总结该集团产品在美国的专利申请历程，形成经验与启示如下。

1. 专业律师是申请人和审查员之间的沟通桥梁

由于中美文化的差异导致审查员对于天然药物或中药的理解不同。审查过程中，强调现有技术公开破坏了创造性。通过深入研究，申请人发现现有技术中公开的技术细节与专利技术方案不同。为此，该集团特意聘请具有生物医药背景的美国律师，通过其与审查员会晤，详细阐明发明要点，最后获得授权。因此，在针对技术方案存在理解偏差的情况下，专业丰富的代理律师是沟通申请人和审查员的桥梁，能确保顺利授权。

2. 充分检索是专利撰写的关键

为了获得更好的专利保护，该集团针对复方丹参滴丸产品进行了后续的保护。由于现有技术中公开的技术较多，因此在正式撰写前必须进行充分检索，做到“知己知彼，百战不殆”。在此基础上，该集团在 USPTO 提交了专利申请，并于 2018 年初获得专利产品授权。可见，充分的检索是专利授权的关键。

3. 医药行业的创新离不开知识产权的保护

天然药物和中药由于其特殊性，使得境外专利保护面临更多的困难，表现为产品成分的复杂性和如何在专利法意义上清楚界定保护范围的困难性。鉴于此，选聘既熟悉专业知识又熟知法律的知识产权律师变得尤为重要，好的律师能成为申请人和专利审查员之间的桥梁。此外，充分检索分析现有技术也成为取得境外专利保护的关键，做好申请前的检索工作将使得专利顺利授权。

7.5.4　我国企业应对“337 调查”的典型问题

“337 调查”是美国国际贸易委员会（United States International Trade Commission，ITC）根据美国《1930 年关税法》第 337 节及相关修正案进行的调查，是指如果任何进口行为存在不公平竞争方法或者不公平做法（主要指侵犯美国版权、专利权、商标权或集成电路布局设计权），权利人（包括美国和非美国的自然人和企业）可向 ITC 申请发起调查并采取制裁措施。如果企业的产品被裁定侵犯了知识产权，被发布普遍排除禁令、有限排除禁令或者制止禁令，企业将被排除在美国市场之外，故而“337 调查”成为制造知识产权壁垒的一种重要手段。中国已成为“337 调查”的受害国之一，中国被调查的企业主要是在向美国出口方面发展飞速的企业，且败诉率高达 60% 以上，远高于 26% 的世界平均水平。

“337 调查”的主要特点：首先，立案容易，发起“337 调查”的申请人只需在美国拥有知识产权，而不需在美国有相关的企业或经营行为；其次，处罚严厉，一旦被认定侵权，非但被申请人的相关产品被禁止进入美国，其他同类的产品也有可能被禁止进入美国；再次，周期短，大多数情况下，ITC 的调查期限为 12~15 个月，复杂案件可能会延长至 18 个月，而联邦地区法院的专利案件审理周期长达两年甚至两年以上；最后，对商品行使的是对物管辖权，即 ITC 发布的命令对不在美国的生产者和经销商有管辖权。

为做好本次调查，笔者专门走访了北京高文律师事务所，了解到“337 调查”涉及多方主体，通常包括申请人、被申请人、第三人以及 ITC，调查的审议和执行还涉及总统和海关。当事人若针对涉案专利提出行政审查，对“337 调查”裁决提出司法诉讼，还可能涉及美国联邦地区法院、美国联邦巡回上诉法院、美国联邦最高法院及美国专利商标局。

北京高文律师事务所人员认为，在“337 调查”开始之前，企业可采取一些预防措施。①在生产对美出口产品时，先初步调查出口美国的产品是否在美国授权专利、集成电路布图设计的保护范围，以及其中使用的外观设计及商标是否和美国授权的外观设计和商标类似。如果发现有侵权的可能，应及时对产品进行规避设计。②在接受进口商委托生产对美出口产品的订单时，应在委托加工合同中加入关于知识产权侵权纠纷的免责条款。③生产或者出口前委托有关专业机构进行知识产权布局，同时设计可能的替代方案，减少侵权的可能性。④委托律师出具出口产品不构成知识产权侵权的法律意见书。

在“337 调查”过程中，我国企业可以采取一些策略，以最小的成本和风险最有效地保护自身利益。①联合应诉。多家涉案企业选择联合应诉，可以整合资源、共享信息、分担应诉工作，一定程度上分摊应诉费用，降低单个企业的应诉负担。行业协会或进出口商会应在联合应诉中发挥重要作用，通过建立合理的费用分摊机制集合更多的同行业企业共同应对调查，从而维护整个行业的根本利益。②规避设计。被申请人可以通过研究设计不同于涉案产品的新产品来规避申请人的专利权。规避设计产品一旦获得行政法官或者 ITC 的认可，将不受 ITC 最终发布的排除令等救济措施的影响。③和解。双方当事人可以通过签订和解协议解决争议，终止“337 调查”。和解协议一般可包括：被申请人停止进口或销售侵权产品；申请人放弃对被申请人的指控；允许被申请人在一定时间内处理库存的侵权产品；申请人授权被申请人使用专利或者进口涉案产品等。当事人应向行政法官提交一份协议文本，如果和解协议不存在反竞争因素及违背公共利益等情形，ITC 一般会鼓励和同意双方达成和解协议。

7.6 天津加强涉外知识产权保护的重点思路与对策

7.6.1 天津加强涉外知识产权保护的整体思路

天津加强涉外知识产权保护的整体思路是深入贯彻国家开发开放的宏观战略和“一带一路”倡议，坚持改革创新、坚持协调联动，深入推进知识产权战略，以知识产权保护政策创新为引导，以提升企业海外知识产权保护能力为主线，以推进企业顺利“走出去”和实现跨国发展为目标，发挥北京及天津高端法律服务机构、专利代理机构、技术转移机构、运营服务机构的作用，联合我市各相关委办局，建立以市场为主导、服务机构为主体的网络化、全方位、高效便捷的涉外企业知识产权保护服务体系，尽快帮助我市涉外企业在国际竞争舞台上站稳脚跟，做大做强。

7.6.2 天津加强涉外知识产权保护的政府推动战略

政府应从战略高度认识和把握世界经济结构调整形势，为我市企业实现跨越式发展创造有利机会，结合天津知识产权发展战略部署，做好宏观布局，充分激发中介机构力量，帮扶企业做好海外知识产权保护。

1. 做好企业涉外活动的宏观导向与布局

围绕天津先进制造研发基地建设，引导企业"走出去"参与涉外经营。围绕我市生物医药、高端装备、绿色化工新材料、物联网与信息安全、都市农业与种业、航空航天、绿色能源与新能源汽车等重点优势产业领域，选择具有较好知识产权保护基础的企业，推动企业"走出去"参与涉外经营，获得产业发展急需的先进技术、核心技术和重点专利，尽快补全产业缺少的关键技术、关键环节。

围绕我市高端研发服务平台建设，推动企业"走出去"参与涉外经营。科技研发平台具有更强的企业技术带动能力，提升其技术水平能够对产业发展产生更大的影响力。因此，政府应重点引导和鼓励设有市级以上工程技术中心、企业实验室和企业技术中心等的企业强化知识产权保护，助推其"走出去"，鼓励其建立海外研发平台，整合海外先进技术、人才团队，增强研发平台技术服务和技术辐射效应，带动我市更多企业加快发展。

2. 大力提升涉外企业海外知识产权保护能力

开展对涉外企业家的激发式培训。根据企业家在海外知识产权保护方面遇到的各种问题和相关需求，聘请相关专家及成功实施"走出去"的企业家，有针对性制定海外知识产权保护培训计划，面向我市拟进行海外战略扩展的企业家举办培训，强化企业建立国际化发展的战略意识和理念，提升企业对海外知识产权保护的认识，促进企业海外战略全面升级。

加大帮扶力度，实施"一企一策"服务战略。对于已经开展涉外活动的目标企业，应针对企业需求，开展"一对一"辅导服务，帮助企业"量身定制"海外知识产权保护战略，研判企业涉外活动过程中可能遇到的知识产权纠纷，并提出相关预防措施，降低企业知识产权侵权风险。

3. 构建涉外企业知识产权保护的服务体系

组建一支有资信、有经验的国际性专业化的知识产权服务团队。筛选一批具有国际视野和丰富并购经验的律师事务所、专利事务所、投资咨询公司、会计师事务所等，将其组成的专业服务团队，重点面向我市自创区、自贸区企业开展涉外知识产权管理专题培训，制定服务手册、宣传手册，发布实务指引，组织研讨，全力增强涉外企业的知识产权保护意识，提高其能力。

发挥京津冀知识产权发展联盟作用，深入开展企业帮扶。建立涉外企业知识产权保护工作进展统计分析制度，通过筛选、评估，选定 2~3 家具有较强实力的涉外企业，发挥京津冀知识产权发展联盟作用，联合各行业协会、服务机构，开展企业帮扶行动，根据企业需求，为涉外企业提供海外专利预警、专利保护及法律、维权、展会、政治、文化等方面的战略咨询与发展规划帮扶，提高企业风险防范能力。

4. 构建企业涉外知识产权保护的信息支撑体系

建立知识产权信息公共服务平台。通过我国驻外领使馆、外国驻华使馆、国外商会、国外投资银行、国外咨询公司、国外律师事务所、会计师事务所等渠道，搜集西方国家知识产权保护相关法律法规和政策、趋势和投资机会、科技企业信息和高科技项目等，以这些信息为基础，建立与国际化发展接轨的知识产权公共信息网络服务平台，及时通过该平台，将实时信息向我市企业予以发布，服务企业海外战略。同时，构建信息反馈机制，及时将企业的需求信息予以反馈。

建立涉外企业信息数据库。重点结合我市科技型企业发展行动计划，深入开展企业调查，准确把握企业需求，运用大数据、云计算、物联网等信息技术，建立涉外企业知识产权的数据库，定期向入库企业提供知识产权信息或介绍适宜的海外技术合作项目，定期了解海外知识产权保护政策、保护举措，做到国外最新动态的及时传递、国内企业最新需求的及时了解。

5. 打造涉外企业知识产权保护集聚区

建立涉外企业集聚区能够更好地发挥企业集群效应，有利于涉外企业之间形成合作与帮扶，有利于我市企业海外知识产权保护“抱团取暖”。建议结合我市国家自创区、自贸区产业集群的发展布局，探索出台《天津市涉外企业知识产权保护集聚区建设支持办法》，重点支持集聚区所属园区开展专利导航工程、支持集聚区龙头企业建立企业海外专利保护试点，并重点面向集聚区开展海外知识产权保护培训，同时，注重发挥集聚区示范辐射效应，带动天津乃至整个京津冀区域内企业海外知识产权保护水平迈向新台阶。

7.6.3　天津加强涉外知识产权保护的企业发展战略

1. 企业应注重增强涉外知识产权保护意识

企业应当把培养涉外知识产权保护意识当作涉外知识产权保护工作的出发点，要培养企业高级管理人员的涉外知识产权保护意识。企业可以通过组织涉外知识产权保护培训、出资资助企业工作人员进修学习等方式，加大宣传教育力度，普遍增强企业员工的涉外知识产权保护意识 。

2. 企业应注重提高自身的自主创新能力

在国际化竞争日益加剧的今天，企业应当加大自主创新投入力度，提高自主创新能力，积极申请自有知识产权，形成企业自身的核心竞争力。 积极申请商标国际注册，形成企业品牌的国际影响力。积极申请专利，参与制定行业相关的标准，形成拥有自主知识产权的行业标准。企业拥有自主知识产权是解决企业涉外知识产权纠纷频发的根本之策。

3. 建立行业协会联盟指导企业涉外知识产权保护

企业在自主创新过程中相互协作的趋势日趋明显，再加上涉外知识产权侵权本身的特点，国外竞争对手往往实力雄厚，准备充分，单个企业在与强大的国外竞争对手博弈过程中显得势单力薄，企业进行涉外知识产权保护的成本很高甚至得不偿失。因此，应当建立企业行业协会联盟，发挥行业协会联盟组织、协调、自律、维权的作用。建立行业协会联盟，一方面可以通过资源共享和相互合作，提高企业应对涉外知识产权纠纷的实力，增强信心。另一方面，企业之间可以相互交换信息，将行业做大做强。行业协会联盟充分发挥自身的桥梁作用，引导企业学习国外知识产权规则，联络涉外知识产权保护法律服务专业机构，提高企业涉外知识产权保护的整体实力。

4. 企业应制定系统化涉外知识产权保护战略

企业在提高自主创新能力的同时，也应当根据企业经营目标制定企业涉外知识产权战略，借鉴发达国家成功企业的做法，分析自己企业、产品的特点，制定一套创造、保护、运用、管理本企业涉外知识产权的战略。这其中自然包括涉外知识产权保护相关战略。①企业应当制定涉外知识产权保护制度，组织专业人才从事涉外知识产权保护工作。②企业应当出台涉外知识产权保护手册，对从事涉外知识产权保护工作的员工进行培训和教育。③企业应当聘请专业的涉外知识产权代理机构，为涉外知识产权保护整个过程提供全方位、预防优先的法律服务，使企业的涉外知识产权保护做到未雨绸缪，防患于未然。

5. 企业应避免涉外知识产权纠纷产生

近年来，企业面对来势汹汹的涉外知识产权纠纷，往往消极应对，甚至视发展国外广阔的市场为畏途，改变了国际化经营战略。显然，在市场全球化的今天，我市企业不可能关起国门做生意，必须学会积极应对涉外知识产权纠纷。在法律文化兴起和人类文明高度发展的今天，企业拿起法律武器守卫权利的方式得到了大多数国家的认同。当企业涉外知识产权被侵犯时，或者企业涉外产品涉嫌侵权时，企业都应当积极应对，充分运用有利于我市企业的国际条约、国际惯例，提高我市企业涉外知识产权保护水平，在全球化竞争中迅速成长起来，这是我市企业做大做强的必由之路。

7.7 保障措施建议

（1）加强组织领导，建立推动体系。由天津市知识产权局牵头，联合天津市知识产权保护协会等机构成立专门工作小组。与市商务委、市科委等委办局和相关区各部门建立涉外企业知识产权保护联动工作体系，明确各部门帮扶涉外企业的任务目标，形成涉外企业工作网络布局，健全知识产权工作推动体系。

（2）成立专家小组，发挥智库作用。充分整合京津冀高端智力资源，重点联合天津大学国家知识产权研究基地、北京高文律师事务所、天津市科学学研究所、天津仲裁委等单位与机构，联合成立涉外企业知识产权保护专家咨询委员会，发挥专家咨询委员会的智库作用，对全市涉外企业知识产权保护相关政策、重点、难题、技术专题等开展联合攻关，提出可行建议，保障工作顺利实施。

（3）加强资金支持，强化政策扶持。强化需求侧政策引领，向市财政局申请划拨专项经费，重点推进涉外企业知识产权保护服务“创新券”制度，具体可由市知识产权局筛选、认定一批具有较高水准的海外知识产权服务机构，对我市涉外企业购买的相关海外知识产权咨询服务，按照其合同额给予最高 30%、额度不超过 10 万元的“创新券”支持，引导企业强化海外知识产权保护。

说明：知识经济时代，国与国之间在国际市场上的激烈竞争不仅仅集中于贸易、投资总量，而是越来越聚焦于知识产权的争夺和科学技术的竞争，加强知识产权保护已经成为竞争焦点。天津涉外知识产权保护工作一直是知识产权工作的重点，但整体形势不容乐观，面临着企业涉外知识产权保护意识不强、能力不够、经验不多、政策不足等诸多问题，怎样运用知识产权帮助企业更好地“走出去”，更好地开拓海外市场，成为当今知识产权工作者需要认真考虑的问题，基于此，在天津市知识产权局保护协调处大力支持下，笔者撰写了这部分内容，希望能为天津及相关省市加强涉外知识产权保护提供参考和借鉴。

第四篇

论滨海知识产权改革创新

第 8 章

滨海新区知识产权保护中心建设思考

8.1 引言

2017 年 9 月，国务院办公厅印发了《关于推广支持创新相关改革举措的通知》（国办发〔2017〕80 号），提出把建立专利快速审查、确权、维权一站式服务作为支持创新、打破体制机制障碍的重要改革举措。2017 年 11 月，国家知识产权局出台了《中国知识产权保护中心建设总体方案》，提出到 2020 年，要在全国布局建设 20~30 家保护中心，基本实现重点地区的特色优势产业全覆盖。天津市滨海新区积极抓住历史机遇，努力承接国家知识产权保护资源，加快与国家知识产权局的协同保护联动，在天津市知识产权局的大力支持下，滨海新区政府开始了中国（滨海新区）知识产权保护中心（以下简称保护中心）申报与筹建工作。

8.2 背景分析

在党的十九大报告中，习近平总书记提出“倡导创新文化，强化知识产权创造、保护、运用”；2018 年 4 月，习近平在博鳌亚洲论坛 2018 年年会上指出“加强知识产权保护是完善产权保护制度最重要的内容，也是提高中国经济竞争力最大的激励”。2017 年 9 月，国务院办公厅印发了《关于推广支持创新相关改革举措的通知》（国办发〔2017〕80 号），提出把建立专利快速审查、确权、维权一站式服务作为支持创新、打破体制机制障碍的重要改革举措。

2018 年 2 月，在全市“双万双服促发展”动员会上，天津强调“加快知识产权强市建设，打造全国知识产权严格保护最优城市”。同月，《天津市严格知识产权保护实施方案（2018—2020 年）》出台，将保护中心建设列为市级重点工作。

滨海新区是天津经济发展的“领头羊”，始终把强化知识产权保护作为促进经济发展的重要抓手。2017年，滨海新区印发了《天津市滨海新区知识产权发展“十三五”规划》，提出要努力构建严格的知识产权保护环境，创建国家知识产权示范城区，率先建成国内领先的知识产权聚集区、知识产权产业化领航区、知识产权保护示范区和知识产权改革创新先行区。

8.3 战略意义分析

保护中心以打造国家级知识产权服务平台为核心，不仅可以为滨海新区重点产业构建专利快速审查、快速确权、快速维权“绿色通道”，优化滨海新区营商环境，集聚高端创新要素，还可以促进滨海新区加快构建“严、大、快、同”知识产权保护体系，助推天津自创区、自贸区建设发展，对引领全市乃至京津冀地区知识产权保护工作具有重要示范效应。

8.3.1 从滨海新区发展战略层面看，保护中心建设可以显著优化知识产权保护环境

保护中心建设是加快滨海新区融入国家“一带一路”倡议的需要。滨海新区承载着我国北方对外开放的重要使命，承载着加快企业“走出去”参与国际竞争的战略任务。构建与国际发展接轨的知识产权保护机制，优化知识产权保护环境，能够进一步加快滨海新区融入世界的步伐，加大对外改革开放的力度。

保护中心建设是促进京津冀协同发展的需要。滨海新区担负着疏解非首都功能的重要使命，先后承接了2 000多个首都项目，实际到位资金2 300亿元。构建滨海新区知识产权保护机制，优化知识产权保护环境，将更有利于发挥滨海新区对京津冀协同发展的促进作用。

保护中心建设是进一步提升天津经济水平的需要。滨海新区高端装备制造、新一代信息技术等产业产值占天津同类总产业的比重产值高达60%，滨海新区发展对天津经济发展举足轻重，构建保护中心能更有效地发挥滨海新区对天津经济发展的龙头带动作用，更有利于天津经济总量的提升。

8.3.2 从滨海新区产业发展角度看，保护中心建设能够显著提升创新创业能力

保护中心建设是全面提升滨海新区经济总量、产业自主创新能力的需要。“产

业第一，企业家老大”，谁能为企业家营造良好营商环境，谁就能率先赢得市场发展先机。未来三年，随着世界经济发展的提速，滨海新区高端装备制造、新一代信息技术、医药产业专利申请量将高速增长，专利纠纷案件增速将显著加快，整体将呈现“量大、案多”的特点。

保护中心建设给滨海新区知识产权带来 3 点突破。专利增长率“高”。保护中心建成后可将滨海新区重点产业有效专利量增长率由 2017 年的 6.5% 提升到 10%。到 2020 年，保护中心可促进滨海新区高端装备制造产业专利申请量突破 12 700 件，专利授权量突破 7 600 件，有效专利拥有量突破 17 200 件；可促进滨海新区新一代信息技术产业专利申请量突破 10 000 件，专利授权量突破 5 500 件，有效专利拥有量突破 21 200 件。每年可帮助滨海新区高价值专利数量至少提升 10%，为滨海新区增收突破亿元助力。专利审查速度“快”。保护中心建设可将专利审查、确权周期平均缩短至原来的 1/3，专利对产业经济发展的促进作用提升 30%。企业竞争力“强”。快审、快维服务将显著提升滨海新区企业的知识产权保护能力，预计能为重点领域企业平均提升 10% 的市场竞争优势。保护中心快速维权职能，可降低企业 70% 的维权成本，每年可降低滨海新区企业成本 2 500 万元，将显著提升企业的维权能力。

保护中心建设有利于滨海新区加快“三个集聚”发展。加快高端要素“集聚”。中心建设可以有效承接国家知识产权优势资源，实现与国家专利信息系统的有效对接，加快产业技术、项目等产业高端要素的有效集聚，有利于打造滨海新区科技创新高地。加快高端人才“集聚”。通过保护中心建设，加强企业知识产权保护，有利于促使企业引进一批专业化知识产权服务人才，从而促进滨海新区高端人才的集聚。加快产业发展“集聚”。保护中心建设可有效利用国家资源开展产业专利导航服务，更有利于滨海新区产业链、创新链的布局和完善，促进产业上下游企业的合作与发展，促进产业发展集聚，每年可帮扶滨海新区三大产业培育高价值专利 500 件，实现成果转化价值增幅突破亿元、产业化产值增幅突破百亿元。

保护中心建设能够为滨海新区营造更好的营商环境。保护中心建设是营造区域优秀企业营商环境和创新环境的重要标志，是滨海新区建设国家创新型城区的有力保障和支撑，是滨海新区打造“中国制造 2025 国家级示范区”的现实需求。保护中心建设有利于完善滨海新区知识产权保护制度，有利于新区完善市场机制，念好“市场大学”，更多、更好地聚集优秀企业和企业家。保护中心建设有利于滨海新区整合行政、司法、仲裁、中介等机构，构建产业知识产权保护联动机制，可显著提升产业的自主创新能力。

8.3.3 从滨海新区产业创新需求看，保护中心建设对知识产权创造具有明显的提质增效作用

保护中心建设能够满足滨海新区高端装备制造、新一代信息技术产业发展对专利申请快速审查、确权、维权的需要。滨海新区知识产权侵权案件呈现逐年增加趋势，平均每年以10%左右的速度递增。2017年侵权案件数量约300件，其中，专利侵权纠纷案件达到80多件，商业场所检查假冒、专利标识不规范案件220件。预计2020年滨海新区侵权案件数量将达到500件，其中，每年高端装备制造、新一代信息技术产业侵权案件占比达到60%以上。保护中心的快速维权功能，可大幅度降低产业经济损失，大幅度缓解企业的财务负担。

滨海新区科技型中小企业数量每年以15%的速度递增，高端装备制造、新一代信息技术产业专利申请量年均增幅将高于15%。其中，科技型中小企业专利申请量达到85%以上，有着快速审查与确权的实际要求。经分析，2017年，滨海新区需要快速确权的高端装备制造领域的专利数达到7 520件、新一代信息技术领域的专利数达到5 940件；预计到2020年，高端装备制造、新一代信息技术两个领域需要快速确权的专利数分别为17 545件、13 851件。

8.4 滨海新区优势条件分析

8.4.1 滨海新区城市竞争优势

滨海新区总面积2 270平方千米，常住人口297万，是国家级新区，是国务院批准的第一个国家综合改革创新区，定位为中国北方对外开放门户、高水平现代制造业和研发转化基地、北方国际航运中心和国际物流中心、宜居生态型新城区，是我国北方第一个自由贸易试验区、国家自主创新示范区、国家知识产权示范城区。

滨海新区承担了许多国家知识产权项目，完成了国家重大经济科技活动知识产权评议试点，创建国家知识产权示范城区，建设国家知识产权投融资试点城区，打造国家中小企业知识产权战略推进工程试点城区，持续推进国家知识产权局专利局审查员实践基地建设。

2016年，滨海新区高端装备制造、电子信息已发展成为千亿级产业，生物医

药、新能源等战略性新兴产业年均实现两位数以上增长，建成了 6 个国家新型工业化产业示范基地。2017 年，滨海新区规模以上工业企业数量 1 448 家，年销售收入超过百亿的企业 32 家，世界 500 强外资企业 141 家；万人有效发明专利拥有量达到 26.42 件，远高于天津市平均 18.3 件的水平，高于江苏（22.5 件）、浙江（19.7 件）、广东（19.0 件）等一些省份，也高于成都 19.2 件、芜湖 26.1 件等一些计划单列市。在天津市各区科技进步监测工作中，滨海新区持续保持第一；在天津市专利实力评价中，新区专利综合实力指数位列天津各区之首。

2016—2017 年滨海新区主要科技产出指标统计详见表 8-1。

表 8-1　2016—2017 年滨海新区主要科技产出指标表

主要科技指标	2016 年	2017 年
R&D 经费支出（亿元）	238.24	
高新技术企业（家）	1 632	1 939
技术合同交易额（亿元）	186.57	185.97
有效专利数量（件）	38 554	44 108
小巨人企业（家）	1 354	1 527
国家级重点实验室（家）	16	18
国家工程技术中心（家）	17	19
获得国家科技奖数量（项）	6	4

8.4.2　滨海新区产业优势

高端装备制造业优势突出。滨海新区是全国重要的重型装备制造业基地、特色化装备部件生产基地。2017 年，滨海新区高端装备制造业实现工业产值 1 108.02 亿元，占滨海新区工业总产值的 12.21%。滨海新区拥有空中客车总装、一汽丰田汽车、中国石油集团渤海钻探工程等一批年产值超百亿元的企业，建有电气传动等国家级工程技术研究中心 2 个，建有国家级企业技术中心 12 个。该领域的科技型中小企业占滨海新区科技型中小企业总数的 22.68%。该领域专利授权量突破 4 996 件，有效专利数量达到 11 427 件，占滨海新区有效专利总数的 25.91%。同时，围绕打造滨海“智造之城”，滨海新区建设了智能制造装备产业园，将其建设成为我国智能装备制造高地。

新一代信息技术产业快速壮大。滨海新区是全国一流的新一代信息技术产业基地、国内领先的通信设备产业基地。2017 年，新一代信息技术产业实现工业产值达到 1 438 亿元，占滨海新区工业总产值的 15.85%。滨海新区建有中国电科光电研究院、清华大学天津电子信息研究院等高端研发机构，建有计算机防病毒技术等国家级工程技术研究中心 2 个、大数据处理技术等国家级重点实验室 2 个、光电通信技术有限公司等国家级企业技术中心 6 个。该领域的科技型中小企业数量占到了滨海新区科技型中小企业总数的 37.16%。汇聚了曙光、飞腾、三星电子等 10 多家年产值超过百亿元的行业龙头企业，在国产高性能计算机细分领域拥有 90% 以上的市场份额。2017 年，该领域专利授权量突破 3 690 件，有效专利数量达到 14 060 件，占滨海新区有效专利总数的 31.87%。目前，已经形成产业集聚度高、布局合理、产业链不断延伸的发展格局。

医药产业发展迅猛。滨海新区是全国最重要的生物医药新药研发基地之一。2017 年，医药产业总产值达到 301.6 亿元，占滨海新区产业总产值的 3.32%，同比增长 11.7%。拥有国际生物医药联合研究院、天津药物研究院、中新药业、华大基因等年产值超过 50 亿元的企业 8 家，建有国家干细胞等国家级工程技术研究中心 5 个，建有释药技术及药代动力学等国家级重点实验室 6 个，建有凯莱英医药集团等国家级企业技术中心 3 个。2017 年，该领域专利授权量达到 1 018 件，有效专利数量达到 5 713 件，占滨海新区有效专利总数的 12.95%。

2017 年，滨海新区三大重点产业情况详见表 8-2。

表 8-2　2017 年滨海新区三大重点产业情况

指标 \ 产业	高端装备制造产业	新一代信息技术产业	医药产业
国家级重点实验室（家）	3	2	6
国家级工程中心（家）	2	2	5
国家级企业技术中心（家）	12	6	3
市级重点实验室（家）	5	13	32
市级工程中心（家）	17	12	23
市级企业技术中心（家）	134	42	20
科技型中小企业数量（家）	6 827	11 186	1 545
专利申请总量（件）	8 360	6 600	1 540
专利授权总量（件）	4 996	3 690	1 018

续表

产业 指标	高端装备制造产业	新一代信息技术产业	医药产业
有效专利拥有量（件）	11 427	14 060	5 713
知识产权案件（件）	15	8	11

8.4.3　滨海新区知识产权工作基础优势

近年来，滨海新区持续推进知识产权强区建设，知识产权工作取得明显成效。

知识产权数量增长、质量提升，有力促进了新区创新驱动发展。2017 年，滨海新区专利申请量达到 21 769 件，占全市专利申请总量的 25.02%。专利授权量达到 10 809 件，占全市专利授权量的 25.94%。有效专利量达到 44 108 件，占全市有效专利量的 30.48%，专利申请量、授权量及有效量均保持较高水平。累计 27 项专利获中国专利优秀奖、10 项专利获得中国外观设计优秀奖。

知识产权运用水平再提升，有效促进了新区产业结构优化升级。2017 年，滨海新区累计拥有 26 家国家知识产权优势企业，340 家市级专利示范优势企业，1 327 家区级专利试点企业，专利企业数量位居全市首位。在新区“双创特区”挂牌运行华北知识产权运营中心，在开发区成立国内首家公司制知识产权交易所——天津滨海国际知识产权交易所，创建天津药物研究院等 3 家国家级专利运营试点。专利质押贷款总额达到 17.52 亿元，贷款企业数量和贷款总额均位居全市首位。专利运用有效促进了企业的发展，滨海新区通过认定的国家高新技术企业达到 1 939 家，占全市总数的 48%；科技型中小企业达到 30 096 家，占全市总数的 31.05%；规模过亿的科技型企业 1 527 家，占全市总数的 36.11%。

知识产权保护能力再提高，营造了滨海新区的良好营商环境。在天津自贸区设立了中国（天津）知识产权维权援助中心滨海新区分中心、天津仲裁委知识产权国际仲裁中心等一批知识产权保护机构。先后开展“雷雨”“天网”等系列专项行动，有效打击了侵犯知识产权和制售假冒伪劣商品的行为。初步建立起集行政、司法、仲裁、人民调解于一体的“1+4”知识产权纠纷解决机制。推进司法改革，探索建立知识产权民事、刑事、行政案件“三审合一”的审判机制。

知识产权服务体系再完善，进一步激发了滨海新区创新创业活力。以建设滨海高新区国家知识产权服务业聚集区为契机，打造滨海新区国家知识产权服务业聚集区，先后引进中国知识产权保护协会等18家知识产权服务机构落户滨海新区。整合京津冀知识产权代理、评估、鉴定、交易、诉讼、援助、法律服务等机构，成立了京津冀知识产权发展联盟、华北知识产权运营服务联盟等知识产权高端服务创新联盟。整合京津冀三地服务机构，成立了知识产权专家服务团队，形成了专利贯标、专利实务、专利价值分析、商标实务等企业培训体系。

8.5 保护中心建设思路、原则与目标

8.5.1 整体思路

根据国家对滨海新区的发展定位以及滨海新区产业发展的需求，滨海新区拟定“2+1”产业领域，即保护中心建设应重点以高端装备制造、新一代信息技术两个产业为主，以医药产业为辅设定保护领域。保护中心建设要遵循产业发展规律，坚持以制度创新为根本，以服务社会经济发展为导向，注重打通知识产权创造、保护、运用、管理、服务全链条，重点形成支撑产业快速发展的专利快速审查、快速确权、快速维权的便捷通道，有效发挥知识产权制度激励创新的保障作用，促进滨海新区国际商贸的便利化发展，为滨海新区实现创新驱动提供有力支撑。

8.5.2 建设原则

首先，应坚持改革创新。保护中心建设的出发点和落脚点都是突破传统的保护模式，形成更加高效、统一的新体制。因此，保护中心的建设要始终坚持体制机制创新，坚持多措并举，强化平台运营机制和管理机制创新，保障知识产权公共服务供给优化。

其次，应坚持服务产业。促进产业的发展是保护中心建设的终极目标，保护中心的建设就是围绕区域重点支柱产业建立保护机制，重点以高端装备制造、新一代信息技术、医药产业为试点，逐步推向区域其他重点产业，突出优势和特色，打造未来产业发展新优势，构筑产业发展新高地。

再次，应坚持协同保护。协同保护既是保护中心建设的手段，也是保护中心建设的目标，要想充分发挥保护中心的作用，在保护中心职能建设上，就要坚持专利申请快速审查、快速确权、快速维权的协调联动，坚持审查确权、行政执法、维权援助、仲裁调解、司法衔接的快速协同。

最后，应坚持全链条贯通。全链条贯通是提升滨海新区全产业链价值的需要，更是构建滨海新区知识产权创新生态系统的需要。因此，保护中心建设要立足滨海新区发展和产业基础需求，打通知识产权创造、保护、运用、管理、服务全链条，高效配置创新要素，形成以严格保护引领创造、促进运用、优化管理、提升服务的发展格局。

8.5.3　建设目标

保护中心建设应围绕新区高端装备制造、新一代信息技术、医药产业，建成滨海新区知识产权保护中心并实现有效运营，发挥以快速审查与确权、快速维权服务为核心，以专利导航与运营、科技咨询服务为补充的工作职能；统筹推进与市场监管局、文广电局、海关、法院、仲裁等相关部门的执法协作与司法衔接；构建多级联动、服务健全、活力充沛的知识产权保护体系，在支撑滨海新区创新驱动发展战略、打造公平公正的市场环境、助推产业转型升级等方面发挥重大作用。

8.6　保护中心架构和运营设计

8.6.1　保护中心建设应具备的条件分析

按照国家知识产权局《中国知识产权保护中心建设总体方案》要求，保护中心所在地政府负责保护中心的建设，为保护中心的机构设置、人员编制、场地设备、运行经费等提供支撑。从单位性质要求来看，建设单位应为处级以上行政级别，且是具有独立法人资格的财政补助公益一类事业单位。从单位人员要求来看，保护中心在编人员不少于 40 人。发明及实用新型预审岗位人员、复审和无效预审岗位人员、快速维权岗位人员、专利预警及导航岗位人员需要具备硕士研究生及以上学历。从单位办公场地要求来看，办公面积不得低于 1 500 平方米，应设有接收大厅、调解室、巡回审理庭、机房等办公区域。从开办经费保障看，保护中心应设立一次性建设经费、运营经费和工作专项经费。从产业条件要求来看，选定的保护产业，其专利授权总量不得低于 1 000 件。

8.6.2　保护中心架构设计

（1）整体设想。成立的天津市滨海新区知识产权保护中心，为滨海新区公益一类事业单位，等级规格相当正处级。核定编制 45 名，保护中心经国家知识产权局审批后，加挂“中国（滨海新区）知识产权保护中心”牌子，实行“一个中心、两块牌子”。保护中心设主任一名、副主任三名，内设专利审查一部、专利审查二部、维权服务部、专利综合业务服务部、办公室五个部门。

（2）人员配备设想。保护中心可以设全额事业单位编制 45 名，来源为滨海新区塘沽滨海生产力促进中心编制 17 名，滨海新区汉沽科技进修分院编制 5 名，滨海新区大港生产力促进中心编制 7 名，滨海新区大港科技进修分院编制 5 名，滨海新区大港乡镇企业培训中心编制 11 名。编制和人员数量依据国家知识产权局的要求，参考浦东新区等地区的在建中心的配置情况，以及滨海新区相关工作量确定。同时，预计滨海新区需要设置专利审查员 30 人，完成每年 3 000 件专利快速审查。因专利审查岗位的人员需要较高的学历和专业能力，而培养原有人员需较长一段时间且无空缺编制，因此，拟通过招聘派遣制人员，解决专业人员缺口问题，保证工作开展。派遣制人员薪资待遇参照国内同行业标准。另外，通过系统专业培训，逐步在原事业单位人员中培养出符合专业要求的人员。在保护中心实际运作中，45 名编制将严格使用，对派遣制人员，根据需要逐步到位。

（3）办公场地设想。保护中心办公地址设在现滨海新区塘沽滨海生产力促进中心，地处滨海新区中心位置塘沽街上海道，交通便利。办公面积 1 500 平方米。其中，人员办公面积 425 平方米，受理大厅 300 平方米，机房 150 平方米，会议室 300 平方米，调解室 100 平方米，巡回审理庭 100 平方米，档案室 100 平方米，卫生间 25 平方米。

（4）建设经费设想。国家知识产权局《中国知识产权保护中心建设总体方案》要求，保护中心应设立一次性建设经费、运行经费和工作专项经费。经费须由当地财政部门负责。保护中心的经费投入，坚持既保障中心按期完成建设、平稳高效运营，又要坚持节约简朴的办事原则。场地改造、装修以能满足工作要求为标准，同时充分利用原有办公设施、设备。经与区财政局协商，初步预算确定相关经费投入。保护中心一次性建设经费主要包括信息化建设经费、办公场地装修费，运行经费包括办公经费、人员经费等，专项经费主要包括人员培训费等。

（5）中心效益估算。保护中心运营后，市知识产权局确保保护中心的专利审查服务收入归滨海新区所有，用于保护中心建设。保护中心运营后，具备快速维权职能，按照年服务 500 家企业，每家企业降低维权成本 5 万元计算，每年可降低滨海新区企业成本 2 500 万元。保护中心运营后，具备快速审查职能，按照每年可快速审查 3 000 件专利，平均每件快审专利给企业带来 10% 的竞争优势（按 50 万元市场利润计算），可每年为滨海新区企业增收 1.5 亿元。

8.6.3 保护中心职能设计

（1）快速审查与确权服务。对滨海新区三大重点产业拟请求加快的发明、实用新型、外观设计专利申请开展预审服务。通过预审服务的专利请求，由国家知识产权局专利审查部门进行快速审查。对滨海新区三大产业拟请求的复审请求和无效宣告请求开展预审服务，包括对复审和无效请求的形式审查。对滨海新区三大产业拟请求的实用新型和外观设计专利评价报告请求的申请材料进行审核。根据需要，向专利局和专利复审委会申请开展专利巡回审理或远程审理。

（2）快速维权服务。①快速维权。协助查处假冒专利案件、调解专利纠纷；对接大型电子商务平台，构建优势产业线上维权机制和专利保护合作机制，协助做好线上专利侵权判定咨询工作。②举报投诉。开通 12330 知识产权举报投诉热线电话，对接全国知识产权维权援助与举报投诉网络平台，建立举报投诉快速反应机制，实现快速移交、快速办理、快速反馈。③海外维权。建立海外知识产权维权专家库，推动设立专项基金，支持鼓励企业积极应对海外知识产权纠纷，为企业海外参展提供知识产权快速维权服务。④失信行为惩戒。建立高端装备制造、新一代信息技术、医药产业知识产权失信黑名单，将存在重复侵权、拒不执行行政决定、连续提交非正常申请及违法违规从事专利代理者列入黑名单，在一定时间内禁止其通过快速审查通道申请专利。

（3）开展保护协作服务。①开展执法协作。构建优势产业的知识产权保护信息沟通、风险研判和办案协作等机制，配合开展联合执法行动，有效打击知识产权侵权假冒行为。②开展司法保护协作。积极推进建立专利侵权案件行政调处前置制度、诉中委托调解制度和专利纠纷行政调解协议司法确认制度，推进设立知识产权巡回审判法庭。③协助调解服务。有序推进与各类社会调解及仲裁机构的合作，形成多途径保护知识产权的合力，协同化解各类知识产权纠纷。

（4）专利导航与运营服务。①开展产业关键技术专利导航服务。围绕高端装备制造、新一代信息技术、医药产业，实施产业规划类专利导航项目，明晰产业发展方向和创新重点，研判产业创新发展的方向和路径，规划产业结构调整和升级路径；实施企业运营类专利导航项目，为企业开展专利布局储备提供前瞻性分析，指引企业进行产业核心技术与关键环节的专利布局。②开展产业关键技术高价值专利培育服务。以知识产权运营为目的，推动建立“产、学、研、金、介、用”深度融合的产业关键技术研发体系，积极构建专利组合；面向关键技术和产品联合进行多类别、多地域、多层级、多用途的专利布局，构建一批产业需求导向的重点专利池。中心的快速审查与确权、快速维权、保护协作等业务对产业关键技术高价值专利培育项目给予重点支持。③开展产业关键技术知识产权运营服务。定期征集产业关键技术知识产权项目需求，建设产业关键技术知识产权运营项目库，与国家知识产权运营公共服务平台进行对接，为专利技术二次开发和产业化、投融资、许可转让等提供服务。④开展知识产权评议、区域布局、分析预警等工作。

（5）开展科技咨询服务。①协助科技型中小企业认定。开展滨海新区科技型中小企业认定工作，推动科技型企业技术升级，引导科技型中小企业增强自主创新能力。②协助高新技术企业认定。开展滨海新区高新技术企业认定工作，为企业准备相关认定材料提供服务。③开展各级科技项目申报服务工作。④开展知识产权项目初审、资助资金发放等工作。⑤开展科技奖励项目申报服务工作，完成技术合同登记等工作。

8.7 组建推动建议

（1）联合筹建工作。建议由滨海新区和市知识产权局联合成立筹建工作小组，组长由双方分管领导兼任，成员由双方具体工作部门负责人组成，具体负责保护中心筹建工作。

（2）协同推进组建工作。由保护中心筹建工作组明确滨海新区与市知识产权局的任务分工，滨海新区协调滨海新区编办、财政局和人社局等区级相关部门，具体负责中心建设工作；市知识产权局负责协调国家知识产权局和市编办等国家和市级相关部门；滨海新区和市知识产权局共同向国家知识产权局进行项目申报。

（3）强化推动督导工作。保护中心建设工作已被列为滨海新区和市知识产权局重点工作，明确上报工作进度，切实推动督导落实工作。

说明：中国（滨海新区）知识产权保护中心的筹建无论在战略层面还是在应用层面，对滨海新区知识产权工作都具有十分重要的意义，但建设过程伴随着一系列难题。①破解知识产权行政管理部门机构改革难题。国家知识产权局站在全国角度评判后，认为滨海新区知识产权工作行政人员偏少，未来不能满足指导保护中心建设工作的需要，为此，滨海新区政府提出知识产权工作机构的设置方案，深化政府机构改革，把知识产权管理职能从原滨海新区科工创新委中剥离出来，并入原滨海新区市场和质量监督管理局，组建形成新的滨海新区市场监督管理局，同时，加挂了滨海新区知识产权局的牌子，知识产权管理部门由原来的知识产权保护促进处调整为知识产权保护处、知识产权促进处两个处室，人员增加一倍，此次改革大大增强了滨海新区知识产权管理力量，完善了知识产权管理体系，为滨海知识产权保护中心建设打下了坚实基础。②解决保护中心组建和人员编制不足的难题。国家知识产权局要求保护中心单位级别为公益一类处级以上，事业单位编制人员 40 人以上，就当时滨海新区的现状而言，并没有合适的依托单位，更不可能新增事业单位编制数量，为了争取到国家知识产权保护中心这块宝贵资源，我市相关部门多次赴国家知识产权局商讨建设方案，多次围绕机构级别、人员编制等问题与市、区编办及区人社局沟通，借助滨海新区机构改革的契机，克服种种困难，协调各个部门，最终形成合并一批现有事业单位，新设立天津（滨海新区）知识产权保护中心，并将保护中心级别提升为正处级，属性定位为公益一类，几家单位合并后，编制数量达到了国家要求，一举解决了保护中心组建难、人员编制不足的问题。③打破薪资结构，解决保护中心人员薪资待遇问题。在中心人员待遇方面，国家要求保护中心专利预审、快速维权、专利导航岗位人员全部为硕士以上学历，以目前保护中心的人员待遇水平，即使招聘到硕士以上人员，也很难激发工作人员的积极性。为此，滨海新区想办法打破传统的薪资结构，多次赴北京、上海、南京等地保护中心学习调研，参照同期京津地区专利审查员标准，设定工资标准，薪酬体系为基础工资加绩效工资，基础工资与滨海新区事业单位工资保持一致，绩效工资通过工作量、完成度等多方面考核确定，实现人均工资大幅度提升。新的薪资待遇大大提高了编外员工的归属感和获得感，也成为滨海新区引进紧缺型专业技术人才改革创新、先行先试的典范。

第 9 章

滨海新区知识产权运营服务体系能效提升战略研究

9.1 引言

知识产权运营服务体系建设是营造良好营商环境的重要环节，是实现滨海新区自主创新、高质量发展、动能转换的迫切要求和重要支撑，是实现京津冀协同发展的必要环节，是加快滨海新区实现智慧创新的重要方式，是促进滨海新区知识产权事业繁荣发展、提升其文化软实力的重要措施。知识产权运营服务体系建设不仅有利于滨海新区整合智力资本，更有利于其整合市场资源，对滨海新区加快技术转移转化，技术创新、创新型企业成长，促进产业转型升级、带动经济快速发展具有重要推动作用。

9.2 形势与意义

滨海新区是京津冀协同发展的重要载体，是京津冀协同创新共同体建设的核心区域，担负着疏解北京非首都功能的重要使命。滨海新区知识产权运营服务体系建设，有利于滨海新区发挥区位优势、集聚京津冀创新资源，有利于滨海新区加快资源合理流动以及与国家大院大所的有效对接，有利于滨海新区加快引进科技企业、重大成果和创新人才，对滨海新区形成高质量的产业创新成果供给体系、提升京津冀及周边区域科技成果的扩散、流动、共享和应用具有重要推动作用。

知识产权运营服务体系建设能效提升是滨海新区创新环境优化的重要标志，是滨海新区建设国家创新型城区的有力保障和重要支撑，是滨海新区打造“中国制造2025 国家级示范区”的现实需要。知识产权运营服务体系优化将打通滨海新区知识产权创造、运用、保护、管理和服务全链条，进一步完善滨海新区知识产权保护制度，完善滨海新区市场机制，有力地激发滨海新区企业创新创造活力，更多、更好地集聚优秀企业和企业家，有力地促进滨海新区产业上下游企业的合作与发展，促进产业的集聚和转型升级，推动形成产业聚集、创新驱动、功能聚焦的发展格局，促进形成新的经济增长点，为滨海新区在全国范围内率先赢得市场发展先机。

知识产权运营服务体系建设能效提升将推动滨海新区一批本土机构快速成长为国际化知识产权运营机构或技术转移转化机构。体系建设优化完成后，滨海新区将拥有健全的金融服务体系和能够提供鉴定、评估、专利代理等服务中介的机构，这些机构能够为知识产权持有人、意向方和投资方提供知识产权展示推介、资产评估和质押融资等一系列的综合服务。滨海新区知识产权运营服务体系必将成为连接滨海新区乃至整个京津冀区域“知识—财富—资本”的桥梁和纽带，能够为滨海新区知识产权或科技成果所有者、成长期企业、投资者提供技术与资本对接的便利通道，显著提高滨海新区技术转移和成果转化的效率。

知识产权运营服务体系建设能效提升是滨海新区优化营商环境的需要，是滨海新区建设国家知识产权示范城区的重要内容。当前，滨海新区正处于产业技术转型发展的关键期，运营服务体系的建设能够有效解决市场信息不对称的问题，提高市场信息透明度。滨海新区企业通过知识产权运营平台能够进行信息检索，可以及时了解当前产业技术的发展动态，从而避免重复开发、提高研发效率、降低技术侵权风险；技术需求方通过平台信息检索，能够及时了解受让专利的法律状态与最新技术发展状况，减少不公平竞争，有利于滨海新区营造更加公平公正的知识产权运营环境和营商环境。

9.3　滨海基础优势分析

党的十六届五中全会把滨海新区的开发开放正式纳入国家发展战略。多年来，滨海新区在区委、区政府的领导下，深入贯彻国家和天津市知识产权战略，取得了显著成效，2013 年被批准为国家知识产权试点城区、国家知识产权局专利局审查员实践基地，其中滨海高新区被批准为国家知识产权示范园区；2015 年滨海新区被评为国家首批知识产权投融资试点地区、国家重大经济科技活动知识产权评议试点；2016 年滨海高新区被评为国家知识产权服务业发展集聚试验区；2018 年滨海新区获批国家首批中小企业知识产权战略推进工程试点城区；2019 年中国（滨海新区）知识产权保护中心启动运行；2019 年滨海新区被确定为国家知识产权示范城区。总体来看，滨海新区开展知识产权运营服务体系建设已经具备了扎实的基础。

9.3.1 企业知识产权优势突出

滨海新区积极推动科技领军企业将技术优势转化为知识产权优势，形成了专利密集型企业集群。2018 年，滨海新区企业专利申请量为 22 946 件，同比增长 18.3%，占滨海新区专利申请量的比重为 89.2%；企业专利授权量为 13 936 件，同比增长 40.8%，占滨海新区专利授权量的比重为 92.6%；企业有效专利量为 48 142 件，同比增长 18.5%，占滨海新区有效专利量的比重为 93.4%。企业专利申请、授权和有效量占天津市企业专利申请、授权和有效量的比重分别为 32.9%、41.0% 和 41.1%。

滨海新区涌现出一批知识产权运用优势企业。津膜科技开发的同质增强型中空纤维膜制备技术，兼具力学、通透、分离、抗污染等性能优势，达到国际领先水平，累计实现销售收入超过 5 亿元，利润超过 9 000 万元，获授权发明专利 11 项（含美国专利 1 项），3 项专利获中国专利优秀奖。海鸥表业集团围绕陀飞轮腕表、复杂功能结构机械表、裸摆多功能自动机械表等系列产品积极进行海外布局，申请 PCT 专利 25 项，其中瑞士、德国等发明专利 12 项，有效提升了产品的国际竞争力。

9.3.2 知识产权创造能力持续增强

2018 年，滨海新区专利申请量达 25 718 件，占天津市总量的 25.3%；专利授权量为 15 055 件，占天津市总量的 27.3%；有效专利量为 51 569 件，占天津市总量的 30.5%；有效发明专利达到 9 256 件，占天津市有效发明专利量的 28.9%。专利申请量、授权量及有效量均保持在较高水平。万人发明专利拥有量达到 31.0 件，高于天津市 20.6 件的水平，也高于长沙（30.3 件）、厦门（27.5 件）、青岛（28.5 件）、成都（22 件）等一些计划单列市。企业专利申请、授权和有效专利量在滨海新区专利申请、授权和有效专利量中的占比均保持在 90% 以上。滨海新区累计拥有 34 家国家知识产权示范优势企业，340 家市级专利示范优势企业，1 327 家区级专利试点企业，专利企业数量居天津市首位。滨海新区累计获得中国专利优秀奖 34 项、中国外观设计优秀奖 10 项，天津市专利金奖 42 项、天津市专利优秀奖 104 项。滨海新区注册商标总量达 6 万余件，占天津市的 30.7%。中国驰名商标 33 件，占天津市的 22.8%。滨海新区拥有国家级商标战略实施示范区 1 个、国家级商标战略实施示范企业 1 个，天津市商标战略实施示范区 2 个、天津市商标战略实施示范企业 3 个。2016—2018 年滨海新区商标申请与注册情况详见表 9-2。

表 9-2　滨海新区商标申请与注册统计表

年份	地区	申请件数	占比	注册件数	占比	有效注册量	占比
2016	天津市	34 933	32.1%	22 504	33.9%	134 145	30.9%
	滨海新区	11 209		7 637		41 411	
2017	天津市	49 849	30.1%	26 938	30.7%	159 048	31.0%
	滨海新区	15 022		8 266		49 275	
2018	天津市	65 234	29.3%	41 496	28.6%	196 319	30.7%
	滨海新区	19 091		11 862		60 302	

9.3.3　知识产权运营体系初步建成

滨海新区实施《天津市滨海新区技术转移体系建设实施方案》，大力推进天津科技成果转化交易市场建设，先后组织举办了“2018 中韩技术转移交流洽谈会”“2018 年中英诊断系统技术开放式创新对接会”“一带一路科技创新合作（天津）洽谈会暨 ICI 全球年会”和“2018 年滨海新区与中科院智能产业科技成果对接会”，2018 年全年完成 30 项重大科技成果产业化，实现技术合同登记交易额 252 亿元。积极对接国家科技重大专项、承担天津市重点科技项目，实施大数据、移动互联网、基因科技等重大专项。持续推动科技成果转化大平台建设，推动中国工程科技发展战略天津研究院、军事科学院人工智能军民融合创新中心等新型研发机构建设，清华电子信息研究院建成电子芯片、综合检测、智能大数据三大实验中心，北大信息研究院二期 8 个项目落地，新增 6 家国家级企业技术中心，市级以上研发机构累计达到 465 家。推进华北知识产权运营中心建设，2018 年完成运营合同收入 2 686 万元，受托运营管理专利超过 16 000 件。

9.3.4　知识产权投融资效果显著

滨海新区以建设国家知识产权投融资试点城区为契机，大力提升专利运营能力，探索滨海新区知识产权产业化、许可交易、质押融资和标准化模式。重点加强了与浦发银行、中知厚德知识产权投资管理（天津）有限公司、中金浩资产评估公司、天津市中小企业担保中心、中国人保财险等金融机构的合作，协同推出了系列专利质押融资产品及保险产品，有效提升了滨海新区科技企业专利质押融资的通过率。推进华北知识产权运营中心与滨海科技金融服务中心的建设，形成了“1+*N*”知识产权运作模式，新增中知厚德知识产权投资公司、中金浩资产评估公司等 13 家特色分中心，形成了开放化、多元化、网络化格局。

9.3.5 知识产权保护体系不断完善

2018 年 9 月，滨海新区获批建设中国（滨海新区）知识产权保护中心。保护中心能更好地承接国家知识产权保护资源，构建起滨海新区重点产业专利快速审查、快速确权、快速维权的便捷通道，对加快滨海新区乃至京津冀地区知识产权创新起到了重要的推动作用。同时，在天津自贸区推出便利化服务新举措，建立了专利、商标、版权“三合一”知识产权综合管理机制；成立了天津仲裁委员会知识产权国际仲裁中心，建立起集行政、司法、仲裁、人民调解于一体的“1+4”知识产权纠纷解决机制，为滨海新区贸易投资及自主创新营造规范有序的保护环境。结合知识产权市场秩序监管、维权等权责事项，制定了滨海新区知识产权行政执法制度。加强知识产权行政执法队伍建设和执法人员能力培养，联合成立知识产权行政执法主体，结合“雷雨”“天网”等专项行动，开展打击侵犯知识产权和制售假冒伪劣商品联合行动，知识产权保护环境持续优化。

9.3.6 知识产权服务基础逐渐夯实

以建设滨海高新区国家知识产权服务业聚集区为契机，先后引进中国知识产权保护协会等 18 家知识产权服务机构落户新区。整合京津冀知识产权代理、评估、鉴定、交易、诉讼、援助、法律服务等机构，成立了京津冀知识产权发展联盟、华北知识产权运营服务联盟等知识产权高端服务创新联盟。整合京津冀三地服务机构，成立了知识产权专家服务团队，形成了知识产权贯标、专利实务、专利价值分析、商标实务等企业培训体系。深入开展专利导航，围绕滨海新区智能产业和生命健康产业，绘制并发布产业发展路线图，强力助推产业转型升级。推动滨海高新区创建国家知识产权示范园区，为处于不同发展时期的科技企业定制知识产权服务政策，以全国首创的“创通票”方式向其提供资助。滨海高新区贯标服务平台已与 56 家高端知识产权服务机构对接，截至 2018 年底，累计推动赛象科技、药物研究院等 210 家企业获得知识产权贯标证书。

9.3.7　自贸区、自创区知识产权特色突出

天津自贸区和自创区（以下简称双自区域）功能叠加，是天津的一个重要特色。双自区域均坐落在滨海新区。自创区侧重科技创新，自贸区侧重制度创新，自创区与自贸区双轮驱动，有利于市场资源优化配置，为知识产权工作创新提供了良好环境。天津自创区、自贸区挂牌以来，知识产权制度不断创新，特色机构不断设立，由天津市知识产权局、滨海新区政府和天津自贸区管委会先后成立了华北知识产权运营中心、天津滨海新区知识产权保护服务中心和天津仲裁委员会知识产权国际仲裁中心等机构，构建了行政、司法、仲裁、人民调解相结合的保护体系，形成了双自区域与国际接轨的高水平的知识产权保护和运用服务体系。天津市知识产权管理部门以双自区域为试点，积极建立知识产权联席会议制度和联络员制度，强化与法院、仲裁委等部门探索建立双自区域知识产权联合执法机制和知识产权工作协调机制，形成了执法信息共享制度。同时，在双自区域加大成果转化力度，一大批国家科研院所成套专利技术、中国专利奖项目以及优质专利项目在双自区域进行了转化和产业化。

9.3.8　强化与国家专利审协天津中心的合作

与国家专利审协天津中心签订合作协议，从开展多层次知识产权服务、筹建知识产权保护中心、加强知识产权人才与干部交流合作及共建专利审查和社会服务实训基地等方面进行深入合作。联合申报了国家知识产权局重大专项课题“基于审查资源促进高价值专利培育”；共同组织了国家知识产权局 2018 年重点领域知识产权分析评议报告发布会（天津站）的活动；联合开展专利导航工作，对产业整体发展态势和技术发展脉络进行了系统梳理，明晰了产业发展方向；共同开展企业高质量发展调研，为企业创新发展提供有力支撑。

9.3.9　知识产权投入持续增加

滨海新区高度重视知识产权工作，逐年加大经费投入。2016 年至 2018 年知识产权资金投入分别为 30 66.1 万元、3 349.4 万元和 4 954 万元，年均增幅 28.6%。其中，专利资金投入 2 132.3 万元、2 329.8 万元和 3 964.0 万元，商标资金投入 933.8 万元、1 019.6 万元和 990 万元。专利经费用于知识产权项目、专利强企工程、知识产权保护中心建设及专利奖励、授权奖励、培训等，商标经费用干所有商

标奖励，包括国内外注册商标、证明、集体商标、驰名商标等。

表 9-3　2016—2018 年滨海新区知识产权资金投入情况（单位：万元）

年份	2016 年	2017 年	2018 年
专利	2 132.3	2 329.8	3 964.0
商标	933.8	1 019.6	990
合计	3 066.1	3 349.4	4 954

9.4　运营服务体系能效提升的系统思路与路径

9.4.1　能效提升的系统思路

经过分析，笔者认为滨海新区知识产权运营服务体系能效提升一定要坚持 4 个突出。①要突出创新引领和深化改革。知识产权运营服务体系建设要坚持改革导向，以知识产权引领创新驱动发展，深化知识产权综合管理改革，加快知识产权领域“放管服”，提高知识产权治理能力。通过推进知识产权运营，改革知识产权工作理念和工作体系，充分发挥有效市场和有为政府的作用，创新工作机制和措施，采取重点突破和示范引领的方式，探索出具有滨海新区特色的知识产权运营模式。②要突出需求导向和服务产业。知识产权运营服务体系建设要坚持以企业核心竞争力的提升和产业迈向中高端为目标展开，围绕制约滨海新区知识产权运用和保护的瓶颈和短板问题，优化体系、系统布局，强化知识产权运营工作对产业发展的服务与支撑作用。③要突出协同推进和共建共享。知识产权运营服务体系建设要坚持充分调动企业、高校科研院所、专业服务机构、资本等各方力量的积极性，整合各类资源，促进知识产权运营市场的繁荣，实现知识产权运营服务体系共建、成果共享的良好局面。④要突出开放合作和融合发展。知识产权运营服务体系建设要坚持全球化视野，坚持以全球的知识产权资源为背景，利用好国内、国际知识产权两个资源，开拓好国内、国际两个运营市场，搭建平台、引育专业机构、培养人才，助推滨海新区知识产权运营与实体产业相互融合、相互支撑。

综上，滨海新区知识产权运营服务体系能效提升应以增强滨海新区经济创新力和竞争力为根本，发挥知识产权的市场激励机制和产权安排机制的作用，聚焦知识产权创造运用重点领域和薄弱环节，强化知识产权对产业发展的支撑作用，提升知识产权创造的产出质量，提高创新主体对知识产权的运用能力，拓展知识产权金融服务范畴，建设京津冀知识产权运营服务集聚区，支持高校、科研院所建立知识产权运营中心，打通滨海新区“知识产权创造—运用—保护—管理—服务”全链条价值体系，构建开放、多元、共生的知识产权创新生态系统，为滨海新区率先建设全国先进制造研发基地、京津冀协同发展示范区、国家创新型城区提供强有力的支撑。

9.4.2 能效提升的实现路径

滨海新区知识产权运营服务体系能效提升要以提高滨海新区知识产权运营质量与效益为主线，以加快滨海新区企业创新和产业转型升级为目标，形成“点—线—面”的工作路径。①以“点”为基，搭建平台。坚持政府引导与市场化运作相结合的方式，通过完善政策、健全机制、整合资源，解决知识产权转移转化核心问题，建立知识产权商品资源丰富、主体实力强、人才集聚度高、资本活跃、成效显著的知识产权运营服务平台。②以“线”为基，打通链条。以知识产权运营平台为中枢，牵引和促进滨海新区知识产权的创造、保护、管理和服务全面升级，打通滨海新区“知识产权创造—运用—保护—管理—服务”全链条、全渠道。③以“面”为基，构筑体系。推动知识产权运营与实体产业发展相互融合、相互支撑，形成知识产权运营与产业融合发展的综合体系，推动滨海新区产业向中高端快速迈进。

9.5 运营服务体系能效提升的重点战略与对策

9.5.1 提升支撑产业发展的能力

强化知识产权引领作用，以知识产权创新促进科技创新和产业创新，围绕重点产业的成长需求，实施知识产权促进产业创新伴侣计划。产业发展前期，全面推进产业规划类和企业运营类专利导航项目，指导产业规划决策和企业运营活动；产业发展中期，加快培育知识产权密集型企业，建设知识产权密集型高校院所，加快核心技术研发和专利成果转化；产业发展后期，集中产业优势力量，以标志性领军企业为依托，培育形成一批杀手锏产品，深化产业知识产权协同运用。

（1）大力度实施专利导航工程。建立专利导航工作推进机制，以购买服务、以奖代补等方式，支持企事业单位开展产业规划类和企业运营类专利导航项目，推动产业专利协同运用，培育形成专利导航产业发展新模式。

（2）深入推进中小企业知识产权战略工程。以专利强企为目标，加快推进国家中小企业知识产权战略试点城区建设。大力度培育知识产权密集型企业，围绕滨海新区智能制造、高端装备制造、新能源汽车、新一代信息技术、节能环保、生命健康等优势产业、新兴产业和特色产业，培育天津力神电池股份有限公司、中国石油集团渤海钻探工程有限公司、天津七一二通信广播股份有限公司、汉柏科技有限公司等 10~20 家在专利数量、质量方面能够引领行业发展的知识产权密集型企业，引领企业向价值链、产业链中高端发展。加快将科技领军企业的知识产权优势转化为产品优势，推进企业实现转型升级发展，推进一批中小企业专利首次申请和发明专利消零。

（3）建设知识产权密集型高校院所。在创新资源较为集中的高校、科研院所，培育 3~5 家专利优势明显、自主创新能力较强的知识产权密集型高校或科研组织，促进创新成果与市场需求全面对接，为滨海新区产业发展提供充裕的“源头活水”。

（4）开发具有自主知识产权的杀手锏产品。充分发挥滨海新区标志性领军企业的引领带动作用，进一步提升自主创新能力，鼓励企业加强核心技术研发，围绕滨海新区曙光信息产业股份有限公司等标志性领军企业（主营业务收入超亿元企业），新培育一批技术水平高、市场潜力大、竞争力强且具有自主知识产权的杀手锏产品，提升企业市场竞争力，提升产业科技创新实力。

（5）完善重点产业知识产权风险预警机制。完善重点产业知识产权风险预警及应对机制，开展政府重大项目招商引资的知识产权分析评议、尽职调查及风险分析评估；针对已引进的智能制造、高端装备制造、新能源汽车、新一代信息技术、节能环保、生命健康等优势产业、新兴产业和特色产业项目，支持企业构建重大知识产权风险预警机制，特别是针对海外产品出口或市场布局，重点开展海外知识产权风险预警机制构建及应对策略制定。联合国内外优质服务机构，建立联合快速应对机制，积极协调解决涉外知识产权争端。

9.5.2 提升知识产权产出质量

围绕重点产业构建一批高价值专利组合，建立起能够支撑知识产权运营的高价值专利培育体系，为重大技术的转移、转化，为产业的创新与发展提供高价值专利来源保障。开展企业品牌培育提升行动，引导优势企业打造全球知名品牌。

（1）实施高价值专利组合培育计划。依托北京大学（天津滨海）新一代信息技术研究院、清华大学天津电子信息研究院、中科智能识别产业技术研究院、浙江大学滨海产业技术研究院、人工智能军民融合创新中心、军民融合研究院、国家超级计算天津中心等龙头企业、高校、科研院所，建设一批高价值专利培育示范中心，构筑企业与高校科研院所协同攻关、知识产权服务机构全程参与的高价值专利培育与转化体系。依托高价值专利培育示范中心，形成一批规模较大、布局合理、对产业发展和国际竞争力具有支撑保障作用的高价值专利组合，其中发明专利数量不低于 50 件，PCT 申请不低于 10 件。完善与高价值知识产权组合培育有关的支持政策。加强对高价值专利的跟踪评估，建立评估报告共享机制，实现产业链相关企业、产业联盟以及知识产权运营机构的信息共享，促进高价值专利尽快走向市场转化运营。推动企事业单位运用专利和商标组合策略，形成全方位、立体化覆盖产品、技术、工业设计等的知识产权。围绕高端装备制造、新一代电子信息、生物医药、智能制造等产业，结合滨海新区以及天津市的产业基础和特点，构建专利联盟及专利池，提升产业整体知识产权运营能力。

（2）实施地理标志运用促进工程。加快培育地理标志产品，依托茶淀葡萄、北塘海鲜协会和农村专业种植合作社，大力培育优质的地理标志产品。加强对地理标志产品的质量和特有品质的保护。强化对地理标志产品标识的使用管理，建立地理标志产品标识印制管理制度，从严查处伪造、擅自制造地理标志产品标识的违法行为。

（3）开展商标品牌培育提升工程。健全商标品牌管理制度，显著提升商标品牌管理能力，不断提升企业的商标精细化管理水平，最大限度地预防、控制、降低商标案件造成的危害和损失。加强商标品牌培育，以科技型企业为主线，在天地伟业等科技型龙头企业的示范带动下，稳步提升注册商标数量，夯实实施商标战略的基础。重点培育、帮扶规模大、实力强的企业争创驰名商标和天津市实施商标示范企业，不断壮大商标品牌队伍，培育一批企业争创天津市实施商标示范企业。指导涉外企业通过马德里国际注册在国际贸易中使用自主商标，创建国际品牌，提高自主商标商品的出口比例，提高马德里商标注册量。

（4）建立健全商标品牌保护体系。加强市场巡查、专项检查、长效监管力度，加大重点区域、重点行业、重点商品、重点市场巡查频次，积极开展各类专项整治行动。规范注册商标使用行为，查验商标注册人名义、地址、标识及核定商品或者服务名称、注册商标有效期等是否合法使用，保护商标专用权，进一步优化营商环境。

9.5.3 提高知识产权运用能力

支持企事业单位贯彻知识产权管理国家标准，加快推进知识产权强企建设；助推知识产权企业科创板上市；支持专业机构为中小微企业开展知识产权集中托管，加强知识产权公共服务供给。

（1）推进创新主体知识产权规范化管理。引进品牌知识产权管理规范认证机构，建设知识产权管理规范贯标服务系统。科学制订知识产权贯标工作计划，全面推动企业、高校和科研院所开展知识产权管理规范贯标工作，提高贯标工作奖励标准，优化"贯标"服务流程，提升贯标服务水平。

（2）助推知识产权优势企业科创板上市。对在滨海新区报备的知识产权优势企业（国家、天津市、区三级知识产权试点示范企业，细分领域专利优势企业等）拟在科创板上市时，开展知识产权战略规划专项辅导，围绕企业上市规划，制定针对性的知识产权战略规划方案，通过知识产权战略规划、高价值专利组合培育、知识产权质押融资等工作提升企业无形资产价值。通过知识产权侵权分析、知识产权风险预警与应对等工作降低企业知识产权侵权风险，为企业顺利上市保驾护航。

（3）推动企业知识产权托管服务。按照国家知识产权局关于中小企业知识产权托管工作的相关要求，制定滨海新区知识产权托管服务规范，设定托管机构的准入条件、审批程序和行为规范，建立行业自律与政府事后监管相结合的监管机制。遴选一批知识产权服务机构，搭建服务机构与科技型中小企业的对接平台，引导科技型中小企业将知识产权工作全面托管。

9.5.4 拓展知识产权金融服务

探索专利商标混合质押新模式，建立知识产权运营专项基金，完善知识产权质押融资风险分担及补偿机制，培育知识产权金融全链条服务体系。

（1）优化知识产权质押融资模式。提高知识产权质押融资额度，拓宽知识产权质押贷款的质押物范围，探索专利商标混合质押、无评估质押等新模式。完善知识产权质押融资风险分担及补偿机制，发挥知识产权保险作用，建立知识产权质押融资保证保险制度，形成贷款、保险、财政风险补偿相融合的知识产权质押融资模式。

（2）拓展知识产权融资渠道。完善知识产权质押融资银政、银企合作机制，引进 5~10 家商业银行、保险公司、担保公司、众筹平台等金融机构参与知识产权质押融资活动。拓展知识产权融资渠道，推动与天津市海河基金、创投基金、天使基金、中知创富基金、创业投资基金的合作。引进国内领先的知识产权评估机构，出台专利价值评估指导规范，完善知识产权价值评估服务。

（3）开展投资融资知识产权专项服务。在产业重大投融资项目评估、重大技术项目引进落地、以知识产权收购为重要动因的企业并购等活动中，发挥知识产权在重大项目分析评议、知识产权尽调方面的甄别、遴选、评估等重要作用，将知识产权工作与政府、产业、金融机构、企业等不同层面的投融资活动深度融合，在投融资的不同阶段及各个环节，开展知识产权专项服务。依托中国（滨海新区）知识产权保护中心、知识产权出版社、华北知识产权运营服务平台、知识产权保护协会、知识产权运营服务联盟等平台及品牌机构，集合优质知识产权运营服务人才与知识产权大数据资源，开展投前知识产权尽职调查工作，辅助遴选优质标的项目，评估标的项目质量，有效降低投资决策风险；开展投后高价值专利培育工作，针对标的项目特点提供专项高价值专利培育方案及定制化的高价值专利培育服务，为投后项目的成长及未来发展奠定坚实的基础；围绕投后项目的长期发展规划，将知识产权作为项目发展中的重要优质资产，开展知识产权运营服务，充分挖掘知识产权的金融价值、法律价值、社会价值，保障投后项目的高质量、快速发展。

（4）建立知识产权金融全链条服务体系。引导提供知识产权评估、交易、担保、拍卖、代理、法律等服务的中介机构积极参与知识产权金融服务，支持社会资本创办知识产权投融资经营和服务机构，鼓励对高价值知识产权组合的收购、转化和权利维系，加快形成多方参与的知识产权金融服务体系。

（5）设立滨海新区知识产权运营专项基金。以滨海新区财政配套资金为基础，设立滨海新区知识产权运营专项引导基金，按照“政府引导、市场为主”的原则，引入社会资本，拟撬动社会资本，引导形成更多产业知识产权运营基金。基金围绕滨海新区智能制造、电子信息、生物医药等优势产业，促进产业项目的孵化落地。

9.5.5　建设区域知识产权运营服务集聚区

围绕滨海新区产业发展的重大需求，充分发挥市场在资源配置当中的决定性作用，集聚创新资源，建立市场主体、平台、机构、资本和产业相互支撑、相互融合的知识产权运营体系，加快高价值知识产权的转移、转化和产业化，助推滨海新区重点产业高质量发展。

（1）建设专业化的知识产权运营服务平台。以公益化服务与市场化运作相结合的方式，依托华北知识产权运营中心、中知厚德知识产权投资公司、中科院天津工生所、天津大学滨海工业研究院、天津科技大学等建设一批专业化知识产权运营平台，推动滨海—中关村科技园建设京津冀知识产权协同平台，搭建供需双方合作的桥梁，构建滨海新区线上与线下相结合的知识产权运营服务体系，为政府、企业、高校、科研机构及个人等创新主体、应用主体、服务机构提供知识产权成果运营、转化、信息检索、政策发布、价值评估、项目交易展示、投融资、项目咨询等综合服务。加快滨海新区知识产权运营平台数据库建设，通过政府购买、租赁、许可、交换等方式，建立支撑知识产权运营的专利数据库，形成专利信息挖掘、分析、加工、统计系统化体系。

（2）加快国际知识产权交易步伐。探索设立知识产权交易机构，高水平建设滨海国际知识产权交易所、中科智能“一带一路”发展智库、国际科技合作示范基地、国际技术转移基地等国际知识产权运营平台，进一步开拓与“一带一路”沿线国家技术的合作与转化。与国外机构和组织联合建设技术研发和成果转化中心，建设中英医疗健康产业基地、中加水与环境安全联合研发中心、中欧先进制造产业园、中俄海洋科技联合研发中心、中德企业创新中心等国际先进的技术研发和转移转化平台，加快国际先进技术和创新成果的国际化转移。依托中科天津技术转移公共服务平台，加快中科院科技成果在滨海新区的落地实施。建设天津科技成果转化交易市场，盘活知识产权资产，推动知识产权有效运用。

（3）引导建立产业知识产权联盟。集聚京津冀知识产权评估、金融、法律、代理等高水平服务机构，依托知识产权出版社、华北知识产权运营中心、中知厚德知识产权投资公司在知识产权大数据、人才、资金等方面的资源优势，成立京津冀知识产权运营服务联盟，以联盟为基础和纽带，统筹京津冀知识产权运营资源，深化知识产权协同运用，构建面向企事业单位的全链条、专业化、一站式知识产权服务模式。依托滨海新区的产业基础和产业特色，围绕高端装备制造、新一代电子信息、生物医药、智能制造等重点产业构建重点产业知识产权联盟及专利池，发挥产业联盟的协调和聚集作用，紧密结合知识产权运营服务联盟为不同产业联盟提供的专项服务，加强企业间合作，优化产业整体结构，增强重点产业的汇聚作用，提升产业整体知识产权运营能力，扩大重点产业在国内外的影响力。高标准建设滨海高新区国家知识产权服务集聚园区，面向知识产权运营机构提供“初创服务包”专项支持，面向滨海高新区内企业提供“知识产权服务包”用于向运营机构购买知识产权咨询、申请等专项服务。

9.5.6　探索知识产权服务业发展新路径

（1）创新知识产权服务业发展新路径。面向全球开展专利代理机构招商行动，到 2021 年，引进 5~10 家全链条综合服务能力强、具备国际竞争力的大型知识产权服务机构和 10~20 家业务精专、领域专长优势突出的中小型知识产权服务机构，提升滨海新区专利行业服务质量，打造服务品牌。推动京津冀知识产权信息服务等资源共建共享，促进京津冀知识产权服务机构协同发展。加强专利代理机构管理，推行专利代理工作政策引导体系、咨询服务体系、第三方认证体系，引导专利代理行业聚焦滨海新区战略性新兴产业和知识产权密集型产业等，为重点产业关键技术的专利储备提供服务支撑。建设知识产权“服务慧谷”，在滨海高新区专辟场地建设天津市首个知识产权服务业汇集大厦，实现知识产权服务机构的物理聚集和功能聚集。

（2）加强双自区域知识产权服务模式创新。为自创区、自贸区“走出去”企业量身定制海外知识产权保护战略，研判“走出去”过程中企业可能遇到的知识产权纠纷，并制定相关预防措施，降低企业知识产权侵权风险。面向自创区、自贸区企业开展“走出去”专题培训、发布实务指引，为其制定服务手册、宣传手册，组织企业参与研讨，全力提高“走出去”企业的知识产权保护意识和能力。重点支持自创区、自贸区企业实施专利导航工程，支持龙头企业建立企业海外专利保护试点。积极整合服务资源，探索具有天津自创区、自贸区特色的，快速、便捷的知识产权服务模式，形成与国际接轨的高水平知识产权服务体系。

9.5.7　强化知识产权人才支撑体系建设

（1）加强国际高端知识产权运营人才引进培养。搭建知识产权人才信息共享平台，到 2021 年，力争引进并培养 10~20 名知识产权领军人才、知识产权运营专业人才，特别是具有丰富国际知识产权运营经验的专家人才。对来滨海新区工作的海内外高端知识产权运营人才给予安家补贴，对有突出贡献的知识产权运营人才进行奖励。与天津大学、南开大学等高校建立知识产权人才培养合作计划，与知识产权出版社（i 智库学院）合作实施知识产权运营培训计划，通过线上、线下相结合，理论与实践相结合的方式，培养知识产权运营人才，为知识产权运营工作培养 100 名以上专业技术人才。支持企业、高校、科研院所知识产权管理和技术人才申报知识产权系列中高级职称。

（2）建设滨海新区知识产权智库。汇聚国内外知识产权领域专家，建设一流知识产权智库，为滨海新区知识产权重要规划、重大决议和特殊案件会商提供决策咨询。加强法律顾问管理，优化知识产权专家聘任模式，建立与法律顾问沟通的常态机制。依托滨海新区知识产权专家智库，为企业知识产权维权、知识产权保护、海外专利布局等提供专业支撑。

9.5.8 健全知识产权保护体系

提高执法维权效率和社会效果，推进知识产权严保护工作；构建“一站式”知识产权保护平台，建立起具有滨海特色的知识产权保护体系。

（1）深化严格知识产权保护举措。深化开展“双打”专项行动，加大对各类专业市场、电子商务平台、展览展会场所等关键环节的市场监管和行政执法力度。重点查处知识产权侵权纠纷案件特别是重复侵权、系列侵权案件，加大对制假源头的打击力度及对重复侵权、恶意侵权、群体侵权的查处力度，建立知识产权社会信用体系，推动知识产权与行业信用信息系统接轨，建设信用信息共享平台，形成知识产权信用“红名单”和“黑名单”，推动守信激励和失信惩戒机制建设，完善知识产权失信主体联合惩戒机制。

（2）构建“一站式”知识产权保护平台。依托中国（滨海新区）知识产权保护中心，构建支撑重点产业发展的“一站式”知识产权保护平台，开展集快速审查、快速确权、快速维权为一体的，审查确权、行政执法、维权援助、仲裁调解、司法衔接相联动的产业知识产权快速协同保护工作。建立多元化知识产权纠纷解决机制，健全滨海新区知识产权法庭，推进知识产权民事、刑事、行政案件“三审合一”高效审判模式的构建。

（3）构建“审、评、用、保”协同工作机制。依托中国（滨海新区）知识产权保护中心、华北知识产权运营服务平台、国家知识产权局专利局审查员实践基地以及与知识产权出版社、中知厚德知识产权投资管理（天津）有限公司、浦发银行、中金浩等资产评估机构，基于与国家知识产权局专利局审查协作天津中心开展的多项合作，整合国家专利审协天津中心的专利审查优势资源，构建专利的预审评估、专利审查、知识产权价值评估、知识产权运用、知识产权市场监督监管及保护的协同工作机制，将知识产权的产出、运营、市场监督监管等环节有效结合，以“用”“保”协助“审”“评”，提高知识产权产出质量，以“审”“评”保障

"用""保"，提升知识产权运用和保护能力，建立起知识产权产出源头与市场监督监管及保护的双效协同机制，优化职能部门、产业企业、运营服务机构、平台的联动模式，进一步提升知识产权运用、保护能力。

9.5.9　建立健全知识产权运营政策体系

建立知识产权运营政策体系。加强滨海新区知识产权运营政策研究，建立健全滨海新区知识产权运营政策体系，重点制定出台《滨海新区知识产权专项资金管理办法》《滨海新区重大知识产权分析评议管理办法》《滨海新区科技项目及重大引进平台知识产权产出管理办法》《滨海新区知识产权产业运营机构管理办法》《滨海新区知识产权运营交易促进办法》《滨海新区知识产权运营引智计划》《滨海新区知识产权运营人才培训计划》《专利导航助推滨海新区重点产业创新发展实施方案》等与滨海新区知识产权运营管理相关的政策，构建全方位的滨海新区知识产权运营政策支撑体系。

9.5.10　强化知识产权监管与宣传

（1）建设知识产权统计监测体系。建立知识产权信息统计与监测评价系统，实现滨海新区知识产权数据分析、监控、预测和决策管理。结合滨海新区产业发展态势，开展专利信息深度挖掘和定向分析，为滨海新区产业规划决策和企业经营活动提供支撑。

（2）营造知识产权良好环境氛围。聘请知识产权领域专家、领军人才、法律专家定期在滨海新区举办企业家知识产权高级研修班、知识产权管理实务培训班等活动。抓住"4・26"世界知识产权宣传日、中国专利周、"12・4"普法宣传日等宣传时机，与滨海新区电台、电视台、报纸等主流媒体联合开办"唱响滨海"主体宣传活动，加强知识产权宣传。

9.6　保障措施建议

（1）完善工作机制。充分发挥滨海新区知识产权工作领导小组作用，成立由区政府分管领导任组长，区市场监管局（知识产权局）、区科技局、区财政局、区金融工作局、区文旅局、区公安局、区司法局及功能区、街镇分管领导为成员的滨海新区知识产权运营服务体系建设小组，统筹部署全区知识产权运营工作，协调解决知识产权方面的重大问题。由区政府办印发知识产权运营服务体系建设实施方案，将知识产权运营服务体系建设纳入滨海新区的重点工作，确保工作取得实效。各功能区、街镇按照绩效考核目标狠抓工作执行和落实，形成横向协作、上下联动的工作合力，共同推进知识产权运营服务体系建设深入发展。

（2）加大招商力度。开展以专利为主，以商标、著作权、品牌等知识产权为特色的招商引资。以建立知识产权运营服务体系的交易运营平台、新型智库、投资公司、运营投资基金、银行等以及培育和引进知识产权服务机构等工作为抓手，落实知识产权招商引资工作。市区联动发挥知识产权资源优势，促进知识产权服务业、项目平台、知识产权总部经济集聚。

（3）强化政策导向。加强产业、科技、金融、贸易、人才等政策与知识产权政策的衔接；加强科技计划项目的知识产权导向，将知识产权的创造和运用作为各级科技项目立项、科技项目验收、科技评奖的重要条件，促进知识产权成果推广应用。落实《专利收费减缴办法》有关规定，加大对中小微企业知识产权创造和运用的支持力度。落实研究开发费用税前加计扣除政策，对符合条件的知识产权费用按规定实行加计扣除。

（4）加强监督考核。做好项目推进情况、知识产权运营业态等统计调查工作，定期上报动态信息，及时上报工作进展情况和年度工作总结。探索建立合理可行的考核机制，组织有关部门对知识产权运营机构工作开展情况进行阶段性评估，分年度对试点工作开展情况进行绩效评价，并在工作结束后进行总体评价。加大对典型企业、典型模式的宣传力度，推动知识产权运营健康蓬勃发展。

说明：2017 年，财政部、国家知识产权局在全国选择若干创新资源集聚度高、辐射带动作用强、知识产权支撑区域发展需求迫切的重点城市，支持其开展知识产权运营服务体系建设。2018 年，天津滨海新区为贯彻财政部办公厅、国家知识产权局办公厅印发的《关于 2018 年继续开展知识产权运营服务体系建设工作的通知》要求，充分释放知识产权综合运用效应，促进经济创新力和竞争力不断提高，计划构建具有滨海新区特色的知识产权运营服务体系，笔者承担了课题研究工作，随即开展了滨海新区知识产权运营服务体系效能提升研究，形成了本章研究内容。研究过程中，栾明高级工程师进行了相关附件整理，为研究报告提供了丰富的素材，在此表示感谢。

第 10 章 滨海新区知识产权发展指数与创新动态评价研究

10.1 引言

知识产权发展指数是对一个地区知识产权创造、运用、保护、管理和服务等方面发展情况的综合评价，能够体现出该地区知识产权的整体实力。知识产权创新能力排行榜是对一个地区知识产权创造强度的客观评价，能够反映出该地区企事业单位知识产权的创造活力。

本章采用定基法测评滨海新区知识产权发展指数，以“十三五”开局年为基准年，将基准年知识产权发展指数设为 100，测算滨海新区历年知识产权发展指数。对知识产权发展指数的分析旨在对滨海新区知识产权发展整体状况进行科学研判，准确反映其知识产权发展进程，明确其知识产权发展的优势和不足。本章通过对滨海新区企事业单位知识产权排名及排名变动情况来体现滨海新区知识产权创新动态。希望本章研究能为滨海新区政府、企事业单位改进知识产权工作提供参考，希望能为滨海新区加快构建开放、多元、共生的知识产权创新生态系统提供支撑。

10.2 知识产权发展指数评价体系设计

10.2.1 指标选取原则

（1）简要明确。选取的指标应含义明确、简单易懂，既不对指标外延做过度展开，也不在指标设计上做复杂处理，便于理解和分析。

（2）客观易得。定量化指标要科学、客观地反映专利实力，指标要便于采集，口径一致，数据要权威、无争议并可持续获得。

（3）总分兼顾。指标的选取既要能够从总量上反映知识产权的规模和实力，也要能够从分量上反映区域知识产权发展的相对水平和效率。

（4）普特兼顾。指标选取注重与《全国专利实力状况报告》中的通用指标相衔接，同时也要与滨海新区知识产权工作特色相结合，保证指标的横向与纵向可比性。

10.2.2 知识产权发展指数评价指标体系构建

本部分根据指标选取的原则、研究目标和滨海新区特点，从专利创新指数、商标创新指数、专利商标保护指数 3 个方面构建滨海新区知识产权发展指数评价指标体系，每个方面选取一定数量的评价指标力求科学反映和合理评价滨海新区知识产权发展综合实力。最终，滨海新区知识产权发展指数评价指标体系包括 3 项一级指标、6 项二级指标和 17 项三级指标（表 10-1）。在权重设计上，各指标度量了区域知识产权发展实力的不同层面，其重要程度难以精确区分，参照国家及其他地区做法，在确定权重时各类指标按照二级指标不同层级取相等权重。

表 10-1 滨海新区知识产权发展指数评价指标体系

一级指标	二级指标	三级指标			
		序号	单位	指标	权重
专利创新指数	专利规模指数	1	件	年专利申请量	1/24
		2	件	年专利授权量	1/24
		3	件	有效专利量	1/24
		4	家	有专利的企业数量	1/24
	专利效率指数	5	件	每万人口发明专利拥有量	1/12
		6	%	发明专利授权量占比	1/12
	专利效益指数	7	件	专利奖获奖数量	1/24
		8	亿元	专利质押融资额	1/24
		9	家	知识产权贯标企业数	1/24
		10	家	专利代理机构数量	1/24

续表

一级指标	二级指标	三级指标			
		序号	单位	指标	权重
商标创新指数	商标规模指数	11	件	年商标申请量	1/18
		12	件	年注册商标量	1/18
		13	件	有效注册商标量	1/18
	商标效益指数	14	件	每万户市场主体注册商标拥有量	1/12
		15	件	驰名商标数量	1/12
专利商标保护指数	专利商标保护指数	16	件	知识产权（专利商标）案件量	1/12
		17	人次	知识产权（专利商标）执法活动人次	1/12

在本指标体系中，多数指标含义明确、数据直接可得，但也有个别指标需要经过简单计算或者适当处理。本部分仅对需要计算和处理的指标进行解释说明。

指标 6 发明专利授权量占比。指在年专利授权量中，发明专利授权量占三类专利总授权量的比重。

指标 7 专利奖获奖数量指在每年的专利奖评选中，滨海新区获得国家专利奖和天津市专利奖各项奖项的数量总和。

指标 9 知识产权贯标企业数指滨海新区在市、区两级知识产权局备案的推行实施《国家知识产权管理规范》的企业数量。

指标 10 专利代理机构数量指在国家知识产权局备案的滨海新区专利代理机构数量。

10.2.3　知识产权发展指数指标评价方法

对于滨海新区知识产权发展指数的评价方法，这里采用常见的定基计算方法，以滨海新区 2016 年指数值为基准值，将基准值设定为 100，计算每项三级指标的指数，然后采用线性加权模型逐级求得二级指标指数、一级指标指数和知识产权发展指数。计算方法如下。

将各三级指标按照以下规则标准化，得到三级指标的指数 y_{ij}，计算公式如下。

$$y_{ij} = \frac{x_{ij}}{x_{2016}}$$

其中，y_{ij} 为第 i 个二级指标下的第 j 个三级指标标准化后的数值，x_{ij} 为该指标原始值，x_{2016} 为 2016 年该指标指数值。

二级指标指数 z_i 由三级指标指数加权综合而得，计算方法如下。

$$Z_i = \sum_{j=1}^{n_i} w_{ij} y_{ij}$$

其中，n_i 为第 i 个二级指标下的三级指标的个数。w_{ij} 为该指标相应的权重。

一级指标指数计算方法与二级指标指数计算方法相同，最终由一级指标指数求得知识产权发展指数。

10.3 知识产权创新动态评价体系设计

滨海新区知识产权创新动态评价主要通过滨海新区企事业单位专利数量、商标数量排名（由多到少）来体现，排名所需的主要指标涵盖企事业单位累计有效发明专利量、企业有效专利量、重点研发机构有效专利、企业商标数量，为了客观表述，排名指标均不需要通过二次计算得到。

在排名时发现，同一名次中出现多家企事业单位并列的情况，并且排名越多，并列单位越多，为尽量避免并列情况出现，在主指标基础上，设定了二级指标、三级指标、四级指标、五级指标等次要排名指标。另外，对于母子公司，所统计的母公司专利数量包含了其子公司专利数量。

企事业单位知识产权能力排名指标设定情况见表 10-2。

表 10-2 企事业单位知识产权能力排名指标设定情况

排名指标 排行榜	主要指标	二级指标	三级指标	四级指标	五级指标
滨海新区有效发明专利排行百强榜	有效发明专利量	有效专利量	当年发明专利授权量		
滨海新区有效专利排行五百强	有效专利量	有效发明专利量	当年发明专利授权量	当年专利授权量	当年专利申请量
滨海新区发明专利授权十强	当年发明专利授权量	有效发明专利量	有效专利量		
滨海新区重点研发机构有效专利排行榜	有效专利量	有效发明专利量	当年发明专利授权量	当年专利授权量	当年专利申请量
滨海新区注册商标量排行百强榜	企业拥有商标数量	商标注册时间			

续表

排名指标 / 排行榜	主要指标	二级指标	三级指标	四级指标	五级指标
滨海新区各功能区有效注册商标量排行	各功能区拥有商标数量				

相关数据主要从国家知识产权局历年反馈数据以及《天津市专利统计年报》《天津统计年鉴》《天津科技统计年鉴》《滨海新区知识产权发展白皮书》中获取。

10.4　滨海新区知识产权发展指数评价

10.4.1　整体状况评价

经过计算，一级指标指数计算结果详见表 10-3。从中可以看出，2019 年滨海新区知识产权发展指数达到 154.32，同比增长 4.93%，比 2016 年增长 54.32%，年均增长 15.56%。

（1）在一级指标中，如表 10-3 所示，专利创新指数达到 79.71，商标创新指数达到 44.88，专利商标保护指数达到 29.73，三者对知识产权发展指数的贡献率分别为 51.65%、29.08% 和 19.27%。

表 10-3　一级指标指数计算结果

一级指标	一级指标指数			
	2016 年	2017 年	2018 年	2019 年
专利创新指数	50.00	59.48	73.49	79.71
商标创新指数	33.33	35.73	38.04	44.88
专利商标保护指数	16.67	23.48	35.54	29.73

（2）在二级指标中，如表 10-4 所示，专利规模指数达到 21.34，专利效率指数达到 18.08，专利效益指数达到 40.28；商标规模指数达到 26.97，商标效益指数达到 17.90；专利商标保护指数达到 29.73。6 项二级指标中，商标规模指数同比增幅最大，其次为专利规模指数。6 项二级指标对知识产权发展指数贡献率分别为

13.83%、11.72%、26.10%、17.48%、11.60%、19.27%，其中，专利效益指数贡献率最大。2016—2019 年，滨海新区知识产权发展指数评价指标体系中各一级指标和二级指标发展情况如图 10-1 所示。

表 10-4　二级指标指数计算结果

二级指标	二级指标指数			
	2016 年	2017 年	2018 年	2019 年
专利规模指数	16.67	18.61	17.55	21.34
专利效率指数	16.67	15.38	19.04	18.08
专利效益指数	16.67	25.49	36.89	40.28
商标规模指数	16.67	18.76	21.17	26.97
商标效益指数	16.67	16.97	16.87	17.90
专利商标保护指数	16.67	23.48	35.54	29.73

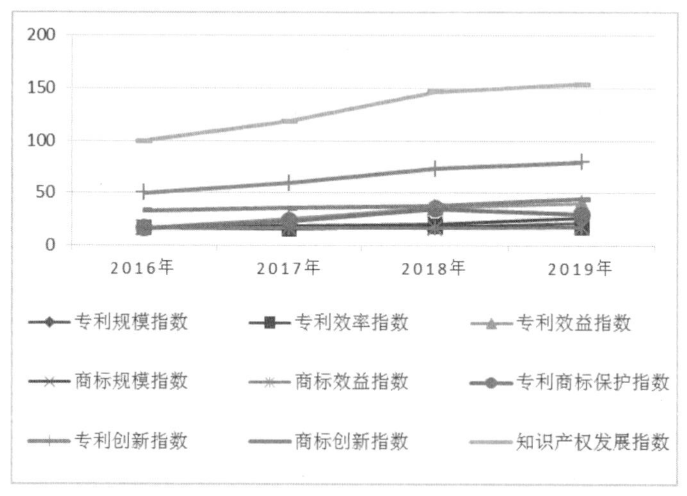

图 10-1　2016—2019 年滨海新区知识产权发展指数年发展情况

（3）在三级指标中，如表 10-5 所示专利规模下属 4 项指标：年专利申请量指数达到 107.31，年专利授权量指数达到 139.64，有效专利量指数达到 142.50，有专利的企业数量指数达到 122.80。其中，有效专利量指数贡献率最大，为 3.85%。

专利效率下属两项指标：每万人口发明专利拥有量指数达到 145.63，发明专利授权量占比指数达到 71.30。其中，每万人口年发明专利拥有量指数贡献率最大，为 7.86%。

专利效益下属 4 项指标：专利奖获奖数量指数达到 123.53，专利质押融资额指数达到 393.29，知识产权贯标企业数指数达到 233.33，专利代理机构数量指数达到 216.67。其中，专利质押融资额指数贡献率最大，为 10.62%。

商标规模下属 3 项指标：年商标申请量指数达到 147.99，年注册商标量指数达到 148.63，有效注册商标量指数达到 188.91。其中，有效注册商标量指数贡献率最大，为 6.80%。

商标效益下属两项指标：每万户市场主体注册商标拥有量指数达到 108.39，驰名商标数量指数达到 106.45。其中，每万户市场主体注册商标拥有量贡献率较大，为 5.85%。

专利商标保护下属两项指标：知识产权（专利商标）侵权假冒案件量指数达到 140.28，知识产权（专利商标）执法活动人次指数达到 216.52。其中，知识产权（专利商标）执法活动人次指数贡献率较大，为 11.69%。

表 10-5　三级指标指数计算结果

三级指标	三级指标指数			
	2016 年	2017 年	2018 年	2019 年
年专利申请量	100	122.40	90.83	107.31
年专利授权量	100	112.36	100.26	139.64
有效专利量	100	106.53	121.88	142.50
有专利的企业数量	100	105.37	108.31	122.80
每万人口发明专利拥有量	100	97.00	124.04	145.63
发明专利授权量占比	100	87.58	104.46	71.30
专利奖获奖数量	100	111.76	111.76	123.53
专利质押融资额	100	240.00	213.66	393.29
知识产权贯标企业数	100	143.33	393.33	233.33
专利代理机构数量	100	116.67	166.67	216.67
年商标申请量	100	123.16	130.67	147.99
年注册商标量	100	90.73	100.39	148.63
有效注册商标量	100	123.74	150.02	188.91
每万户市场主体注册商标拥有量	100	97.19	95.96	108.39
驰名商标数量	100	106.45	106.45	106.45

续表

三级指标	三级指标指数			
	2016 年	2017 年	2018 年	2019 年
知识产权（专利商标）案件量	100	117.36	152.78	140.28
知识产权（专利商标）执法活动人次	100	164.35	273.75	216.52

10.4.2 知识产权发展指数一级指标分析

滨海新区深入贯彻国家和天津市知识产权战略，建设国家知识产权示范城区，推进国家中小企业知识产权战略推进工程试点城区和国家知识产权投融资试点城区建设，建成中国（滨海新区）知识产权保护中心，全面实施创新驱动发展。2019年，在知识产权发展指数3项一级指标中，专利创新指数、商标创新指数同比分别增长8.46%、17.98%，专利商标保护指数同比降低16.35%，3项指数相比2016年分别增长59.42%、34.65%、78.34%。2016—2019年滨海新区知识产权发展指数、专利创新指数、商标创新指数、专利商标保护指数的发展情况分别如图10-2、10-3、10-4、10-5所示。

图 10-2　2016—2019 年滨海新区知识产权发展指数发展情况

图 10-3　2016—2019 年滨海新区专利创新指数发展情况

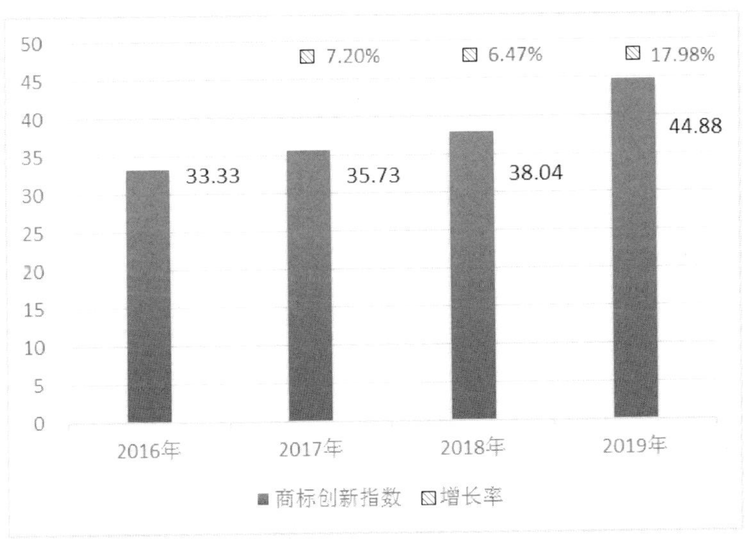

图 10-4　2016—2019 年滨海新区商标创新指数发展情况

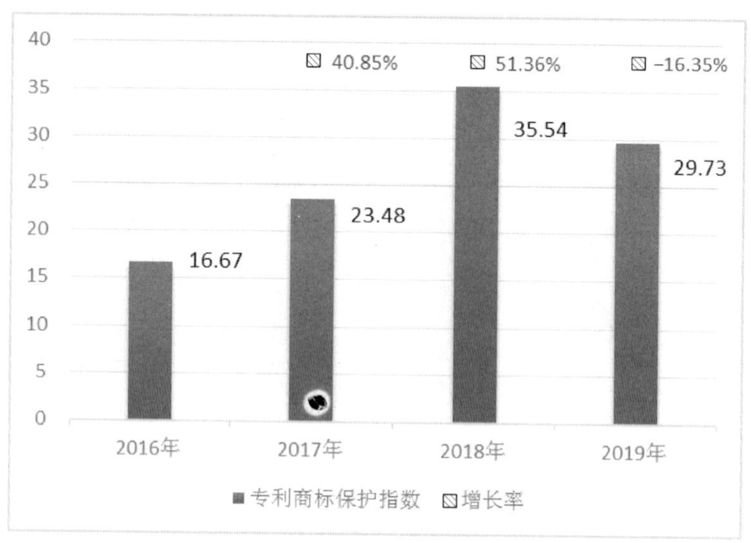

图 10-5 2016—2019 年滨海新区专利商标保护指数发展情况

10.4.3 知识产权发展指数二级指标分析

2019 年，在专利创新指数二级指标中，专利规模指数同比增长 21.60%，比 2016 年增长 28.01%（图 10-6）；专利效率指数同比降低 5.04%，比 2016 年增长 8.46%（图 10-7）；专利效益指数同比增长 9.19%，比 2016 年增长 141.63%（图 10-8）；专利规模指数同比增幅最大，主要得益于年专利授权量的大幅增长。

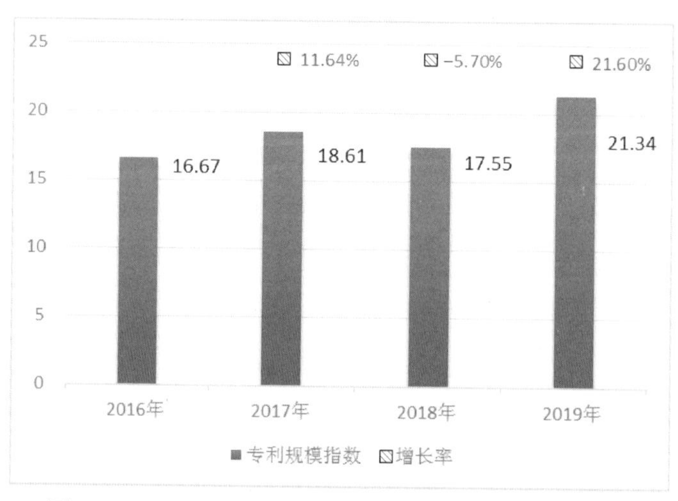

图 10-6 2016—2019 年滨海新区专利规模指数发展情况

图 10-7　2016—2019 年滨海新区专利效率指数发展情况

图 10-8　2016—2019 年滨海新区专利效益指数发展情况

在商标创新指数二级指标中，商标规模指数同比增长 27.40%，比 2016 年增长 61.79%（图 10-9）；商标效益指数同比增长 6.11%，比 2016 年增长 7.38%（图 10-10）；商标规模指数增长幅度较大，主要得益于年注册商标量的大幅增长。

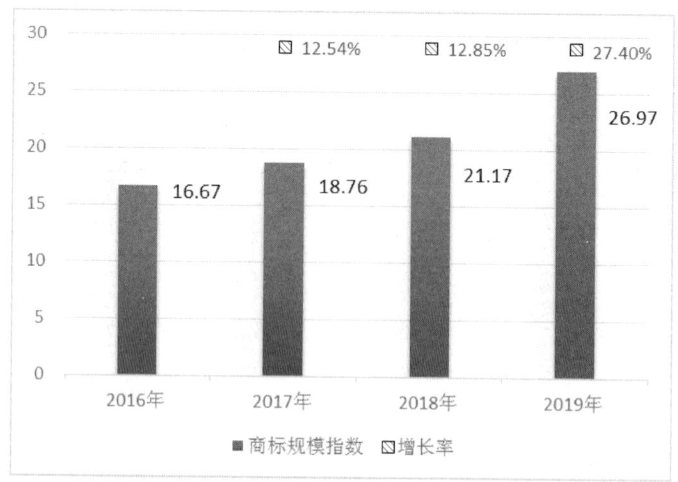

图 10-9　2016—2019 年滨海新区商标规模指数发展情况

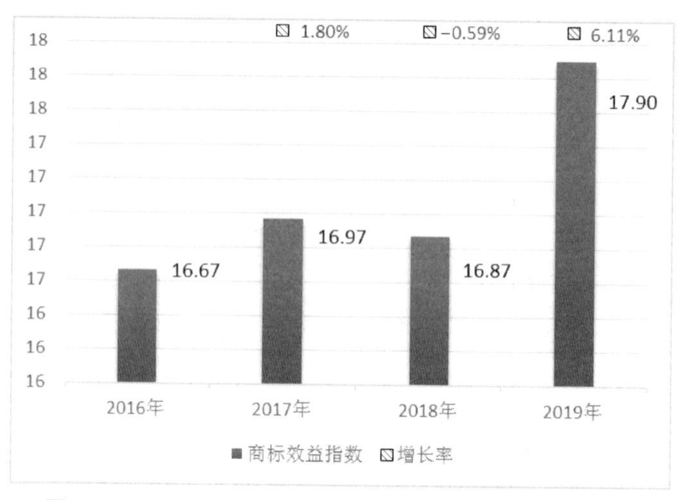

图 10-10　2016—2019 年滨海新区商标效益指数发展情况

专利商标保护指数同比降低 16.35%，比 2016 年增长 78.34%（图 10-11）。

图 10-11　2016—2019 年滨海新区专利商标保护指数发展情况

2016—2019 年，滨海新区知识产权发展指数二级指标指数总体情况如图 10-12 所示。

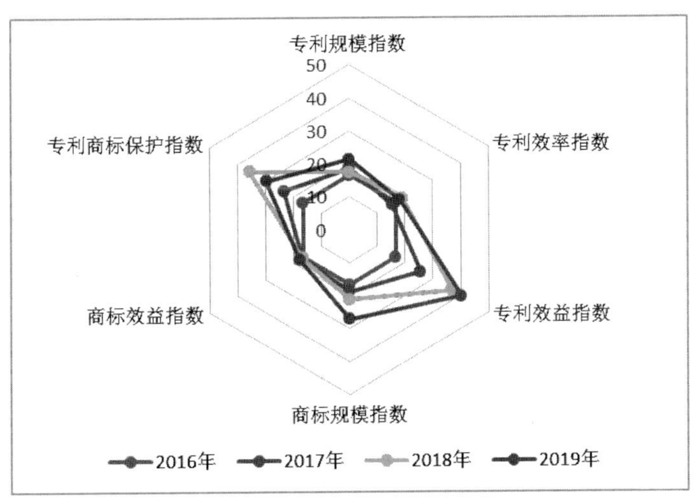

图 10-12　2016—2019 年滨海新区知识产权发展指数二级指标指数发展情况

10.4.4　知识产权发展指数三级指标分析

2019 年，在专利规模指数各项三级指标中，年专利申请量、年专利授权量、有效专利量、有专利的企业数量指数分别同比增长 18.14%、39.28%、16.92%、13.38%，分别比 2016 年增长 7.31%、39.64%、42.50%、22.80%；在数量上分别达到 25 718 件、15 055 件、51 569 件、4 298 家。其中，年专利授权量增幅明显。4 项指标贡献率分别为 2.90%、3.77%、3.85%、3.32%。2016—2019 年各项三级指标指数变化情况如图 10-13 所示。

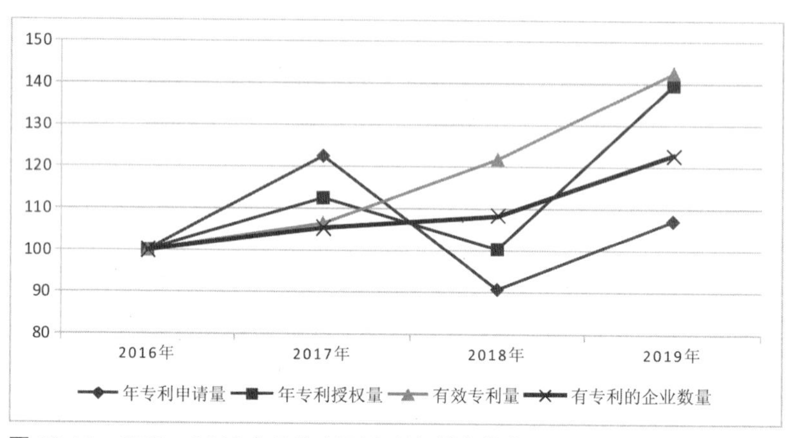

图 10-13　2016—2019 年滨海新区专利规模指数各项三级指标指数变化情况

2019 年，在专利效率指数各项三级指标中，每万人口发明专利拥有量指数同比增长 17.41%，比 2016 年增长 45.63%，在数量上达到 31.02 件；发明专利授权量占比指数同比降低 31.74%，比 2016 年降低 28.70%，主要原因是发明专利授权量增速滞后于实用新型专利授权量增幅。两项指标对知识产权发展指数的贡献率分别为 7.86%、3.85%。2016—2019 年各项三级指标指数变化情况如图 10-14 所示。

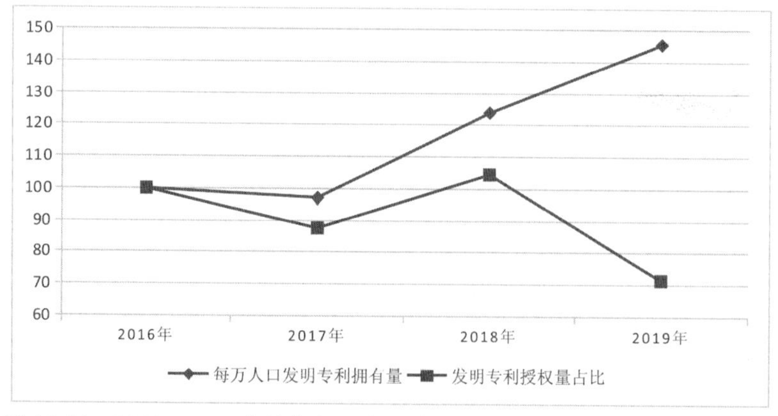

图 10-14　2016—2019 年滨海新区专利效率指数各项三级指标指数变化情况

2019 年，在专利效益指数各项三级指标中，专利奖获奖数量、专利质押融资额、知识产权贯标企业数量、专利代理机构数量指标指数分别同比增长 10.53%、84.07%、-40.68%、30.00%，比 2016 年分别增长 23.53%、293.29%、133.33%、116.67%，在数量上分别达到 21 件、32.25 亿元、70 家、13 家。4 项指标对知识产权发展指数贡献率分别为 3.34%、10.62%、6.30%、5.85%。2016—2019 年各项三级指标指数变化情况如图 10-15 所示。

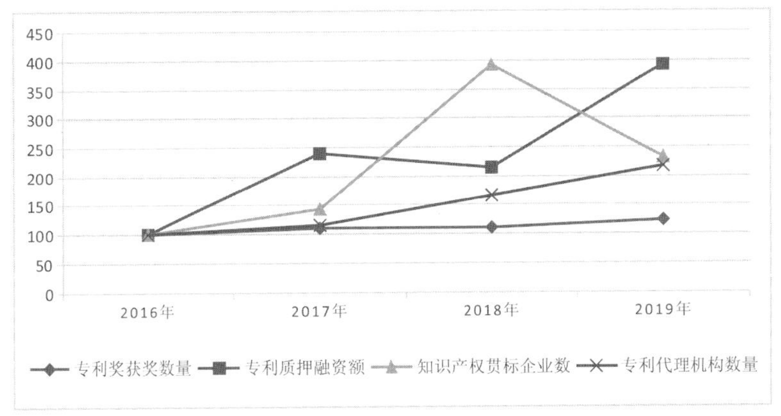

图 10-15　2016—2019 年滨海新区专利效益指数各项三级指标指数变化情况

2019 年，在商标规模指数各项三级指标中，年商标申请量、年注册商标量、有效注册商标量 3 项指标指数均有较大增幅，分别同比增长 13.25%、48.05%、25.92%，比 2016 年分别增长 47.99%、48.63%、88.91%；在数量上分别达到 11 092 件、12 800 件、62 168 件。3 项指标贡献率分别为 5.33%、5.35%、6.80%。从注册商标类别来看，第 35 类（广告、商业经营、商业管理、办公事务）、第 9 类（科研用仪器及器械、领航用电气仪器及器械、量角器、穿孔卡式办公机械）、第 42 类（科学技术服务、工业分析与研究、计算机硬件与软件）拥有较高的商标量，这 3 类注册商标拥有量均在 3 000 件以上。3 项指标对知识产权发展指数贡献率分别为 5.33%、5.35%、6.80%。2016—2019 年各项三级指标指数变化情况如 10-16 所示。

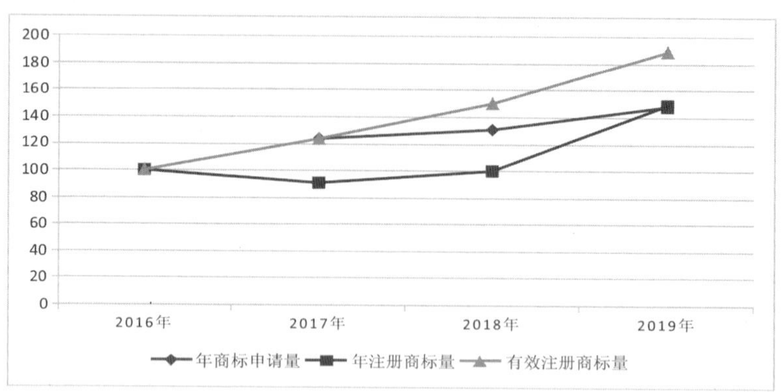

图 10-16　2016—2019 年滨海新区商标规模指数各项三级指标指数变化情况

2019 年，在商标效益指数三级指标中，每万户市场主体注册商标拥有量指数同比增长 12.95%，比 2016 年增长 8.39%，数量达到 2 739 件；驰名商标数量指数与上年相同，相比 2016 年增长 6.45%，数量达到 33 件。两项指标贡献率分别为 5.85%、5.75%。2016—2019 年各项三级指标指数变化情况如图 10-17 所示。

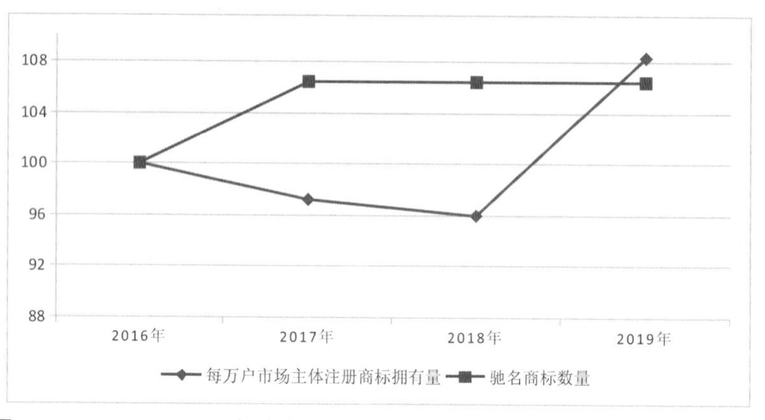

图 10-17　2016—2019 年滨海新区商标效益指数各项三级指标指数变化情况

2019 年，在专利商标保护指数三级指标中，知识产权（专利商标）案件量指数同比下降 8.18%，比 2016 年增长 40.28%，案件量达到 202 件，其中商标案件量为 77 件，专利案件量为 125 件；知识产权（专利商标）执法活动人次指数同比下降 20.90%，比 2016 增长 116.52%，数量达到 8 150 人次，其中，商标执法活动达到 7 800 人次。两项指标贡献率分别为 7.58%、11.69%。2016—2019 年各项三级指标指数变化情况如图 10-18 所示。

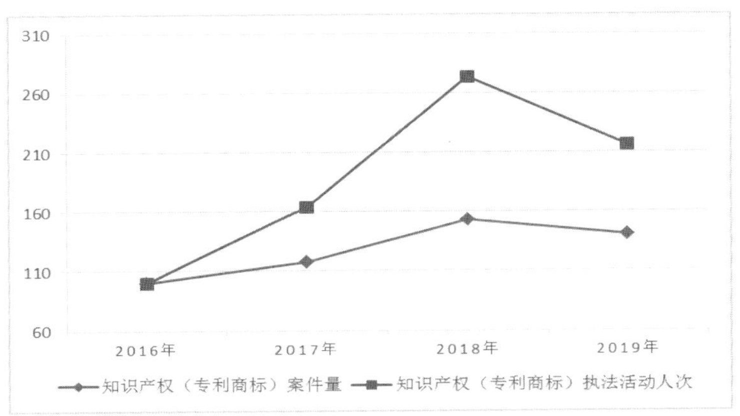

图 10-18　2016—2019 年滨海新区专利商标保护指数三级指标指数变化情况

2019 年滨海新区知识产权发展指数三级指标贡献率排名情况如图 10-19 所示。

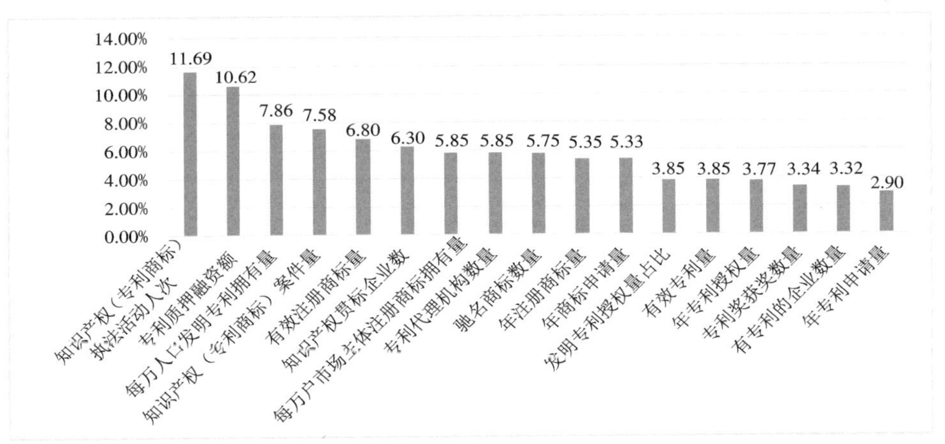

图 10-19　2019 年滨海新区知识产权发展指数三级指标贡献率排名情况

10.5　滨海新区知识产权创新动态评价

10.5.1　滨海新区知识产权创新动态整体情况

知识产权创新能力主要通过滨海新区企事业单位的专利与商标情况来体现，2019 年的统计显示，滨海新区专利申请量达到 25 718 件，占全市专利申请总量的 25.97%；专利授权量达到 15 055 件，占全市专利授权量的 27.53%；有效专利量达到 51 569 件，占全市有效专利量的 30.54%；商标申请量 11 092 件，占全市商标申请总量的 17.00%；注册商标量 12 800 件，占全市商标注册总量的 30.85%；有效商标注册量 62 168 件，占全市有效注册商标量的 31.67%。几项指标在全市各区排名中均居首位；每万人口发明专利拥有量达到 31.02 件，高于天津市平均 20.6 件的水平。在知识产权保护方面，专利案件为 125 件，商标案件为 77 件。滨海新区在天津市各区科技进步监测、天津市各区专利实力评价中均排名第一。同时，从滨海新区有效发明专利分布产业领域来看，新一代信息技术、生命健康、高端装备制造、新材料等重点产业有效发明专利拥有量较高，为滨海新区产业转型升级、高质量发展、打造经济新增长点提供了动能支撑。

滨海新区企业专利申请、授权和有效专利量在滨海新区专利申请、授权和有效专量总量中的占比均保持在 90% 以上，实现 1 000 家企业专利首次申请和发明专利清零，推动 300 余家企业开展贯标工作，79 个项目入围天津市科技奖，拥有驰名商标 33 件，建设国家知识产权示范城区，建成中国（滨海新区）知识产权保护中心，全年技术合同登记交易额超过 220 亿元。

滨海新区科技型中小企业达到 3.3 万家，规模过亿的科技型企业达到 1 635 家，国家高新技术企业达到 2 223 家，累计建成市级以上研发机构 474 家、各类众创空间 70 家、产业创新联盟 37 家。“海河英才计划”落户 3 万人，占全市的 25%。

10.5.2 滨海新区知识产权创新动态解析

1. 有效发明专利排行动态

在 2019 年滨海新区有效发明专利排行百强榜中，排名前十的单位详见表 10-6。与 2018 年相比，排名榜首的仍为天津科技大学，其有效发明专利量为 306 件。百强排行榜上榜主体有效发明专利量总和为 5 168 件，同比增长 1 054 件，增长率为 25.62%。

表 10-6 2019 年滨海新区有效发明专利排名前十的单位

排名	专利权人	有效发明专利量（件）
1	天津科技大学	306
2	芯鑫融资租赁（天津）有限责任公司	274
3	中国石油集团渤海钻探工程有限公司	215
4	汉柏科技有限公司	171
5	天津中兴智联科技有限公司	168
6	中国科学院天津工业生物技术研究所	146

续表

排名	专利权人	有效发明专利量（件）
7	鸿富锦精密电子（天津）有限公司	137
8	天津博信汽车零部件有限公司	128
9	中冶天工集团有限公司	125
10	中国建筑第六工程局有限公司	121

排名前十的单位有效发明专利量总和为 1 791 件，比 2018 年增加 368 件，同比增长 25.86%。在排名前十的创新主体中，芯鑫融资租赁（天津）有限责任公司、鸿富锦精密电子（天津）有限公司、中国建筑第六工程局有限公司 3 家单位较 2018 年有效发明专利量增长幅度较大，首次进入排行榜前十。

相比 2018 年，百强排行榜中有 13 家单位新晋百强排名，新晋单位主要包含南大通用、天津水运工程科学研究所、天津津航计算技术研究所等品牌企业及科研院所，这也反映出滨海新区知名企业和科研院所的创新能力进一步增强。

从上榜机构类型看，涵盖了企业、高校、科研院所等，其中，企业有 89 家、科研院所 9 家、高校 2 家，企业创新主体数量占据绝对优势。

从不同单位拥有的有效发明专利数量来看，企业拥有的有效发明专利量为 4 382 件，占总数的 84.79%；科研院所拥有有效发明专利量为 447 件，占总数的 8.65%；高校拥有有效发明专利量为 339 件，占总数 6.56%，企业的拥有量占据绝对多数，如图 10-20 所示。

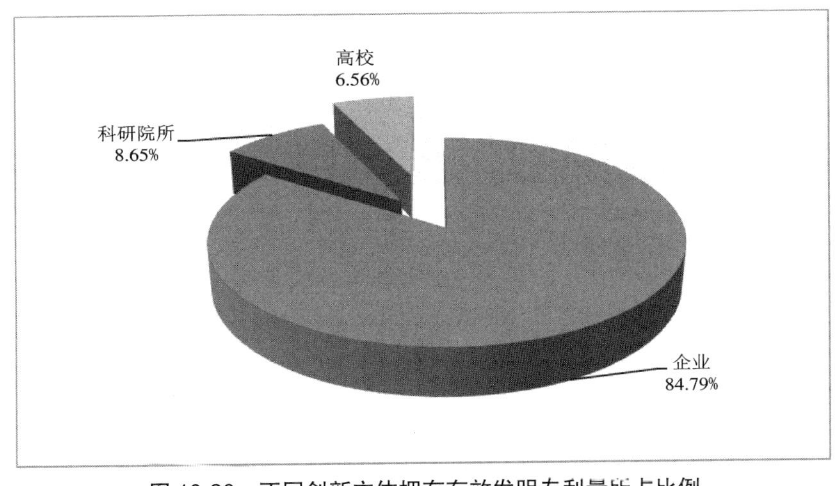

图 10-20　不同创新主体拥有有效发明专利量所占比例

从产业分布看，有效发明专利量排行前十的单位主要分布于高端装备制造、新一代信息技术、生命健康、现代金融等滨海新区新八大重点产业领域。

2. 有效专利排行动态

在2019年滨海新区有效专利排行五百强中，排名前十的单位详见表10-7。相比2018年，排在榜首的仍为中国石油集团渤海钻探工程有限公司，拥有有效专利量1 224件，同比增长124件，增长率为11.3%。五百强上榜单位共计拥有有效专利量27 836件，同比增长4 088件，增长率为17.21%。

表10-7 2019年滨海新区有效专利排名前十的单位

排名	专利权人	有效专利量（件）
1	中国石油集团渤海钻探工程有限公司	1 224
2	中国建筑第六工程局有限公司	1 164
3	天津力神电池股份有限公司	930
4	中冶天工集团有限公司	669
5	中交第一航务工程局有限公司	594
6	中国石油集团渤海石油装备制造有限公司	408
7	天津科技大学	339
8	天津海鸥表业集团有限公司	361
9	天津七一二通信广播股份有限公司	332
10	芯鑫融资租赁（天津）有限责任公司	318

排名前十的单位的有效专利量总和为6 339件，同比增长554件，增长率为9.58%。在排名前十的单位中，中交第一航务工程局有限公司、芯鑫融资租赁（天津）有限责任公司两家企业为新晋前十排名的单位。

在有效专利排行五百强中，排名前一百的单位拥有的有效专利总量为16 468件，同比增长2 429件，增长率为17.30%。前一百强新上榜企业为5家。排行五百强新上榜企业有127家，其拥有有效专利量合计3 526件，占排行榜有效专利量总和的12.67%。

从有效专利量分布看，排名前二十的单位共有有效专利量8 661件，占五百强单位有效专利总量的31.11%，专利分布呈现出明显的集聚效应。具有百件以上有效专利的单位共有49家，占统计总数的9.8%，49家单位中含45家企业、1家高校、3家科研院所，企业占比达91.84%。

3. 当年发明专利授权量排行动态

2019 年滨海新区当年发明专利授权量排行十强的单位详见表 10-8。排名榜首的单位为中国石油集团渤海钻探工程有限公司，其发明专利授权量为 69 件，位次相比 2018 年没有发生变化。

表 10-8　2019 年滨海新区当年发明专利授权量十强单位

排名	专利权人	发明专利授权量（件）
1	中国石油集团渤海钻探工程有限公司	69
2	中国电子科技集团公司第十八研究所	63
3	鸿富锦精密电子（天津）有限公司	39
4	天津科技大学	36
5	中交第一航务工程局有限公司	36
6	中国科学院天津工业生物技术研究所	35
7	乐视致新电子科技（天津）有限公司	31
8	天津三安光电有限公司	25
9	汉柏科技有限公司	23
10	建科机械（天津）股份有限公司	20

在十强榜中，3 家企业为新晋上榜单位，分别为鸿富锦精密电子（天津）有限公司、中交第一航务工程局有限公司、建科机械（天津）股份有限公司，新晋上榜单位主要分布在高端装备制造产业，这也反映出滨海新区高端装备制造产业活力在逐年增强。

4. 重点研发机构有效专利量排行动态

在 2019 年滨海新区重点研发机构有效专利排行榜中，排名前十的机构详见表 10-9。排名榜首的机构为天津科技大学，与 2018 年没有变化，拥有有效专利量 333 件。重点研发机构有效专利量总量达到 1 615 件，同比增长 171 件，增长率 11.84%。重点研发机构中，排名前十的机构有效专利量总和达到 1 230 件，占全部统计研发机构有效专利总量的 76.16%，呈现出明显的专利集聚效应。另外，从产业分布看，排名前十的单位主要分布在电子信息、装备制造、生物医药和航空航天领域，基本反映出滨海新区研发创新活动的分布情况。

表 10-9　2019 年滨海新区重点研发机构有效专利量排名前十的单位

排名	专利权人	有效专利量（件）
1	天津科技大学	333
2	交通运输部天津水运工程科学研究所	235
3	中国电子科技集团公司第十八研究所	182
4	中国科学院天津工业生物技术研究所	159
5	天津航天机电设备研究所	72
6	中国航天科工集团第三研究院第八三五七研究所	57
7	天津水运工程勘察设计院	53
8	中国包装科研测试中心	49
9	天津津航计算技术研究所	46
10	天津津航技术物理研究所	44

5. 注册商标量排行动态

在 2019 年滨海新区注册商标量排行百强榜中，排名前十的单位详见表 10-10。排名榜首的单位为顶顶科技发展有限公司，拥有商标数量 482 件。百强单位共拥有商标数量达 13 130 件，排名前十的单位合计拥有商标数量 3 235 件，占百强单位商标总数的 24.64%。拥有百件商标以上的企业达到 57 家，占百强企业数一半以上。在驰名商标拥有量上，滨海新区共拥有灯塔、金桥、赛象等驰名商标 33 件。

表 10-10　2019 年滨海新区注册商标量排行前十的单位

排名	商标权利人	商标数量（件）
1	顶顶科技发展有限公司	482
2	天津英雄互娱科技有限公司	405
3	天津临港港务集团有限公司	340
4	天津经济技术开发区国有资产经营公司	328
5	天津东荒影视文化工作室	307
6	中粮名庄荟国际酒业有限公司	303
7	天津市网佛科技发展有限责任公司	281
8	天津自在科技有限公司	272
9	天津滨海泰达航母旅游集团股份有限公司	271
10	贝壳技术有限公司	246

6. 各区域有效专利量及注册商标量发展动态

2019 年，滨海新区各区域拥有有效专利量及注册商标量情况详见表 10-11。在有效专利量方面，天津经济技术开发区拥有有效专利量 11 280 件，天津港保税区拥有有效专利量 8 894 件，高新技术产业开发区拥有有效专利量 17 267 件，街镇拥有有效专利量 14 055 件；在三大开发区中，高新技术产业开发区有效专利量最高，占全区有效专利总量的 33.48%。在注册商标量方面，天津经济技术开发区拥有注册商标量 16 417 件，天津港保税区拥有注册商标量 9 868 件，高新技术产业开发区拥有注册商标量 11 544 件，街镇拥有注册商标量 24 339 件；在三大开发区中，天津经济技术开发区注册商标量最高，占全区注册商标总量的 26.41%。

表 10-11　2019 年滨海新区各区域有效专利量及注册商标量情况

序号	区域名称	有效专利量（件）	注册商标量（件）
1	经济技术开发区	11 280	16 417
2	天津港保税区	8 894	9 868
3	高新技术产业开发区	17 267	11 544
4	街镇	14 055	24 339

10.6　小结

本章主要开展了两方面研究，一是滨海新区知识产权指数研究，二是滨海新区创新动态分析。对于滨海新区知识产权指数的研究，本章借鉴了国内相关指数体系的建立标准、建立原则、评价方法，在此基础上按照简要明确、客观易得、总分兼顾、普特兼顾的原则，结合滨海新区实际，构建了由 3 项一级指标、6 项二级指标及 17 项三级指标组成的天津市滨海新区知识产权发展指数评价指标体系，并对滨海新区 2016—2019 年的知识产权发展指数进行了计算和分析，较为客观全面地反映了滨海新区近年的区域知识产权发展的整体情况。对于滨海新区知识产权创新动态分析研究，本章重点对滨海新区企业、高校、科研机构等单位进行知识产权排名分析，形成了滨海新区知识产权排行榜，并对照上一年度排名情况，分析了 2019 年度主要机构排行变动态势，旨在展现滨海新区企事业单位的知识产权创造的活力和创新的动态，希望能够为滨海新区知识产权事业稳定、持续发展提供参考。

说明：滨海新区是国务院批准的第一个国家综合改革创新区，是国家知识产权示范城区。近几年，滨海新区发展增速放缓，为有效监测滨海新区知识产权创新动态，达到滨海新区企事业单位知识产权创新能力“秀一秀、比一比、看一看”的目的，激发企事业单位创新活力，2018年，受滨海新区知识产权局委托，我们开展了“天津市滨海新区知识产权发展指数报告与创新能力排行榜”工作，并组织召开了滨海新区专利指数与专利能力新闻发布会，在此工作基础上，由我负总责、任立业工程师重点参与（负责指标体系的计算）完成了该章内容的撰写，希望能够对滨海新区知识产权事业发展提供帮助和借鉴。

参考文献

[1] 李晓锋. 天津市知识产权战略实施十年总体评估报告 [R]. 天津：天津市科学学研究所，2017.

[2] 李晓锋，栾明，任立业. 天津市知识产权“十三五”规划中期评估报告 [R]. 天津：天津市科学学研究所，2018.

[3] 段瑞春. 关于知识产权和改革开放 [J]. 知识产权，2008（7）：49-53.

[4] 柳福东. 中国知识产权三十年之成长 [J]. 知识产权，2008（11）：30-35.

[5] 赵淑萍，杨莉. 天津科技志 [R]. 天津：天津市科学学研究所，2018.

[6] 赵淑萍，杨莉. 科技大事记（1978—2017）[R]. 天津：天津市科学学研究所，2018.

[7] 赵伟. 中国企业“走出去”：政府政策取向与典型案例分析 [M]. 北京：经济科学出版社，2004.

[8] 冯晓青. 企业知识产权战略 [M]. 北京：知识产权出版社，2005.

[9] 刘钻扩. 韩国知识产权海外维权措施及其启示 [J]. 国际经贸探索，2008，24（4）：49-53.

[10] 张勤，朱雪忠. 知识产权制度的战略化问题研究 [M]. 北京：北京大学出版社，2010.

[11] 李正图. 创建中国（上海）自由贸易试验区的国家战略 [J]. 国家远洋航务，2013（8）：18-21.

[12] 杨静. 自由贸易协定知识产权条款研究 [M]. 北京：法律出版社，2013.

[13] 崔汪卫. 论上海自由贸易试验区知识产权的法律保护 [J]. 经济全球化，2014（3）：65-68.

[14] 郑国辉. 中国（上海）自贸区知识产权若干法律问题 [J]. 上海政法学院学报，2014（7）：46-53.

[15] 俞立严. 自贸区将探索知识产权保护新规 [N]. 东方早报，2013-10-11（8）.

[16] 孟小龙. 上海自贸区知识产权综合执法体系的构建 [J]. 改革与开放，2014（4）：30-32.

[17] 李向阳. 跨太平洋伙伴关系协定：中国崛起过程中的重大挑战 [J]. 国际经济评论，2012（2）：17-20.

[18] 刘中伟，沈加文. 跨太平洋伙伴关系协议：研究前沿与架构 [J]. 当代亚太，2012（1）：38-41.

[19] 王景川. 知识产权形势及对我国知识产权战略的若干思考 [J]. 中国科学院院刊，2006（2）：101-106.

[20] 蒋正龙. 上海自贸区的知识产权保护应先行先试 [N]. 中国知识产权报，2013-8-30（8）.

[21] 刘海波，李平. 技术路线图的产生和作用 [J]. 科技潮，2004（9）：8-9.

[22] 杨光明. 构建重庆知识产权战略打造西部知识经济引擎 [J]. 重庆大学学报（社会科学版），2007（3）：83-89.

[23] 张平. 国家发展与知识产权战略 [J]. 河南社会科学，2007（7）：52-55.

[24] 汪占鳌，张彬. 中国—东盟自贸区对产业集聚与发展不平衡的影响研究 [J]. 世界经济与政治论坛，2013（4）：41-45.

[25] 张乾. 我国外资并购的法律缺陷及完善 [J]. 经济论坛，2008（8）：134-135.

[26] 吴国平. 中国知识产权战略中的政府角色 [J]. 知识产权，2006（6）：39-43.

[27] 王可达. 广州知识产权战略研究 [J]. 探求，2007（2）：60-64.

[28] 郑成思. 中国需要怎样的知识产权战略 [J]. 航天工业管理，2004（6）：42-43.

[29] 史蒂夫·欧伦斯. 中国应该启动加入 TPP 谈判 [J]. 全球化，2013（7）：44-47.
[30] 北京大学国家发展研究院课题组. 中国应尽快加入 TPP 谈判 [EB/OL].（2013-10-14）[2013-10-14]http：//dycj.ynet.
[31] 胡欣欣. 上海自贸区负双重使命“不需要走得太慢”[N].21 世纪经济报道，2013-11-12（4）.
[32] 张磊，徐昕，夏玮. 跨太平洋伙伴关系协议（TPP）草案之知识产权规则研究 [J]. WTO 经济导刊，2013（5）：86-90.
[33] 徐俊. 自贸区对知识产权保护的影响与司法对策 [N]. 人民法院报，2014-01-08（3）.
[34] 张伟君. 自贸试验区怎么保护知识产权 [N]. 东方早报，2013-11-12（4）.
[35] 华鹰. 我国地方区域性知识产权战略研究 [J]. 重庆工商大学学报（社会科学版），2007（12）：60-64.
[36] 文希凯. 企业自主创新与知识产权战略 [J]. 太原科技，2006（9）：9-10.
[37] 蒋逊明，朱雪忠. 区域性专利战略探析 [J]. 研究与发展管理，2003（4）：78-82.
[38] 吴汉东. 中国知识产权的国际战略选择与国内战略安排 [J]. 今日中国论坛，2006（2）：50-51.
[39] 吕薇. 抓紧建立国家知识产权战略体系 [J]. 科技成果纵横，2005（1）：14-17.
[40] 张平. 实施知识产权战略之忧患与思考 [A]. 中国知识产权发展战略论坛论文集 [C]，2005：53-59.
[41] 张亮. 反倾销中国内产业的认定：现状、不足与完善 [N]. 国际商报，2007-6-14（7）.
[42] 李本. 补贴与反补贴制度分析 [M]. 北京：北京大学出版社，2005：193-197.
[43] 陈立虎，黄涧秋. 保障措施法比较研究 [M]. 北京：北京大学出版社，2006：57-58.
[44] 李慧颖. 知识产权的反垄断法规制 [N]. 国际商报，2008-8-22（5）.
[45] 刘笋. 论国际投资仲裁对国家主权的挑战 [J]. 法商研究，2006（5）：10-11.
[46] 金灿荣. 中国学者看世界：大国战略卷 [M]. 北京：新世界出版社，2007.
[47] 刘国福. 国际贸易投资中签证壁垒问题研讨 [J]. 上海财经大学报，2007（2）：57-58.
[48] 茆训诚. 对外贸易商品进出口市场结构与贸易条件的关系 [J]. 上海师范大学学报（哲学社会科学版），2007，（3）：41-45.
[49] 盛世豪，徐竹青. 知识产权与竞争优势：区域知识产权战略研究 [M]. 北京：中国社会科学出版社，2005.
[50] 国家知识产权战略制定工作领导小组办公室. 挑战与应对国家知识产权战略论文集 [M]. 北京：水利水电出版社，2007.
[51] 杨林村，邓益志，赵立新. 国家专利战略研究（修订版）[M]. 北京：知识产权出版社，2006.
[52] 杨起全，吕力之. 美国知识产权战略研究及其启示 [J]. 中国科技论坛，2004（3）：102-106.
[53] 朱兴国. 推进中的日本国家知识产权战略 [J]. 知识产权，2005（5）：61-63.
[54] 相丽玲，曹平. 我国国家知识产权战略的研究与思考：基于国外政府及跨国公司知识产权战略的比较 [J]. 情报理论与实践，2007（1）：4-7.
[55] 刘昌黎. 日本知识产权战略 [J]. 日本研究，2003（1）：1-8.
[56] 冯晓青. 美、日、韩知识产权战略之探讨 [J]. 黑龙江社会科学，2007（6）：157-161.
[57] 宋河发. 自主知识产权与国家知识产权战略选择研究 [J]. 科学学与科学技术管理，2006（5）：41-47.
[58] 顾刚. 国外氢能技术路线图及对我国的启示 [J]. 国际技术经济研究.2004，7（4）：34-37.
[59] 谈毅，李雪枫. 基于技术路线图的产业创新创新模式初探 [J]. 中国科技论坛，2005，（6）：

26-29.
[60] 韩晓琳，张庆普. 技术路线图在知识管理中的应用 [J]. 预测，2007，（2）：41-47.
[61] 陈家昌. 技术路线图在科技管理中的应用及其前景 [J]. 中国科技论坛，2007，（8）：79-83.
[62] 马一德. 创新驱动发展与知识产权战略实施 [J]. 中国法学，2013（4）：27-38.
[63] 李正图. 创建中国（上海）自由贸易试验区的国家战略 [J]. 国家远洋航务，2013（8）：18-21.
[64] 郑国辉. 中国（上海）自贸区知识产权若干法律问题 [J]. 上海政法学院学报，2014（7）：46-53.
[65] 孟小龙. 上海自贸区知识产权综合执法体系的构建 [J]. 改革与开放，2014（4）：30-32.
[66] 李晓锋，李春成. 天津自贸区知识产权改革创新方案 [R]. 天津：天津市科学学研究所，2017.
[67] 谢红. 广东省自贸区试验区知识产权工作实践 [R]. 广州：广东省知识产权局，2017.
[68] 颜志煌. 中国自贸区发展背景下的福建自贸区知识产权工作创新与实践 [R]. 福州：福建省知识产权局，2017.
[69] 杨静. 自由贸易协定知识产权条款研究 [M]. 北京：法律出版社，2013.
[70] 崔汪卫. 论上海自由贸易试验区知识产权的法律保护 [J]. 经济全球化，2014（3）：65-68.
[71] 卢进勇，张之梅. 自主知识产权与企业"走出去"战略 [J]. 国际经济合作，2007（2）：26-30.
[72] 孔令国，高天柱. 中国企业走向中亚地区的知识产权策略研究及建议 [J]. 中国发明与专利，2015（6）：113-115.
[73] 朱秋沅. 中国自贸区海关法律地位及其知识产权边境保护问题的四点建议 [J]. 电子知识产权，2014（2）：40-49.
[74] 付明星. 韩国知识产权政策及管理新动向研究 [J]. 知识产权，2010，20（116）：92-96.
[75] 董成惠. 涉外知识产权保护相关问题的探讨 [J]. 黑龙江对外经贸，2009，（4）：43-44，126.
[76] 张汉林，黄玮. 智慧财产权的卫士：知识产权国际保护的比较研究 [M]. 北京：中国经济出版社，1997.
[77] 吴天. 京津冀协同发展的法律协同机制的创新研究 [J]. 经济与法，2018（1）：110-115.
[78] 慕亚平，廖立颖. 粤港两地区域知识产权保护合作法律制度探析 [J]. 广东外语外贸大学学报，2013（3）：5-8.
[79] 郭斌.TPP 框架下京津冀知识产权协同管理体系的构建与比较研究 [J]. 中央财经大学学报，2017（4）：90-103.
[80] 咸胜强，原晓爽. 京津冀协同发展背景下知识产权案件跨区域管辖与审理制度研究 [J]. 法律适用，2017（5）：45-52.
[81] 文宁，陈鑫铭. 区域知识产权保护理论与实证研究 [J]. 图书情报工作，2011，55（16）：59-62，81.
[82] 饶扬德，王学军. 复杂科学管理视角：企业创新机理研究 [J]. 中国科技论坛，2005（6）：37-41.
[83] 宋伟，闫超. 区域知识产权保护力度与创新能力的耦合度分析 [J]. 华东理工大学学报（社会科学版），2010，25（1）：46-52.
[84] 陈海秋，韩立岩，郑葵芳，等. 发挥知识产权制度功效：基于运行机制内涵的分析 [J]. 科学学研究，2007，25（21）：80-84.

致　谢

时光荏苒，岁月蹉跎，断断续续、历经两个春秋，终于基本成稿。本书主要是对笔者过去的知识产权工作的总结和感悟，也是笔者参与的国家知识产权局、天津市知识产权局、滨海新区知识产权局资助项目的研究结晶，在此对上述单位表示衷心感谢。

回顾过往，尤其要感谢天津市科学技术发展战略研究院（原天津市科学学研究所）所长、教授级高工李春成长期以来的学术研究支持和帮助。感谢王华峰院长的殷切鼓励，其朴实无华、严谨求实、宽容大度的工作作风让我感动。感谢马虎兆副院长，其严以治学的态度和敢争朝夕的学术精神为我树立了良好的榜样。感谢李小芬、栾明、任立业、程钧令等同事的支持和帮助，感谢赵旖旎、石艳红、叶润森等团队新成员的信任。回首过往，更是感由心生，一并感谢原科学学研究所唐家龙、孟祥芳、王双双、闫凌州、金鹿、王方、高峰、贾贝妮、赵绘存、夏来保、郑卫华、袁哲宁等曾经一起并肩作战的老同事，感恩我们曾经共同走过一段有意义、有价值的青葱岁月，让我人生旅途、人生记忆中的风景更加丰富多彩！谢谢！

感谢天津市知识产权局蓝兆琪、郭文强、张大巍、田书振、赵擎、陈渝、张飚、傅强、曲达、吴强、庐婷、剑光等同志，感谢滨海新区知识产权局李加军、郑俊飞、王翌晨等同志，是他们的支持和帮助，让我有机会参与天津知识产权建设事业，有机会为天津知识产权的发展贡献一份微薄的力量！

感谢天津大学出版社的郭颖老师，是她和各位审校老师的辛苦付出和热情帮助终使本书得以出版。

最后，衷心地祝愿天津知识产权事业越来越好，天津的综合实力越来越强！

由于本人水平有限，本书仍有很多不足和疏漏之处，敬请各位专家、读者不吝赐教。

李晓锋

2020 年 7 月 1 日